MARCEL LEWANDOWSKY

WAS POPULISTEN WOLLEN

Wie sie die Gesellschaft herausfordern –
und wie man ihnen begegnen sollte

KIEPENHEUER & WITSCH

MIX
Papier | Fördert gute Waldnutzung
FSC® C014496
FSC www.fsc.org

1. Auflage 2024

Covergestaltung Barbara Thoben, Köln,
Gesetzt aus der Miller und der Nobel
Satz Buch-Werkstatt GmbH, Bad Aibling
Druck und Bindung GGP Media GmbH, Pößneck
ISBN 978-3-462-00672-8

Meiner Familie aus Florida gewidmet.

INHALT

VORWORT: EINER VON DENEN

»Sie können den Populismus verabscheuen,
aber ich sage Ihnen etwas Komisches:
Er wird gerade sehr populär.«
(Nigel Farage, ehemaliger Vorsitzender
der Brexit-Party, 2020)

Spätsommer 2019. Donald Trump ist Präsident der Vereinigten Staaten. Ich habe im August meine Stelle im Norden Floridas angetreten, als Gastdozent an der University of Florida in Gainesville. Weil es zu heiß ist, um länger als einige Minuten zu Fuß zu gehen, rufe ich ein Uber. Es ist das erste von sehr vielen Malen – und sehr vielen Gesprächen.

Der Fahrer ist ein älterer Herr. Er erkennt an meinem Akzent sofort, dass ich Deutscher bin. Er spricht einige Worte auf Deutsch und erzählt, er sei bei der Armee gewesen, in der Bundesrepublik stationiert. Er sagt, was alles großartig an Deutschland sei. Sauber, pünktlich, die übliche Reihung gut gemeinter Klischees. Er fragt, wie lange ich bereits in Amerika sei und wie es mir gefalle. »Pretty hot«, sage ich und er lacht. Ja, Florida, daran müsse man sich gewöhnen. Der Mann fragt nach meinem Beruf. »Political Scientist«, antworte ich.

Ich glaube zu wissen, dass man in den USA keinen Small Talk über Politik betreibt. Politik ist ein privates Thema, ebenso wie Religion. Ich erwarte also, dass meine Aussage, ich sei Politikwissenschaftler, mit einer höflichen Floskel bedacht werden würde.

»Political Science!«, ruft der Mann stattdessen. »Oh boy.«

Wir fahren an Tankstellen vorbei, an riesigen Werbeschildern, an einem Diner. Gefühlt ist jeder dritte Wagen ein Pick-up-Truck. Was ich draußen sehe, gleiche ich mit dem popkulturellen Abziehbild von Amerika ab, mit dem ich groß geworden bin. Dass ich seit Jahren zu Populismus, zu Trump, zur Krise von Demokratien forsche, auch der amerikanischen, das bringe ich mit dieser Szenerie nicht in Verbindung. Fast so, als gäbe es ein Daten-Amerika, also ein Amerika, das in Fachjournalen und Büchern beschrieben wird, und ein Amerika dort draußen.

»America's not good these days«, sagt der Uber-Fahrer. Ich horche auf. Ich habe nicht erwartet, dass es politisch werden würde. Ich frage, was er meint. Er sucht nach dem richtigen Wort. »Things are so polarized«, sagt er schließlich.

Ja, es fällt tatsächlich das Wort »polarized«. Dieser technische Begriff, der beschreibt, wie Gesellschaften auseinanderdriften: politisch, ökonomisch, gesellschaftlich. Das Pew Research Center hat herausgearbeitet, wie sich die ideologischen Fronten in den USA in den letzten Jahren weiter verhärtet haben.[1] Wähler von Demokraten und Republikanern vertreten nicht nur unterschiedliche politische Positionen. Sie denken auch immer negativer über die jeweils andere Seite.[2] Der politische Diskurs in den USA ist deutlich unversöhnlicher geworden.

Im Wagen ist es kalt. Die Klimaanlage ist bis zum Anschlag aufgedreht. Der Mann trägt ein kurzärmliges Hemd. Die Fahrbahnmarkierungen sind gelb. Obdachlose, die Haut ledrig von der Sonne, kauern auf den Verkehrsinseln. Was einem so auffällt, wenn man in einem fremden Land unterwegs ist.

Wir führen ein höfliches Gespräch. Ich höre zu und stelle Fragen. Der Mann sagt mir klar, was er denkt. Und doch glaubt er, dass das höchste Gut der amerikanischen Demokratie – die Meinungsfreiheit – empfindlich eingeschränkt sei. Er flüstert nicht, er raunt nicht, sondern spricht mit angenehmer, ruhiger Stimme. Was mir auffällt: Seinem Gefühl nach ist nicht nur die Gesellschaft bedroht, sondern auch er selbst. Das, was er als Krise wahrnimmt, bereitet ihm auch ganz persönlich Unbehagen. In mir, dem Ausländer, der hier nicht bleiben wird, findet er jemanden, dem er sich öffnen kann. Mir »darf« er diese Dinge sagen.

Ständig vergleicht er den Jetzt-Zustand mit einem Amerika, das mal war. Es war ein freundliches Amerika, in dem man einander schätzte, andere Meinungen tolerierte, pragmatisch zusammenarbeitete. Ein Wir-Amerika. Dass es dieses Land nicht mehr gibt – diesen Vorwurf scheint er vor allem den linken Studierenden zu machen. Den Begriff »Woke« benutzt er nicht, aber meint ihn. Über Donald Trump, der für sein polarisierendes Auftreten bekannt ist, verliert er kein Wort.

Einige Zeit später lerne ich Ricardo kennen, dessen echten Namen ich hier nicht nenne. Er ist aus Lateinamerika in die USA eingewandert und lebt in Florida. Wir treffen uns gelegentlich und verstehen uns gut. Erst nach einiger Zeit gibt er sich als Republikaner zu erkennen. Er stimmt nicht mit allem überein, was Trump entscheide, sagt er. Aber er sei besser als die Demokraten. »They will destroy America.«

Zu diesem Zeitpunkt finden in den USA Vorwahlen statt. Der spätere Kandidat Joe Biden ist für ihn Sozialist. Wann immer wir über Politik sprechen, macht er keinen Unterschied zwischen den linksradikalen Studenten, vor denen mich auch der Uber-Fahrer gewarnt hatte, und der Demokratischen Partei. Ich halte dagegen. Ich berufe mich auf das, was ich aus meinem Beruf weiß: Die Demokraten sind eine moderate Partei, die Republikaner zunehmend nach rechts gerückt, die amerikanische Demokratie stabil. Ricardo winkt ab. »That's what you believe!«, sagt er immer. Er empfiehlt mir, das Programm des One America News Network (OAN) zu schauen. Fox News sei inzwischen zu liberal.

Die Präsidentschaftswahl 2020 kommt. Biden gewinnt. Ricardo sagt, er akzeptiere das Ergebnis. Zu den Vorwürfen der Republikaner, die Wahlergebnisse seien teilweise gefälscht, sagt er, man müsse das prüfen. Es habe an manchen Stellen Unregelmäßigkeiten gegeben. Trumps Team habe das Recht, juristisch gegen das Wahlergebnis vorzugehen. »That's democracy«, sagt er. Den Demokraten traut er zu, die Wahl im großen Stil zu fälschen. Er sagt nicht, dass es so ist. Aber er kann es sich vorstellen.

Egal, ob es um Trump, die Demokraten, die Wahl 2020 oder die Coronapandemie geht: Ricardo und ich kommen auf keinen gemeinsamen Nenner. Der wesentliche Unterschied lässt sich so beschreiben: Er glaubt, dass die politische Linke angetreten ist, die demokratischen Institutionen auszuhöhlen. Ich sage dasselbe über Trump und seine Gefolgsleute. Wenigstens in einer Sache sind wir uns einig: Das Schicksal Amerikas steht auf dem Spiel.

Ansichten wie die von Ricardo oder des Uber-Fahrers sind nicht auf die Vereinigten Staaten beschränkt. Es spielt keine Rolle, ob die oft als »Kulturkampf« bezeichnete Auseinandersetzung von dort nach Europa herübergeschwappt ist oder ob Europa eine ganz eigene Entwicklung durchlaufen hat. Die Debatten, die Feindbilder, der Stil ähneln sich stark. Die Auswirkungen sind vergleichbar. Die Angst vor den »Linken«, vor den »Woken«, vor dem Niedergang macht Parteien groß, die sich den Widerstand gegen die Eliten und die Beschwörung des »wahren Volkes« auf die Fahnen geschrieben haben: die Rechtspopulisten.

Populisten gibt es zwar nicht nur auf der rechten Seite des politischen Spektrums. Aber die Blütezeit linkspopulistischer Parteien ist zumindest in Europa für den Moment vorbei.

Im Frühjahr 2023 halte ich in einer Stadt im Rheinland einen öffentlichen Vortrag zum Thema Rechtspopulismus. Organisiert hat ihn eine politische Partei. Obwohl es sich um einen eher kleinen Kreisverband handelt, ist der Saal gut besetzt. Die meisten Anwesenden sind Mitglieder und Sympathisanten. Auch einige Bürger ohne Parteibuch sind gekommen. Im Anschluss an den Vortrag wird die Diskussion für das Publikum geöffnet. Drei Personen geben sich dabei als Wähler der Alternative für Deutschland zu erkennen. Ein Ehepaar erklärt, es sei inzwischen wieder von der Partei abgerückt: »Zu radikal.« Aber trotzdem halten sie viele Themen der AfD für wichtig. Besonders geht es ihnen um die »Frühsexualisierung«. Sie haben Angst davor, dass Drag Queens an Schulen eingeladen werden und Kinder über sexuelle Identitäten »indoktrinieren«, wie sie sich ausdrücken. Ein anwesender Lehrer beschwichtigt: Dergleichen stehe nicht im Lehrplan. Das Ehepaar wirkt erleichtert. Für solche Informationen seien sie der Einladung zu dieser Veranstaltung gefolgt.

Ein anderer Herr beschreibt sich als überzeugter AfD-Wähler. Er arbeitet freiberuflich in der Werbebranche. Fragen hat er keine. Ihm geht es darum, seine Meinung zu äußern. Eine Vortrags- und Diskussionsveranstaltung wie diese ist der ideale Ort dafür. Den Politikern, sagt er, könne man nicht mehr trauen. Den anwesenden Basismitgliedern wirft er vor, »gesteuert« zu sein von der »Elite« ihrer Partei. Und deshalb bliebe auch die Wahrheit unter dem Tisch. Er zählt eine Reihe von Beispielen auf. Mit immer neuen Themen – Corona, Klima – redet er sich in Rage. »Die lügen alle!«, ruft er. Andere im Raum widersprechen. Manche werden emotional. Dass sie fremdbestimmt seien, wollen sie nicht auf sich sitzen lassen. Als die Beschuldigten lauter werden, sieht er sich darin bestätigt, nicht frei sprechen zu dürfen, und bringt immer neue Anschuldigungen vor. Irgendwann bittet ihn der Moderator zu gehen. Der Mann springt auf und dreht sich zur Tür. Er hatte ohnehin erwartet, dass seine Meinung auf der Veranstaltung zensiert werde – darin fühlt er sich nun bestätigt. »Wie bei den Sozialisten in China!«

Obwohl den meisten Menschen solche Ansichten merkwürdig erscheinen, ist der Mann damit nicht allein. Dass man nichts mehr sagen dürfe, dass »die da oben« allen, die die »Wahrheit« sagen, den Mund verbieten – den Eindruck haben tatsächlich viele. Es ist ein reales Gefühl der Hilflosigkeit, der Ohnmacht, aber auch des Im-Recht-Seins. Es ist kein Grummeln über Politik, sondern eine tiefe Unzufriedenheit, verbunden mit dem Wunsch nach Kontrolle. Nach Widerstand. Nach Befreiung von den Zwängen, die eine abgehobene politische Klasse und die sie tragenden Milieus in der Gesellschaft den »normalen Menschen« auferlegt haben. Bis ins Privateste, bis in den Körper hinein regiert die Politik, will zur Impfung zwingen, verdammt bestimmte Lebensstile zum vermeintlichen Schutz des Klimas. Viele sind davon überzeugt: Die linken Eliten haben eine moralische Knechtschaft errichtet.

Immer wieder komme ich in Kontakt mit Menschen, die so denken. Ebenso wie Ricardo, der Trump unterstützt, befinden sie sich im Verteidigungsmodus gegen eine übermächtige progressive Elite. Sie wollen wiederholen, was verloren gegangen ist. Deutschland, so glauben sie, ist eine Autokratie. Die AfD bedient diese Gefühle. Ihre überhitzte Wortwahl wirkt erlösend. Der AfD-Bundestagsabgeordnete Stephan Brandner spricht von der »Grünen Diktatur«[3], sein Kollege Kay-Uwe Ziegler davon, dass die Regierung die Freiheit bekämpfe.[4] In den USA verbreiten Politiker der Republikanischen Partei bis auf den heutigen Tag die Lüge, dass die Präsidentschaftswahlen gefälscht und Joe Biden unrechtmäßig im Amt sei.

Wer so spricht, glaubt, für einen gerechten Widerstand einzutreten. Im Januar 2021 stürmte ein wütender Mob das Kapitol in Washington. Keine sechs Monate zuvor hatten

Teilnehmer einer »Querdenker«-Demo versucht, das Reichstagsgebäude unter ihre Kontrolle zu bringen.

In der Wählerschaft der AfD ist der Glaube an die Krise der Demokratie weit verbreitet. 2018 gaben über 31 Prozent der AfD-Wähler an, dass sie mit der Demokratie in Deutschland »ziemlich« oder »sehr unzufrieden« sind. Unter denjenigen, die eine andere Partei gewählt haben, sind es lediglich sieben Prozent.[5] Das heißt aber nicht automatisch, dass alle AfD-Wähler ein gänzlich anderes politisches System wollen. Nur etwas weniger als vier Prozent lehnen auch die Demokratie als Idee ab. Die überwältigende Mehrheit von 88 Prozent der AfD-Wähler ist »ziemlich« oder »sehr« für die Demokratie. Ein im Vergleich zu den Wählern der anderen Parteien etwas niedrigerer, aber immer noch hoher Wert. Zum Vergleich: Bei CDU/CSU-Wählern sind es rund 93 Prozent. Allerdings ist bei der AfD der Anteil derer, die die Demokratie als Idee am stärksten befürworten, am geringsten – er liegt bei rund 46 Prozent. Unter Unionswählern sind fast 70 Prozent von der Demokratie als Idee besonders überzeugt. Und gleichzeitig sind da auch die Autoritären, die Populisten, die Indifferenten.[6] Um Demokratie geht es letztlich allen. Entweder ganz konkret, wenn sie beklagen, dass wir eigentlich in einer Diktatur leben, und direkte Partizipationsmöglichkeiten einfordern. Oder aber indirekt, wenn sie bemängeln, dass die Versprechen der Demokratie nicht eingelöst werden.

Populistische Parteien sprechen diejenigen an, die sich für die wahren Demokraten halten (aber oft keine sind), die glauben, nicht in einer Demokratie zu leben (obwohl sie es tun), und die »echte« Demokratie wollen (die in Wahrheit keine wäre).

Von diesen Parteien und ihren Wählern handelt dieses Buch.

EINLEITUNG

Als Kampfbegriff ist »Populismus« das Convenience Food der politischen Debatte. Schnell ausgesprochen, mit garantierter Wirkung, aber oft ohne Inhalt – also genau das, was manche den Populisten selbst vorwerfen.

Im Sommer 2023 hatte der ehemalige SPD-Vorsitzende Sigmar Gabriel argumentiert, das Recht auf Asyl sei im Umgang mit Massenflucht hinderlich. Nancy Faeser, seine Parteikollegin, Innenministerin und Spitzenkandidatin im hessischen Landtagswahlkampf, hielt dagegen. Gabriel stelle das Asylrecht »populistisch infrage«.[7] Was sie meinte, war wohl: Aus opportunistischen Gründen war er bereit, einen Bestandteil des Grundgesetzes herzugeben.

Zwei Jahre zuvor war es in Bayern zu einer wahren Populismus-Krise gekommen. Die CSU hatte den Freien Wählern – wohlgemerkt ihrem eigenen Koalitionspartner – vorgeworfen, »populistisch« zu agieren und sich in ihrer Kritik an den Maßnahmen zur Eindämmung der Coronapandemie mit der AfD gemeinzumachen. Populismus also als Synonym für Unverantwortlichkeit, für Stimmenfang mit unlauteren Mitteln. Die CSU hingegen ist selbst gut mit dem Populismus-Vorwurf vertraut. Betont volkstümlich tritt sie auf, will nicht nur Partei für Bayern, sondern Partei *der* Bayern sein. Von einer »populistischen Mehrheitsmission« spricht Ferdinand Otto in der »Zeit«.[8]

Oft stellen wir uns den Populismus vor wie einen billigen Partytrick. Wir reduzieren ihn auf ein Stilmittel von Politikern. Ein Stilmittel ist er auch tatsächlich – aber nicht nur.[9] Vor allem ist er nicht beliebig. Ganz im Gegenteil. Die Parteien und

Bewegungen, die als populistisch gelten – etwa die AfD, der Rassemblement National in Frankreich oder die Schweizerische Volkspartei (SVP) –, leben davon, dass sie sich inhaltlich von allen anderen Parteien unterscheiden. Und sie werden gewählt, weil diese Inhalte gefragt sind.

Das Bild des Rattenfängers, das für das Verhältnis zwischen dem Populismus und seinen Anhängern so gern bemüht wird, ist ein Klischee und obendrein falsch. Es basiert auf dem fatalen Missverständnis, dass Populismus die Menschen einfach verführe. So, als ob sie durch die Redekunst des Populisten etwas täten, das sie eigentlich nicht wollen. Die zeitgenössische Entsprechung des so auf den Leim gegangenen Bürgers ist der Protestwähler. Nicht wenige glauben, dass man für die Populisten stimme, weil man mit der Regierung besonders unzufrieden ist. In Österreich regierte jahrzehntelang mit nur einigen Unterbrechungen eine Große Koalition aus Sozialdemokraten und Christdemokraten. Der Aufstieg der rechtspopulistischen FPÖ in den 1990er-Jahren wurde zuweilen dieser Konstellation zugeschrieben. Erreicht in Deutschland die AfD ein neues Umfragehoch, heißt es schnell, das liege an der Regierungskoalition, wahlweise auch an den Grünen, deren vermeintlich bevormundende Politik die Menschen in die Arme der Rechtspopulisten treiben würde.

Populisten beschreiben die Welt so, wie ihre Anhänger sie oftmals sehen und wie sie sich selbst in dieser Welt wahrnehmen. Als Teil einer schweigenden Mehrheit, die nichts mehr zu sagen hat.[10] Und sie bieten ihnen die Antworten, auf die sie warten. Populisten kreieren eine Schicksalsgemeinschaft. Das haben sie den anderen Parteien, die sich der Loyalität ihrer Stammwähler immer weniger gewiss sein können, voraus.

Deshalb sind Populisten in unseren Gesellschaften angekommen. Sie sitzen in Parlamenten, Regierungen, in den

Kommunen; in den USA besetzen radikale Anhänger von Donald Trump oder Ron DeSantis die School Boards und bestimmen die Bildungspolitik mit.

Einst war der Populismus zumindest in Europa eine Nischenideologie. Wie oft wurde sein Untergang besungen: Männer wie Silvio Berlusconi in Italien oder Jörg Haider in Österreich kamen und gingen. Sie hatten schockierende Erfolge, die viele liberal-demokratisch gesinnte Menschen besorgten. Manche hielten sich länger an der Macht, andere fielen ihren eigenen Versprechungen und Methoden zum Opfer. Aber der Populismus ist nicht verschwunden. Zum Zeitpunkt der Niederschrift dieses Buches im Januar 2024 sind populistische Bewegungen, besonders auf der radikalen Rechten, vitaler und stärker denn je.

Donald Trump in den USA, die AfD in Deutschland, Syriza in Griechenland, Podemos in Spanien – das sind teils grundverschiedene Parteien und Bewegungen. Sie stehen auf unterschiedlichen Seiten des ideologischen Spektrums. Aber eines haben sie gemeinsam: Alle wurden als »Populisten« bezeichnet. Und diese Liste ist lange nicht vollständig: Die italienische Premierministerin Giorgia Meloni, der ehemalige US-Präsidentschaftskandidat Bernie Sanders, der ungarische Ministerpräsident Viktor Orbán – für sie und viele andere wurde in der politischen Debatte, in den Medien und in der Politikwissenschaft die Bezeichnung »Populist« genutzt.

Der Populismus hat viele Gesichter und kann sich mit vielen Ideologien gemeinmachen.[11] In West-, Nord- und Mittelosteuropa sind vor allem rechte Populisten erfolgreich; in Südeuropa dominierten lange Zeit die Linkspopulisten. Inzwischen sind auch in Spanien und Portugal ihre rechten Pendants in die Parlamente eingezogen. In Nordamerika sind mit Donald Trump und dem Gouverneur von Florida, Ron DeSantis, bekannte Gesichter des Rechtspopulismus anzutreffen. Lateinamerika galt als Geburtsstätte eines regional spezifischen Linkspopulismus, aber auch dort haben mit dem inzwischen abgewählten Jair Bolsonaro (Brasilien) und Javier Milei (Argentinien) rechte Varianten des Populismus Fuß gefasst. In Indien finden wir mit der Bharatiya Janata Party von Ministerpräsident Narendra Modi eine besondere Form des religiösen Populismus vor. Die italienische Fünf-Sterne-Bewegung scheint sich gar allen ideologischen Zuordnungen zu entziehen.[12]

Auch wenn sie unterschiedlichen Ideologien folgen, haben all diese Politiker, Parteien und Bewegungen eines gemeinsam: das populistische Prinzip des »Wir-hier-unten gegen Die-da-oben«.[13] Sie nehmen für sich in Anspruch, für das »wahre Volk« zu sprechen. Sie zeichnen das Bild einer kaputten Demokratie, die zur Beute korrupter Eliten wurde. Und sie geloben, dem Willen dieses Volkes wieder Geltung zu verschaffen. Im Wahlkampf um das US-Präsidentenamt teilte Amtsinhaber Trump 2019 ein düsteres Schwarz-Weiß-Bild seiner selbst auf Twitter.[14] »Sie sind nicht hinter mir her, sondern hinter euch. Ich bin nur im Weg.«

Besser hätte man die Essenz des Populismus nicht zusammenfassen können.

Populisten halten sich für die wahren Demokraten.[15] Und das gilt nicht nur für die Parteien und Bewegungen, sondern auch für viele ihrer Wähler. Die Unterstützung für die Demokratie als Idee ist in der Bevölkerung nach wie vor groß. Aber es gibt Wähler, die mit der Ausgestaltung der Demokratie fremdeln und sich in unseren Systemen zurückgelassen, alleingelassen und betrogen fühlen. Die sich Demokratie anders vorstellen, als sie ist. Oder die eine Alternative wollen, die gar nicht mehr demokratisch wäre (auch wenn sie selbst etwas anderes glauben).

Natürlich dürften die wenigsten Menschen täglich über Demokratie nachdenken. Wir sprechen vielleicht in der Familie, mit Freunden und Kollegen über Politik, sagen, was uns stört und was wir uns erhoffen. Wir diskutieren darüber, was wir gerecht und ungerecht finden, wo wir uns selbst und andere benachteiligt oder übervorteilt sehen. Wann immer wir über Politik reden, sprechen wir indirekt auch über die Demokratie – denn politische Entscheidungen werden hierzulande, in den USA, in der Schweiz und in anderen Staaten in funktionierenden Demokratien getroffen.

Die Populisten stellen die Demokratie in den Mittelpunkt ihrer Strategie. Probleme in der Demokratie überhöhen sie zu Krisen der Demokratie, zu Identitäts- und Existenzfragen. Am Ende geht es immer um Angelegenheiten der Demokratie selbst: Erfüllt sie wirklich ihr Versprechen, dass das Volk über sein eigenes Schicksal entscheiden kann? Und damit zusammenhängend: Erbringt sie die Leistungen, die die Menschen von ihr erwarten? Weil der Populismus radikaler Demokratiekritik eine Plattform bietet, erreicht er sowohl die Unzufriedenen als auch die Autoritären, die eine ganz andere Staats- und Gesellschaftsform wollen.

Die Populisten geben sich als Außenseiter.[16] Das ist wesentlicher Teil ihres Selbstbildes. Aber sie sind keine mehr. In vielen Ländern gehören sie zu den stimmenstärksten politischen Parteien. In Österreich, der Schweiz und Italien, in Ungarn, Polen und der Slowakei, in den USA, Venezuela und Brasilien waren oder sind sie an der Macht. Der messbare Abschwung der Demokratie, sagen die Politikwissenschaftler Armin Schäfer und Michael Zürn, hängt mit dem Aufstieg des Populismus zusammen.[17] Teils direkt, weil populistische Regierungen die Institutionen der Demokratie zurückbauen, die Gewaltenteilung schwächen, Vetternwirtschaft betreiben. Teils aber auch indirekt, weil Populisten andere Parteien zu Reaktionen zwingen, zum Nachahmen, zur Anpassung an ihre Themen und Positionen, ihren Stil. So haben sie es in den politischen Mainstream geschafft.

Es ist kein Wunder, dass sich viele Beobachter des Zeitgeschehens Sorgen machen und zu fassen versuchen, mit wem sie es überhaupt zu tun haben. Als »euroskeptisch« galt die AfD zuerst, dann als »rechtspopulistisch«, und inzwischen gilt sie vielen als »faschistisch«. Der CDU-Politiker Ruprecht Polenz hat sich die Mühe gemacht, die von Umberto Eco aufgestellten Merkmale des Faschismus anhand der AfD durchzudeklinieren.[18] Daran, dass die AfD eine faschistische Partei ist, besteht für ihn kaum ein Zweifel.

Natürlich sind solche Einordnungen keine reine Rhetorik. Sie dienen nicht nur der Diffamierung eines unliebsamen Gegners. Die AfD hat einen Wandel durchgemacht. Sie ist seit ihrer Gründung 2013 sukzessive radikaler geworden. Nicht umsonst haben viele ihrer Gründungsmitglieder und ehemaligen Führungspersönlichkeiten die Partei inzwischen verlassen.

Die Entwicklung dieser Partei verleitet zu der Frage: Ist sie noch populistisch – oder schon faschistisch? Wir behandeln den Populismus so, als sei er die harmlose Variante, vielleicht gar die Maskerade einer viel extremeren Ideologie. Sich als Populist zu tarnen, um im geeigneten Moment – also dann, wenn es aus Sicht der Demokraten zu spät ist – als Faschist zum Vorschein zu kommen, das scheint die Strategie zu sein. Dem Populisten haftet etwas Clowneskes an, dem Faschisten das Dämonische.

Das Verhältnis von Populismus und Faschismus ist kompliziert; vor allem ist es ebenso von Überschneidungen gekennzeichnet wie von Widersprüchen. Der Faschismus ist kein extremer Populismus und der Populismus kein verkleideter

Faschismus. Aber der Populismus kann ein Wegbereiter, ein Türöffner, eine Plattform sein. Rechtspopulistische Parteien ziehen Wähler und Mitglieder mit noch radikaleren Einstellungen an. Machtkämpfe zwischen Moderaten und Extremisten sind keine Seltenheit.

Populismus ist nicht »Faschismus light«. Ich will nicht verschweigen, dass gerade manche Historiker hier mit guten Argumenten eine andere Ansicht vertreten.[19] Aber es gibt einen wesentlichen Unterschied: Populismus stellt sich – zumindest vordergründig – nicht gegen die Demokratie, sondern will sie verteidigen. Nach Ansicht der Populisten wird die Demokratie durch die politischen Eliten abgeschafft; sie selbst jedoch treten an, sie zu retten. Allerdings vertreten sie dabei eine Vorstellung von Demokratie, die unseren liberalen Verfassungsstaaten in vielerlei Hinsicht widerspricht. Doch sich als die wahren Demokraten im Land zu präsentieren, ist ein großer Teil des populistischen Erfolgsrezepts.

WAS POPULISTEN UNTER DEMOKRATIE VERSTEHEN: WAHRE DEMOKRATEN

1

Warum die Demokratie oft undemokratisch erscheint. Was Populisten unter Demokratie verstehen. Das Volk, das die Populisten meinen.

Bei der US-Präsidentschaftswahl 2024 steht die Zukunft der Demokratie auf dem Spiel.

Das ist nicht einfach der dramatische Anfang eines Kapitels, sondern eine Aussage, der drei Viertel der Amerikaner im Jahr 2023 zustimmen.[20] 77 Prozent der Republikaner und 84 Prozent der Demokraten teilen diese Auffassung. Beide Lager sind davon überzeugt, dass die Demokratie zerstört wird und es ein anderes politisches System braucht, wenn der jeweilige Gegenkandidat gewinnt. So denken 72 Prozent derjenigen, die Donald Trump unterstützen, unter den Biden-Anhängern sind es fast 66 Prozent.

Vor der Präsidentschaftswahl 2024 ist die amerikanische Bevölkerung tief gespalten. Doch mit einem haben die Anhänger beider Parteien recht: Es geht um die Verteidigung einer zwar mit großen Problemen beladenen, aber letztlich funktionsfähigen Demokratie – und ein populistisches, autoritäres Alternativmodell.

Biden und Trump, die sich bereits im Wahlkampf 2020 als Kontrahenten gegenüberstanden, verkörpern ganz unterschiedliche Demokratievorstellungen. Biden gibt sich anlässlich des UN-Tages der Demokratie im September 2023 präsidial, stellt das Schützenswerte heraus, singt, ganz oldschool, ihr Loblied:

»Da wir wissen, dass es in der Demokratie nichts Unveränderliches gibt, müssen wir dem Aufruf folgen, die Demokratie für kommende Generationen zu bewahren, so wie Generationen vor uns sie verteidigt haben. Lassen Sie uns also gemeinsam weiterhin daran erinnern, dass die Regierung des Volkes, durch das Volk und für das Volk unsere größte Stärke ist.«[21]

Nur zwei Tage später gibt sein Widersacher Donald Trump dem Sender NBC ein Interview.[22] Die Journalistin Kristen Welker befragt ihn zu seiner Kampagne, seinen Gerichtsverfahren, zu Russland und der Ukraine, zum Schutz an der mexikanischen Grenze, zur Finanzpolitik. Über eine Stunde geht das Gespräch. Ein heißer Stuhl, aber auch eine riesige Bühne für den Expräsidenten.

»Eine letzte Frage, Mr. President«, sagt Welker ganz am Ende. »Sie haben Premierminister, Könige, Königinnen und Diktatoren getroffen. Sie haben alles gesehen. Denken Sie, wenn Sie die Möglichkeit einer zweiten Amtszeit in Betracht ziehen, immer noch, dass die Demokratie die effektivste Regierungsform ist?«

Trump ist keiner, der eine solche Steilvorlage liegen lässt. »Tue ich«, antwortet er eifrig. »Tue ich.« Und dann holt er aus.

»Ich glaube nicht, dass wir im Moment wirklich eine Demokratie haben. Sie verklagen ihre politischen Gegner (mit »sie« meint er wohl die Demokraten, M. L.). Die freie Meinungsäußerung wird vernichtet, weil die Presse sehr unehrlich ist, sehr unehrlich. Sogar die Art und Weise, wie Sie mich bei einfachen Fragen wie der Grenze und dergleichen angehen. Sie bekämpfen mich so sehr. Und ich sage: ›Warum bekämpfen Sie mich?‹ Wissen Sie, als ich zum ersten Mal kandidierte, war die Zustimmung der Medien sehr hoch. Und jetzt ist sie sehr niedrig. (...) Die Leute verstehen, was los ist. Wir brauchen freie und faire Medien. Ganz ehrlich, wenn man das nicht hat, ist es sehr, sehr schwer, unser Land wieder in Ordnung zu bringen.«

Trump inszeniert sich als Kämpfer für die Demokratie und die Medien als ihren Feind. Weil sie ihn, den echten Demokraten, kritisieren. Bekämpfen, wie er sagt.

Manche blicken auf Trump immer noch so, als sei er gar kein Politiker, sondern ein Geschäftsmann, dem es nur um sich selbst und die Befriedigung seines eigenen Egos geht und der dabei quasi zufällig mit der Demokratie über Kreuz liegt. Aber man darf nicht übersehen, dass Trump kein Maverick ist, der im Alleingang und ohne Konzept nach Macht strebt. Er wird von mächtigen Think-Tanks und Netzwerken unterstützt, die die amerikanische Demokratie umkrempeln wollen. Vor allem geht es ihnen darum, dem Präsidenten direkte Macht über die gesamte Exekutive zu verschaffen, nicht zuletzt über das Justizministerium. Die Konsequenz: Trump würde Justizangestellte und Staatsanwälte, die sich gegen ihn stellen, verfolgen und verhaften können. Die Unabhängigkeit der Justiz wäre Geschichte.[23] Für seine Unterstützer ist das aber kein Bruch mit der amerikanischen Verfassung, sondern die Verwirklichung der Macht, die sie dem Präsidenten an die Hand gibt.[24] Von seinen Anhängern wird Trump dafür gefeiert. Kein Wunder, denn sie wählen ihn nicht obwohl, sondern gerade weil er als starker und kompromissloser Anführer auftritt.[25] Er ist populär, weil er der Wut auf die politischen Eliten und dem Misstrauen in die Politik eine Stimme, ein Gesicht und eine unverwechselbare Art gibt und diesen Unmut direkt artikuliert. Und weil er für eine Alternative zur aktuellen amerikanischen Demokratie steht.

Der Abgesang auf die Demokratie ist keine Erfindung Donald Trumps. Sie gehört allerorts zum kleinen Einmaleins des Populismus:

»Die Faschisten nennen sich Antifaschisten. Die Demokratiezerstörer nennen sich Demokraten. Die Totalitären predigen Toleranz. (...) Sie sind von Hass zerfressen und blind geworden. Sie werden alle an der Realität scheitern und untergehen. Möge es bald passieren.«

Beatrix von Storch, die stellvertretende Vorsitzende der AfD-Fraktion im Bundestag, setzt diese dramatischen Worte in einem Posting im August 2023 auf der Online-Plattform X (vormals Twitter) ab.[26] Dass die Aussage von ihr stammt und nicht, wie man ohne Kenntnis ihres Namens vielleicht denken könnte, auf einem sozialdemokratischen Parteikonvent oder dem Evangelischen Kirchentag gefallen ist, wird erst deutlicher, wenn man den oben weggelassenen Satz wieder einfügt: »Sie sagen, jeder kann sich sein Geschlecht selbst aussuchen, und erwarten, dass wir sie ernst nehmen.«

Wenn Populisten die Demokratie ins Spiel bringen, zeichnen sie oft ein düsteres Szenario des Niedergangs.[27] Die »Demokratiezerstörer« sitzen an den Schaltstellen der Regierungen, der nationalen Parlamente, der Europäischen Union, die Bürger sind in ihren Rechten bedroht. »Sie bekämpfen die Freiheit«, ruft der AfD-Abgeordnete Kay-Uwe Ziegler im Juni 2023 der deutschen Bundesregierung entgegen. Die DDR-Aufständischen von 1953, um die es in seinem Wortbeitrag im Rahmen einer Gedenkstunde geht, würden heute die Ampel-Parteien bekämpfen.[28] Dass die herrschende Politik undemokratisch sei, dass ihre Vertreter totalitär agierten, gehört zum Standardrepertoire populistischer Talking Points.

Die Klage über manipulative Medien und falsche Toleranz ist nicht beliebig. In ihr steckt bei Trump, bei der AfD und bei anderen Populisten ein – wenngleich vages – Bild davon, wie das politische System eigentlich sein soll. Das ist die Kontrastfolie, die den apokalyptischen Gegenwartsbeschreibungen erst ihre Kraft verleiht. Populisten sind nicht einfach Anti-Demokraten, sondern präsentieren sich als »wahre« Demokraten. Deshalb funktioniert ihre Erzählung von Unterdrückung und Widerstand. Als Gegenmittel versprechen sie die totale Souveränität des Volkes.[29] Von sich selbst behaupten die Populisten, dass nur sie selbst den Willen des Volkes kennen und vertreten.[30] Und umgekehrt sagen sie: Wenn dieser Wille nicht verwirklicht wird, leben wir nicht in einer Demokratie.

In der Realität aber funktionieren Demokratien genau umgekehrt: Sie beschränken die Souveränität des Volkes, um Demokratien bleiben zu können. Diesen eingebauten Widerspruch – der eigentlich keiner ist – machen sich die Populisten zunutze.

WE THE PEOPLE: DAS EISERNE KARTENHAUS

Demokratie ist organisierte Selbstherrschaft des Volkes. Aber das heißt nicht, dass das Volk jederzeit tun und lassen kann, was es will. Es regiert nicht unbegrenzt.

Manchen wird das völlig unproblematisch erscheinen. Andere wiederum werden die Stirn runzeln: Moment – heißt Demokratie nicht gerade, dass das Staatsvolk regiert? Wenn nicht das Volk, wer denn sonst?

In einer Demokratie kommt der Wille des Volkes durch freie und gleiche Wahlen zum Ausdruck. Wahlen sind das Instrument der Volksherrschaft. Mittels Wahlen werden Repräsentanten bestimmt, die dem Volk gegenüber verpflichtet sind. Das ist es, was mit der Selbstherrschaft des Volkes gemeint ist.

Populisten nehmen dieses Mandat und legen es so aus, als habe es keine Grenzen. Denn sie sind ja vom Volk gewählt worden und haben damit quasi eine Vollmacht der Bürger erhalten, alles zu tun, was das Volk will. Und das soll in einer Demokratie schließlich herrschen.

US-Präsident Donald Trump war noch nicht lange im Amt, da stieß er bereits an die Grenzen seiner Macht.

Schon im Wahlkampf hatte er die Muslime als Feindbild für sich entdeckt und gefordert, dass ihnen die Einreise in die USA untersagt werden müsse. »Das ist gesunder Menschenverstand«, sagte er im Dezember 2015. »Wir müssen das tun.«[31] Dann las er sein eigenes Statement vor:

»Donald J. Trump fordert ein völliges Verbot der Einreise von Muslimen in die Vereinigten Staaten, bis die Vertreter unseres Landes herausfinden können, was zum Teufel los ist. Wir haben keine Wahl.«

Trump beruft sich auf Studien, die eine große Ablehnung der USA unter Muslimen zeigen, die Befürwortung politischer Gewalt und den Wunsch, nach den Regeln der Scharia regiert zu werden. Es ist nicht weniger als ein Horrorszenario:

»Die Scharia autorisiert Grausamkeiten wie Mord an Ungläubigen, die nicht bekehrt werden wollen, Enthauptungen und noch mehr undenkbare Taten, die große Gefahr für Amerikaner darstellen, vor allem Frauen. Harter Tobak.«

»Harter Tobak«, über den nur er selbst spricht, während die Obama-Administration schweige:

»Ihr werdet noch mehr World Trade Center haben. (Gemeint ist der Anschlag vom 11. September 2001, M. L.) Wir können politisch korrekt und wir können dumm sein, aber es wird schlimmer und schlimmer. (...) Das sind Leute, die nur an den Dschihad glauben. Die wollen unser System nicht.«

Etwas mehr als ein Jahr später ist Trump entgegen fast allen Erwartungen im Amt. Der Reality-TV-Star hat die erfahrene Politikerin Hillary Clinton in einem schmutzigen, frauenfeindlichen Wahlkampf besiegt. Ein großer Teil der Welt blickt mit Besorgnis auf die USA.

Eines der ersten Vorhaben, an dem Trump nach seiner Amtseinführung im Januar 2017 arbeitete, war der »Muslim Ban« – Executive Order 13769. Das von seinen engsten Beratern zusammengestrickte Dekret sah vor, Bürgern und Geflüchteten aus verschiedenen muslimischen Staaten die Einreise für mehrere Monate zu verweigern – Menschen aus Syrien sogar auf Dauer. Mit ernster Miene hielt Trump das Schriftstück in die Kamera. Er, der vom Volk gewählt worden war, der den Volkswillen vertrat, hatte gewonnen. »Die vergessenen Männer und Frauen sind nicht länger vergessen«, hatte er bei seiner Amtseinführung gesagt. Und bei seiner Rede im Dezember 2015: »25 Prozent der (befragten) Muslime befürworten Gewalt gegen Amerikaner ... das sind übrigens Menschen, die hier anwesend sind.« Jetzt, so das Signal, machte er sich an die Arbeit.

Executive Order 13769 sollte Trumps Versprechen einlösen, sich um die Ängste von weißen, christlichen Amerikanern zu kümmern. Schon im Vorfeld hatten selbst republikanische Politiker, die nicht für ihre progressiven Ansichten bekannt waren, vor einem solchen Schritt gewarnt. Unter anderem deshalb, weil die Einreisebeschränkung für Muslime schlichtweg gegen die Verfassung und mehrere internationale Abkommen verstieß, denen sich die USA verpflichtet hatten.

Trump hätte all diese Bedenken übergehen können, gäbe es

nicht Institutionen, die geltendes Recht hüten – auch gegenüber denjenigen, denen das Volk für eine begrenzte Zeit viel Macht verliehen hat. Schon ab dem ersten Tag nach der Unterzeichnung des Dekrets blockierten Gerichte in mehreren Bundesstaaten seine Ausführung. Unternehmen und Universitäten klagten. Der »Muslim Ban« war keine Woche in Kraft, da hatte ein Bundesrichter ihn schon wieder kassiert. Die rechtlichen Schwächen des Dokuments waren offensichtlich.

Der Präsident schäumte. Ihm blieb nur die Flucht nach vorn. Bis zum Supreme Court, dem US-amerikanischen Verfassungsgericht, wolle er ziehen. »Manche Dinge sind Gesetz, und andere sind gesunder Menschenverstand. Das hier ist gesunder Menschenverstand.«[32] Besonders gegen den Bundesrichter gewendet, der die Reisebeschränkung aufgehoben hatte, teilte er aus: »Wie weit ist es mit unserem Land gekommen, wenn ein Richter ein Einreiseverbot stoppen und jeder, sogar mit bösen Absichten, in die USA kommen kann?«[33]

Der vom Volk Gewählte gegen den Verfassungshüter.

Die Gerichtsverfahren und die Kritik führten letztlich dazu, dass Trump das Dekret zurückziehen musste. Aber sein Vorhaben war nur kurzfristig gescheitert. Schon im März 2017 legte er Executive Order 13780 vor, das die juristisch problematischen Punkte abänderte und Menschen aus muslimischen Ländern die Einreise zeitweise tatsächlich verweigerte. Es wurde übrigens von Trumps Nachfolger Joe Biden wieder aufgehoben – als eine seiner ersten Amtshandlungen.

Natürlich ist in der Regel kein Regierungschef begeistert, wenn sein Vorhaben von Gerichten gekippt wird. Populisten jedoch agieren so: Sie beschreiben eine existenzielle Gefahr für das Land. Sie präsentieren sich als die Einzigen, die dieses Problem zu nennen bereit sind. Daraufhin formulieren sie Maximallösungen und ignorieren dabei oft die Grenzen der Verfassung. Sind sie dann an der Macht, setzen sie diese Vorhaben um und geraten praktisch automatisch in einen Konflikt mit den Gerichten.

Ihre Antwort auf diese Konflikte: Die Richter stellen sich gegen den Volkswillen, gegen das Programm, das gewählt wurde, und gegen den gesunden Menschenverstand. Denn den, so der Populist, vertritt nur er selbst.

Deshalb haben Populisten ein Interesse daran, die Verfassungsgerichte möglichst früh auf ihre Linie zu bringen. Das werden wir später noch sehen.

Hinter der Auseinandersetzung mit den Gerichten steckt ein realer Widerspruch der Demokratie, der sich nicht recht auflösen lässt. Das Volk in der Demokratie soll souverän sein. Doch wenn die Mehrheit zu jedem Zeitpunkt uneingeschränkt herrschen dürfte, könnte sie die Demokratie einfach abschaffen. Um das zu verhindern, gibt es Verfassungen. Sie setzen dem, was das Volk entscheiden kann, Grenzen. Man kann sich das vielleicht wie die Regeln eines Brettspiels vorstellen. Diese Regeln sind für alle Mitspieler dieselben. Und innerhalb dieser Regeln kann jeder gewinnen, also seine politischen Vorstellungen durchsetzen. Aber selbst der Gewinner kann die Regeln nicht einfach so ändern. Wenn Sie nach einem langen Spieleabend siegreich aus einer Partie Monopoly hervorgehen, können Sie nicht bestimmen, dass beim nächsten Mal nur noch Sie selbst 4000 Euro einziehen, wenn Sie über Los laufen, und alle anderen leer ausgehen. Die Demokratie wehrt sich gegen schlechte Verlierer, also extremistische Gruppen, die das System mit Gewalt zu stürzen versuchen. Aber sie schützt sich auch vor schlechten Gewinnern, die ihr erworbenes Mandat nutzen wollen, um die Grundregeln zu ihren eigenen Gunsten zu ändern.

Gegner der Demokratie gibt es immer. Solange sie keinen Einfluss ausüben, kann die Demokratie das »aushalten«, wie man sagt. Doch das Design vieler Demokratien ist darauf ausgelegt, dass ihre Gegner das System auch dann nicht stürzen können, wenn sie an der Macht sind.

Jede Demokratie oszilliert zwischen dem Versprechen der Selbstbestimmung des Volkes und den möglichen negativen Konsequenzen, die sich daraus ergeben.

Was, wenn das Volk einen Diktator wählt?

Schon die frühen Verfassungsdenker haben sich mit diesem Problem auseinandergesetzt. Die Väter der US-Verfassung sahen in einem System, das auf dem Willen des Volkes basiert – nämlich der Wahl des Präsidenten und des US-Kongresses –, immer auch das Potenzial zum Abrutschen in das, was sie in der Sprache ihrer Zeit »Tyrannei« nannten.

»We the people« sind die ersten drei Worte der US-amerikanischen Verfassung, die am 4. März 1789 in Kraft trat. Nicht ein Monarch, sondern das Staatsvolk selbst war Quelle aller Politik – um Gerechtigkeit, inneren Frieden, gemeinsame Verteidigung, Wohlstand sowie »die Segnungen der Freiheit für uns und unsere Nachkommen« zu sichern und zu fördern, wie es in der Präambel heißt. Die US-Verfassung, aber auch später die demokratische Praxis, die sich auf ihrer Grundlage entwickelte, inspirierte politische Denker auf beiden Seiten des Atlantiks.

»We the people«, das ist ein Versprechen, aber auch ein Risiko. Das Volk entscheidet. Aber wie weit geht seine Souveränität eigentlich? Alexander Hamilton, einer der Väter der amerikanischen Republik, machte in einer Denkschrift klar: Die Verfassung steht über dem Gesetz. Denn sie repräsentiert den Willen des Volkes, während Gesetze, die von gewählten Repräsentanten beschlossen werden, sich nur daraus ableiten.[34]

Ähnlich argumentierte man auch im Kontext der Französischen Revolution. Das Volk ist pouvoir constituant, also verfassungsgebende Macht; die Staatsgewalt ist pouvoir constitué – Macht, die durch die Verfassung überhaupt erst entsteht und nur durch sie, also den Volkswillen selbst, legitimiert ist.

Damit das auch so bleibt, sieht die Verfassung Regeln vor. »Wenn sie nicht durch äußere Kontrollen eingeschränkt werden, wird jede einzelne Person oder Gruppe von Personen eine Tyrannei über andere errichten«, schrieb James Madison, der spätere Präsident der Vereinigten Staaten.[35] »Die Konzentration aller Befugnisse (...) in denselben Händen impliziert die Beseitigung externer Kontrollen. (...) Die Abschaffung externer Kontrollen erzeugt Tyrannei.«

Nun haben sich die Vereinigten Staaten ein anderes System gegeben als die europäischen Demokratien. In den USA wählt das Volk Präsident und Parlament unabhängig voneinander. Das führt oft dazu, dass der Präsident einer anderen Partei angehört als die Mehrheit der Legislative. Das bedeutet Kontrolle und Machtbegrenzung, aber eben auch Konflikte – vor allem heute, da Republikaner und Demokraten sich erbittert gegenüberstehen und radikale Kräfte die Zusammenarbeit verweigern. In Europa geht die Regierung meist aus dem Parlament hervor – sie braucht dort also eine Mehrheit. Das Schicksal des Regierungschefs hängt an der Unterstützung der Abgeordneten. Das kann zu anderen Problemen führen. Koalitionen können zerbrechen, der Regierungschef abgewählt werden. Oder aber es kommt zum Dauerstreit der Bündnispartner.

Trotz solcher Unterschiede gilt in allen Demokratien das Prinzip von Gewaltenteilung und -kontrolle. Das bedeutet: Volksherrschaft kann es nur geben, wenn die Bürger gegenüber dem Staat einklagbare Rechte haben, der Staat sich an geltendes Recht hält und grundlegende Rechte der Bürger nicht einfach abschaffen kann. Und zwar auch dann, wenn die Regierung wechselt. Macht ist immer begrenzt. Zeitlich und in ihrem Umfang.

Das ist beruhigend, aber es bedeutet eben auch: Der Preis, den man für den Erhalt der Demokratie zahlt, ist der, dass die Bürger – oder diejenigen, die sie repräsentieren – nicht uneingeschränkt alles entscheiden können. Denn ohne Grenzen könnte die Demokratie einfach durch einen Mehrheitsbeschluss im Parlament aufgelöst werden. In liberalen Demokratien gibt es beides: freie Wahlen, in denen das Volk seine Vertreter wählt und damit seine Souveränität ausdrückt. Und Institutionen, die die Macht der Gewählten beschränken: Parlamente, teils mit mehreren Kammern, die zu gemeinsamen Entscheidungen finden müssen, wie etwa Senat und Repräsentantenhaus in den USA oder Bundestag und Bundesrat in Deutschland. Gerichte, die die Verfassung gegen die Macht in Schutz nehmen. Und freie Medien, die die Mächtigen beobachten, die Bürger informieren und Fehlverhalten furchtlos aufdecken.

Diese Sicherheitsgurte bilden das, was man als liberale Demokratie bezeichnet.

Es ist ein eisernes Kartenhaus. Denn narrensicher ist kein System. Aber der Weg in die Autokratie ist erschwert. Die Feinde der liberalen Demokratie müssen deshalb tricksen, Gewalt anwenden, die Abschaffung der Demokratie von langer Hand vorbereiten, um die Sicherheitsmechanismen zu umgehen.

Etwa 1933 in Österreich. Dort war Bundeskanzler Engelbert Dollfuß an der Macht. Er stand einer Bewegung vor, die man als »Austrofaschismus« kennt – einer radikal-katholischen Ideologie, die Österreich in das Ständesystem des Mittelalters zurückführen wollte. Für den Umsturz nutzte er einen schwachen Moment der Legislative. Am 4. März 1933 zerstritt sich das noch funktionierende Parlament über eine Geschäftsordnungsfrage. Eigentlich wollte es an einem anderen Tag wieder zusammentreten. Kanzler Dollfuß jedoch ergriff die Gelegenheit, erklärte das Parlament kurzerhand für nicht handlungsfähig, unterstellte ihm »Selbstausschaltung« und verhinderte seine erneute Zusammenkunft unter Einsatz der Polizei. Die österreichische Demokratie war Geschichte.

In der Weimarer Republik gelang den Nationalsozialisten die nachhaltige Zerstörung der Demokratie. Im März 1933 beschloss der von den Nazis dominierte Reichstag das Ermächtigungsgesetz, dessen wichtigste Regelung es war, dass Reichsgesetze »außer in dem in der Reichsverfassung vorgesehenen Verfahren auch durch die Reichsregierung beschlossen werden« konnten. Die Gesetzgebungskompetenz war auf die Regierung übergegangen, das Parlament seiner wichtigsten Funktion beraubt und damit faktisch ausgeschaltet, auch wenn es als Bühne für den »Führer« noch zusammentrat. Der Grundstein für die Diktatur war gelegt. Am Ende standen Krieg und die industrielle Vernichtung jüdischen Lebens in Europa.

Dem vorausgegangen war eine jahrelange Schwächung des Parlamentarismus in der Weimarer Republik. Reichspräsident Paul von Hindenburg hatte angesichts der zersplitterten Machtverhältnisse in der Legislative mit Präsidialkabinetten ohne Mehrheit und mit Notverordnungen am Parlament vorbei regiert, indem er seine Befugnisse weit auslegte. Hindenburg war es darum gegangen, KPD und NSDAP aus der Regierung herauszuhalten und irgendwie für stabile Regierungen zu sorgen. Aber als kein Ende der ständig wechselnden Präsidialkabinette in Sicht war, befürwortete er das Experiment,

Adolf Hitler im Bündnis mit den Nationalkonservativen die Regierungsgeschäfte anzuvertrauen.

Es sind historische Beispiele, in denen autoritäre Bewegungen die Demokratie mit ihren eigenen Waffen schlugen, teils mit großzügiger Unterstützung politischer Eliten. Aber ihre Machtübernahme geschah auch in einer Zeit junger, teils noch nicht gefestigter Demokratien, die viele Gegner in Politik, Wirtschaft und Gesellschaft hatten. Die Faschisten bewarben ihre autokratischen Systementwürfe offen als Alternativen zur Demokratie, die sie für schwach und dekadent hielten.

Die heutigen Populisten sind aus etablierten Demokratien heraus entstanden. Sie inszenieren sich nicht als deren Zerstörer, sondern als Retter. Wo sie an der Macht sind, geben sie vor, den wahren Volkswillen und damit echte Demokratie wiederherzustellen. Das tun sie, indem sie die liberalen Anteile einer Demokratie so schwächen, dass eine Kontrolle der Mächtigen praktisch nicht mehr gegeben ist. Man spricht dann von »illiberaler Demokratie«.[36] Ein Beispiel dafür ist derzeit das von der Partei Fidesz regierte Ungarn, wo zwar im Wesentlichen noch freie und gleiche Wahlen stattfinden, aber die Medien von der Regierung stark beeinflusst werden und das Verfassungsgericht so entmachtet ist, dass die Regierung einen dauerhaften Wettbewerbsvorteil genießt. So sichert die Fidesz sich ihre Macht.

Seit die Fidesz-Partei 2010 zum zweiten Mal an die Macht kam, hat sie die Demokratie sukzessive umgestaltet. Und zwar nicht im Geheimen, sondern vor aller Augen. Ministerpräsident Viktor Orbán selbst hat sein Projekt tatsächlich als »illiberale Demokratie«, später als »christliche Demokratie« betitelt.

Auch in Polen regierte von 2015 bis 2023 eine rechtspopulistische Partei: die »Recht und Gerechtigkeit« (PiS). Die PiS hatte sich unmittelbar nach Amtsantritt darangemacht, die polnische Demokratie nach ihren Vorstellungen umzubauen. Auch sie konzentrierte sich auf Medien, Verfassungsgericht und Bürgerrechte. Und auch sie versprach, die Demokratie in ihrem Sinne zu »reparieren«. Nicht nur wer sich gegen diese Politik positioniert, ist ein Feind des Volkes, sondern auch die Institutionen, die diese Feinde gewissermaßen beherbergen.[37]

Das System können die Populisten deshalb so offen und selbstbewusst neu ordnen, weil sie sich eine Schwachstelle der liberalen Demokratie zunutze machen: den Widerspruch zwischen dem Versprechen der Volkssouveränität und den Verfassungsorganen, die diesen Willen einschränken, um ihn gleichzeitig dauerhaft zu erhalten. Die Historikerin Margaret Canovan bezeichnet das treffend als »Demokratisches Paradox«.[38] Für die Populisten hat dieses eingebaute Problem ein Gesicht: die abgehobene politische Elite.

POLITIK MIT DER KETTENSÄGE

Im Sommer 2023 steht ein Mann in den Startlöchern, Präsident von Argentinien zu werden. Schon optisch wirkt er gemessen an dem, was man in der Politik gewohnt ist, ziemlich ungewöhnlich. Mit seinen wuchtigen Koteletten und dem Haar, das ihm über die Ohren fällt, sieht er eher wie ein Beat-Musiker der 1960er-Jahre aus. Bei öffentlichen Auftritten bevorzugt er oft eine Lederjacke gegenüber dem in der Politik üblichen Sakko. Ein stämmiger Mann mit stechendem Blick und einem Auftreten, das man im Englischen als »intense« bezeichnen würde. Positiv gewendet könnte man sagen, der Kandidat hat Sendungsbewusstsein.

Javier Milei, so der Name des Mannes, ist Ökonomieprofessor. Ein Außenseiter im politischen Betrieb. Er tritt als Kandidat des Parteienbündnisses »La Libertad Avanza« an. Er leugnet den Klimawandel und will die Migration einschränken. Sein Lieblingsthema aber ist der Kampf gegen den Staat. Er will ihn zurückdrängen, wo es nur geht. Der Staat sei »ein Pädophiler im Kindergarten, wo die Kinder gefesselt und mit Vaseline eingerieben sind«.[39]

Man könnte das allein noch als vulgären Libertarismus abwenden. Die Ideologie des Libertarismus stellt die absolute Freiheit des Einzelnen in den Mittelpunkt und will folglich den Staat, seine Institutionen und Kompetenzen auf ein Minimum reduzieren. Ein Ansatz, der angesichts des als aufgebläht und ineffizient geltenden öffentlichen Sektors Argentiniens[40] für viele ebenso radikal wie verlockend ist. Was Milei jedoch zum Populisten macht, zeigt eine Aussage wie diese: »Politiker sind die, die den Staat umsetzen«, sagt er in demselben Interview, in dem er den Staat als »Pädophilen« bezeichnet hat. »Wir müssen also verstehen, dass die wahren Feinde die Politiker sind.« Erst dadurch, dass er den Staat personifiziert, macht er ihn zu einem Gegner, der bekämpft werden kann. Und stilisiert seine Politik zum Gefecht zwischen Gut und Böse. Wir gegen die.

Nur konsequent, dass die Antwort des aufstrebenden Kandidaten und späteren Präsidenten Argentiniens auf eine solche Bedrohung extrem ausfällt. Bei einem Wahlkampfauftritt schwingt er eine Kettensäge. Er will zeigen, was er mit den etablierten Politikern machen will, wenn er die Wahl gewinnt. »Das Ende der parasitären Politikerkaste, die Argentinien seit 40 Jahren regiert, ist gekommen«, zitiert ihn die »Berliner Morgenpost«.[41]

In den Umfragen liegt er mit Abstand vorn, schafft es schließlich auf dem zweiten Platz in die Stichwahl und siegt am 19. November 2023 im finalen Wahlgang. Milei ist ein glaubwürdiger Außenseiter, und sein offener Hass auf die etablierte Politik scheint bei vielen Argentiniern zu verfangen. Aber allein auf der Welt ist Milei damit nicht. Donald Trump, Giorgia Meloni, Viktor Orbán – sie alle geben der Wut auf »die da oben« eine Stimme. Manche in mehr, manche in weniger drastischen Worten. Und gewinnen damit Wahlen.

Nun ist das Bild des abgehobenen Politikers weder neu, noch haben es die Populisten für sich gepachtet. Der gierige, egoistische Machtmensch, der in einer Blase lebt und den Kontakt zu den Bürgern verloren hat, ist ähnlich wie der skrupellose Reiche ein Klischee, das es bis in die Popkultur geschafft hat. Man findet es in der Musik: »Politician swine, you make me wanna puke«, heißt es in einem Song der britischen Rock-and-Roll-Band Motörhead, und in einem anderen: »Just 'cos you got the power / That don't mean you got the right.« Auch in Filmen begegnet uns der bösartige Politiker. In »Star Wars – Episode II« warnt Obi-Wan Kenobi seinen Schüler Anakin vor Senatorin Padmé Amidala: »Vergiss nicht, sie ist Politikerin, denen kann man nicht trauen.« Dass der Sith-Lord Darth Sidious sich als Senator Palpatine durch politische Ränkespiele zum Diktator mausert, ist nicht nur ein gelungenes Beispiel für das Scheitern einer Demokratie, sondern auch ein satirisches Lehrstück für das Versagen von Institutionen angesichts eines machtgierigen Einzelnen.

Wo Macht ist, ist immer Misstrauen in Macht, insbesondere dann, wenn in Ämtern und Institutionen weitreichende Entscheidungen getroffen werden, deren Entstehung Bürger nicht immer nachvollziehen können. Außerdem existieren in der Politik – wie auch in anderen Branchen, Subkulturen und Milieus – eigene Codes und Sprechweisen. »Politikersprech«

nennen es manche und beschreiben damit das Lavieren, das Sich-nicht-Festlegen, das Reden in Formeln. Diese Art zu kommunizieren gibt es tatsächlich, und sie lässt sich teils nur schwer vermeiden: Weil es um Machtgewinn oder -erhalt geht und man mit dem sprichwörtlichen »Wort zu viel« oft die eigene Karriere, zumindest aber den Erfolg eines politischen Vorhabens riskiert.

Einander zu kritisieren gehört in der Politik natürlich dazu. Wenn man sich nicht gerade innerhalb einer Partei oder Koalition zerstreitet – auch das soll vorkommen –, ist der politische Disput nach Regierung und Opposition codiert. Die Regierung verteidigt ihre Politik, die Opposition kritisiert sie. Es geht ums Handeln, und selbst dann, wenn Politiker selbst ins Visier ihrer Gegner geraten – und nicht gerade ein Skandal im Raum steht –, wird durch die Opposition Unvermögen oder mangelnde Kompetenz in der Sache kritisiert. Diese Auseinandersetzung wird durchaus mit harten Bandagen geführt. »Ich gebe Ihnen neun gute Gründe, SPD zu wählen«, textete man 1998 für den deutschen Kanzlerkandidaten Gerhard Schröder. »Der zehnte heißt Kohl.«

Eine solche Form des Negativwahlkampfs ist nicht per se populistisch. Denn auch, wenn Populisten auf der Sachebene Kritik üben, kommt bei ihnen noch eine andere Ebene hinzu. Sie attackieren Politiker der anderen Parteien deshalb, weil sie Politiker sind. Sie zeichnen sie als geschlossene Gruppe, die über Parteigrenzen hinweg in ihren schlechten Absichten, ihrer Gier und ihrem Egoismus geeint ist.[42] Für Populisten ist die Anti-Eliten-Haltung kein Wahlkampfmanöver. Sie gehört zu ihrem ideologischen Bestand. Und sie halten sie auch häufig dann noch aufrecht, wenn sie es selbst an die Regierung geschafft haben.

Es gibt viele Parteien, die sich nicht nur als Alternativen zur Regierung, sondern zur gesamten politischen »Klasse« empfehlen. »Dritte Parteien« in den USA wie die Green Party oder die frühere Reform Party machen denjenigen ein Angebot, die weder Demokraten noch Republikaner unterstützen wollen. In Deutschland bezeichneten sich die Grünen in ihrer Anfangszeit selbst als »Anti-Parteien-Partei«. Und das wollten sie auch zeigen. Die Männer trugen lange Bärte, ihre Abgeordneten saßen strickend im Parlament, in Hessen ließ sich Joschka Fischer 1985 in Turnschuhen als Umweltminister vereidigen. Die »Anti-Haltung« der Grünen war ein Habitus, mit dem sie sich von den Etablierten abgrenzten.

Aber die aggressive Verachtung der Politiker als vermeintliche »Klasse« fehlte ihnen. Vor allem machten sie sich nicht zur Stimme eines »wahren Volkes«. Sie wussten, dass ihre Ursprünge in ganz unterschiedlichen Bewegungen lagen: feministischen Gruppen, der Anti-Atomkraft-Bewegung, der Friedensbewegung. Politischen Kompromiss lehnten sie nicht grundsätzlich ab. Dass sie sich irgendwann anpassten, schadete ihnen nicht, weil die Anti-Establishment-Haltung für sie viel weniger bedeutsam war als die politischen Inhalte, für die sie standen.

Für Populisten hingegen ist die Anti-Haltung gegen »die da oben« eines ihrer Alleinstellungsmerkmale, gerade weil der Interessengegensatz von Volk und Eliten für sie so klar und unerbittlich ist. Populisten sehen weder in der einen noch der anderen Gruppe Grautöne. Hier das gute Volk, dort die böse Elite. »Die politische Klasse Deutschlands hat das Wahlrecht und die Wahlverfahren im Laufe der Zeit immer trickreicher ausgenutzt und angepasst, um den Einfluss des Volkes zu minimieren«, schreibt die AfD in ihrem Grundsatzprogramm.[43] Erinnern wir uns an Trumps Sharepic: »Sie sind nicht hinter mir her, sondern hinter euch.« Da war er längst Präsident und selbst einer von »denen da oben«. Aber für seine Anhänger wollte er der Champion sein, der ein gefräßiges Politikmonstrum heldenhaft zurückschlug, um dem Volk seine Herrschaft zurückzugeben.

Zurück zu Javier Milei. Sein Kettensägenmassaker am politischen Establishment ist auch ein verbales. Das Niveau, auf dem er seine Gegner beschimpft, ist atemberaubend obszön: »Eingepisste Greise« und »terroristische Bombenwerferin« sind nur einige der Beleidigungen, die er in petto hat.[44] Aber das ist eben aus der Perspektive des Populisten gerechtfertigt, denn die »Kaste«[45] der Politiker muss weg von den Schaltstellen der Macht. Dass Milei den vorher Beschimpften vor der Stichwahl teils eine Zusammenarbeit anbietet, widerspricht dem nicht – denn immerhin würde er selbst Präsident werden und damit den Ton angeben.

Die Säge ist das passende Symbol für das, was die Populisten wollen. Denn mit einer durch und durch verdorbenen politischen Klasse lassen sich keine Kompromisse schließen. Diese Haltung verfängt, weil das Misstrauen in die Politik weit verbreitet und umfassend ist. In Argentinien liegt das Vertrauen in die Regierung 2018 nur bei 26 Prozent – einer der schlechtesten Werte in Lateinamerika.[46] Der Anteil derjenigen in Deutschland, die den politischen Parteien (eher) nicht vertrauen, rangiert 2023 bei 69 Prozent.[47] Und Politiker wiederum werden häufig nicht als diejenigen gesehen, die die Interessen der Bürger repräsentieren, sondern als Vertreter ihrer jeweiligen Parteien.[48] Vertrauen in Politiker haben in Deutschland nur 14 Prozent der Menschen.[49] In den USA hat das Vertrauen in die Regierung 2023 insgesamt einen neuen Tiefstand erreicht und liegt nur noch bei 16 Prozent. Unter der Regierung Lyndon B. Johnsons 1964 lag der Wert noch bei stattlichen 77 Prozent – danach fiel er, von kurzzeitigen Hochs abgesehen, immer weiter ab.[50]

Die Populisten bedienen sich dieses Misstrauens. Nicht alle holen gleich die Kettensäge heraus. Aber alle beschuldigen die Politik, das Volk im Stich gelassen zu haben.

DIE DA OBEN MACHEN SOWIESO, WAS SIE WOLLEN

In der zweiten Jahreshälfte 2023 ist Landtagswahlkampf in Bayern. Die CSU wird, wie seit Jahrzehnten schon, haushoch gewinnen, das ist schon lange vor dem Wahlkampf klar. Markus Söder wird Ministerpräsident bleiben. Die Frage ist lediglich, wie hoch der Stimmenanteil für seine Partei genau ausfallen wird. Es werden Szenarien diskutiert, um die Spannung zu erhöhen: Fallen die Christsozialen unter die – völlig willkürlich gesetzte – 40-Prozent-Marke, habe Söder keinen Anspruch mehr auf die Kanzlerkandidatur 2025. Mit dergleichen Gedankenspielen vertreibt man sich in einem recht unspektakulären Wahlkampf die Zeit.

Dann kommt der 10. Juni. Es sind noch fast genau vier Monate bis zur Wahl. Die heiße Phase hat noch gar nicht begonnen. In Erding findet eine Demonstration gegen die Heizungspolitik der Bundesregierung statt – ein Thema, das die Gemüter erregt. Manch einer vermutet, der Unmut nütze vor allem der AfD. Vielleicht glaubt das auch Hubert Aiwanger, stellvertretender Ministerpräsident von Bayern und Spitzenkandidat der Freien Wähler. In Erding wird seine Wortwahl deftig. »Ihr in Berlin habt's wohl den Arsch offen!«, ruft er unter dem Jubel der Menge der Regierung zu. Und: »Jetzt ist der Punkt erreicht, wo endlich die schweigende große Mehrheit dieses Landes sich die Demokratie wieder zurückholen muss.«[51]

Natürlich hagelt es von allen Seiten Kritik. Aber seine Wutrede verfängt. Was er sagt: Die Mehrheit des Volkes ist gegen die Heizungspolitik, also müsste die Ampel-Regierung, wenn dieses Land noch eine Demokratie wäre, sie sofort stoppen.

Javier Milei hantiert mit der Kettensäge, weil er das gesamte politische Establishment davonjagen will. Aiwanger bedient dieselbe Wut, aber mit einer anderen Konsequenz: Die da oben sollen endlich machen, was wir wollen.

»Man muss die Herrschaften in der schwarz-grünen Regierung immer wieder daran erinnern«, lässt sich der FPÖ-Vorsitzende Herbert Kickl zitieren. »Ihr seid nicht die Befehlshaber über die Österreicherinnen und Österreicher. Es ist umgekehrt: Das Volk ist Euer Chef!«[52] Eigentlich, möchte man meinen, beschreibt er ja nur, was Sache ist: Bürger dürfen ihre Vertreter wählen und damit auch abwählen. Populisten aber weisen deshalb darauf hin, weil sie behaupten, dass das Volk derzeit gerade nicht »Chef« sei. Die politischen Eliten, so glauben sie, haben es seiner Herrschaft beraubt.

»Heimlicher Souverän ist eine kleine, machtvolle politische Führungsgruppe innerhalb der Parteien«, schreibt die AfD in ihrem 2016 beschlossenen Grundsatzprogramm[53]. Die Konsequenzen dieses Missverhältnisses sind in ihren Augen drastisch: Die Eliten sind nicht nur abgehoben. Sie bereichern sich, sie setzen ihre Ideologie durch, sie treiben das Land in den Ruin. Nur das Volk selbst kann das Ruder noch herumreißen. Schon in ihrem ersten Bundestagswahlkampf 2013 postet die AfD auf Facebook ein Sharepic. Es zeigte einen nachdenklichen Bernd Lucke – damals einer ihrer Sprecher und ihr prominentestes Gesicht. Der zugehörige Text lautete: »Wir müssen zum Volkswillen zurückkehren. Das Volk hätte dem Euro nie zugestimmt.«

Der »heimliche Souverän«, die Clique, die dunklen Mächte: Populisten geht es um mehr als nur darum, die Politiker verächtlich zu machen, um Stimmen zu gewinnen. Mit harten Bandagen zu kämpfen, ist in Demokratien normal. Aber wenn Populisten von »Heimlichkeit« oder »Abgehobenheit« sprechen oder auch nur davon, dass das Volk nicht mehr »der Chef« sei, dann schwingt darin oftmals zweierlei mit: Die politischen Eliten haben sich so weit von den Bürgern abgekoppelt, dass man nicht mehr von »Volksherrschaft« sprechen kann – die Demokratie selbst ist demnach defekt, wenn nicht gar schon zerstört. Und die »politische Klasse« operiert im Dunklen, geheim und unkontrolliert. Das wirft Fragen auf: Mit wem wird eigentlich zusammengearbeitet? Zu welchem Zweck? Cui bono? Der Weg zur Verschwörungserzählung ist von dort aus nur ein Katzensprung.

Das funktioniert nicht zuletzt auch, weil in Demokratien die Bürger meist nicht unmittelbar regieren. Direkte Demokratie gibt es zwar in vielen Ländern, aber sie hat in der Regel weniger Gewicht als die Wahl von Volksvertretern. Das bedeutet nicht, dass Menschen dort, wo es keine Volksentscheide gibt, machtlos sind. Vielmehr wird Macht an Repräsentanten delegiert, die Entscheidungen in den dafür vorgesehenen Organen treffen, also dem Parlament. Für diese Entscheidungen können die Repräsentanten zur Verantwortung gezogen werden – zum Beispiel dadurch, dass man sie abwählt. Die Verfassung bildet die Geschäftsgrundlage dafür, wie sie ins Amt kommen, wo die Grenzen ihrer Entscheidungsbefugnisse liegen und wie sie im Falle von Fehlverhalten belangt werden.

Wer Populisten zugeneigt ist, gibt sich damit nicht zufrieden. Für ihn bedeutet Demokratie: Gewählte Repräsentanten sollen sich alle hinter dem einen Volkswillen versammeln und ihn ohne Abstriche umsetzen.[54] Wenn die Gerichte das blockieren, was das Volk will, sind sie dessen Feinde. Das Gleiche gilt für Politiker, die nicht sofort springen, wenn das Volk etwas fordert. Arbeiten die Politiker schlecht, machen die Populisten daraus deshalb eine Krise der Demokratie selbst.

Ein Teil der Anziehungskraft der populistischen Parteien besteht darin, dass sie »Volksherrschaft« in einem unmittelbaren Sinne verstehen. Dem freien Mandat begegnen sie mit Argwohn. Dass, wie etwa im deutschen Grundgesetz formuliert, die Abgeordneten »an Aufträge und Weisungen nicht gebunden und nur ihrem Gewissen unterworfen« sind, erscheint ihnen als Einfallstor für Willkür. Den ersten Teil des Artikels 38 hingegen, dass Abgeordnete »Vertreter des ganzen Volkes« sind, nehmen sie wortwörtlich. Jan-Werner Müller verweist darauf, dass Populisten sich deshalb als Beauftragte des Volkes inszenieren: Ihre Partei- und Wahlprogramme sind oft als »Verträge« oder Ähnliches betitelt, sie selbst daher Agenten des Volkes.[55] Nur, und auch das arbeitet Müller heraus: Diese Verträge hat nicht das Volk geschrieben, sondern die Populisten selbst haben sie aufgesetzt. Aber nach ihrem Verständnis macht das keinen Unterschied – weil sie den Willen des Volkes ja kennen. Im Gegensatz zu allen anderen Politikern.

Das Misstrauen gegenüber dem freien Mandat ergibt aus Sicht der Populisten Sinn: Denn wenn man den politischen Eliten von vornherein nicht trauen kann, wie soll man dann akzeptieren, dass sie nur ihrem Gewissen verpflichtet sind? Dass Politiker überhaupt gewissenhaft handeln, zweifeln Populisten ja gerade an. »Die da oben machen sowieso, was sie wollen« kann man vor diesem Hintergrund als die sarkastische Variante dessen lesen, was das deutsche Grundgesetz über das freie Mandat sagt. Die Populisten bezweifeln, dass sich Politiker freiwillig an die Spielregeln halten, die ihnen die Verfassung vorgibt. Außer natürlich, sie haben selbst die Macht.

Das ist nicht neu. Schon der französische Demokratie-Theoretiker Jean-Jacques Rousseau dachte: Gewählte Vertreter könnten den Willen des Volkes von vornherein nicht genau abbilden.[56] Nur das Volk selbst, und zwar das Volk als Ganzes, kann bindende Entscheidungen für sich treffen. Parlamenten, in denen ja tatsächlich nur ein Teil des Volkes – seine Abgeordneten – zusammentritt, stand er skeptisch gegenüber.

Populisten sind in der Regel allerdings keine Gegner der repräsentativen Demokratie, solange Politiker genau das tun, was das Volk will.[57] Und dieses Volk hat für die Populisten nicht eine Vielzahl an Meinungen, Einstellungen, Interessen, sondern einen einzigen Willen.[58]

Nur die Verwirklichung des »wahren«, einheitlichen Volkswillens erscheint Populisten demokratisch. Alle Beschränkungen dieses Willens hingegen demonstrieren für sie einen Mangel an Demokratie, und alle gesellschaftlichen Gruppen, die sich ihm entgegensetzen, sind Feinde des Volkes.

Deshalb sind Populisten – manche mehr, manche weniger – illiberal:[59] Rechtsstaatlichkeit und Pluralismus ordnen sie dem Willen des »wahren« Volkes unter. In ihrem vermeintlichen Kampf um die »echte« Demokratie sind Politiker, (Verfassungs-)Richter und Medienvertreter Teil einer selbstsüchtigen politischen Kaste. Sie sind Schauspieler in einer Kulissendemokratie, in der sie sich ihre Pfründe sichern.

Das Demokratieverständnis der Populisten darf man sich also nicht als komplizierte Demokratie-Theorie vorstellen, sondern eher als Demokratie-Appell unter dem Motto »Der Wille des Volkes über alles!«. Im Gegensatz zu Linkspopulisten, die oftmals ein klares Bild davon haben, welche Teile der Demokratie sie in ihrem Sinne demokratischer machen wollen, sprechen vor allem rechtspopulistische Parteien wenig über die Details, die Institutionen, die Prozesse der Demokratie – und wenn überhaupt, dann oft negativ. »Void democrats« – Leere Demokraten – nennen das die Forscher Jakob Schwörer und Michael Koß.[60] Was jedoch alle Populisten eint, ist ihr Bezug auf das »wahre« Volk.

Wie aber sieht dieses »wahre Volk« aus?

TRUE PEOPLE, FAST FOOD

»Hallo Deutschland!«

Postkartenansichten: Wäldchen, Seen, Einfamilienhäuser. Pariser Platz. Fahrradfahrer im sommerlichen Berlin.

Eine Stimme aus dem Off fragt: »Sag mal, was ist eigentlich los mit dir?«

Ein Autowrack vor einem tristen Häuserblock. Ein Mannschaftswagen der Polizei schießt mit Sirene vorbei. Eine Frau sitzt mit traurigem Blick auf einer Schaukel. Sie trägt eine FFP2-Schutzmaske. Schnitt. Eine S-Bahn rauscht vorüber. Dahinter ein beleuchtetes Plakat an der Haltestelle Brandenburger Tor: Fall der Mauer 1989.

»Irgendwie erkennen wir dich nicht wieder«, sagt die Stimme. »Früher warst du irgendwie anders. Besser. Normaler.«

Grüne Hügellandschaften, in deren Schoß ein Dorf schlummert: weiße Fassaden, rote Giebel.

»Deine Währung war die härteste der Welt. Deine Wirtschaft stark und gerecht.«

Vater und Sohn, beide in weißen Shirts, dazu ein grüner VW-Käfer auf einem alten Videofilm: Der Vater macht anscheinend Vaterdinge, erklärt dem Sohn vielleicht die Technik, winkt in die Kamera.

»Du hattest große Visionen.«

Schnitt. Polizeiaufgebot. Mannschaftswagen. Sicher Berlin, denkt man als Zuschauer sofort.

»Heute aber wirkst du ängstlich und verunsichert.«

Schnitt. Gespaltener Bildschirm. Linkes Bild: eine Frau am Laptop; große, sechseckige Ohrringe. Rechtes Bild: ein Ausschnitt aus dem, was die Frau anscheinend tippt. Überschrift: Besprechungsagenda. Erste Zeile: Verehrte Teilnehmer:innen.

»Du kümmerst dich um Dinge, um die sich kein Land kümmern muss. Statt zum Mars zu fliegen, steigst du lieber aufs Lastenrad.«

Ein Junge, der mit einer Rakete aus Pappmaché durch ein Feld läuft. Ein Lastenrad, das – warum auch immer – eine Badewanne transportiert (die dann auf die Straße poltert). Siegessäule. Hermannsdenkmal. Wieder: ein Vater und ein Sohn, diesmal bei Handwerksarbeiten. Ein stolzer Schreiner.

»Als ob du kein Vertrauen in deine Stärken mehr hast«, sagt die Stimme. »In deine Tugenden. Deine Leistungen. Deine Menschen.«

Geteilter Bildschirm. Ein ausgebranntes Auto. Die Zerstörungen im Ahrtal.

»Bei den wichtigen Dingen geht dir die Puste aus.«

Es folgt mehr desselben; freundlich dreinblickende Menschen, Landschaftsaufnahmen, ein blau-weiß-roter Trabi mit Parteilogo: »Du musst nur wollen. Wir müssen nur wollen.«

Und dann, am Ende: »Wir wollen, dass Deutschland wieder schön, wieder sicher, wieder stark wird. (…) Für dich, Deutschland. Aber normal.«

Die Szenerie entstammt einem Wahlwerbespot, den die AfD zur Bundestagswahl 2021 sendete.[61] Besonders populistisch oder gar extrem wirkt er auf den ersten Blick nicht. Aber es steckt etwas darin, das zum Wesen des Populismus gehört. Nicht marktschreierisch, nicht in drastischen Worten, sondern mit sanfter Stimme vorgetragen. Wir, die normalen Leute. Die Schreiner, die Väter. Gegen die anderen. Die Lastenradfahrer und die Genderfrauen.

Populisten zeichnen – mal mehr, mal weniger konkret – das Idealbild eines vergangenen Idylls. So gut, so anständig, so erfolgreich war es mal, sagen sie. Und wir wollen euch dorthin zurückbringen. Diese mythische Vergangenheit scheint ganz nah. Menschen, die den Spot sehen, meinen, sich an sie erinnern zu können. Auf YouTube kommentiert ein Nutzer: »Ein Land, wo Bahn, Post und Krankenhäuser vom Staat geführt werden, ein gesundes Verhältnis von Verdienst und Abgaben und für Rentner ein würdiges Leben im Alter. So ein Deutschland hab ich gekannt und halte es auch heute noch für möglich und wichtig, wieder dorthin zu kommen.«

Die Beschwörung des allumfassenden Niedergangs ist nur die Kampagnen-Maske, der Gipfel eines tief liegenden Verständnisses von Normalität, Tugend und Moral, das Populismus aller Art prägt. Die Quelle dieser Moral ist immer das Volk selbst.[62] Wenn die Tugend des Volkes (wieder) Richtschnur der Politik wird, dann geht es (wieder) aufwärts mit dem Land, so die Argumentation. »Die besten Männer sind mit wenig zufrieden«, schrieb William Peffer lakonisch. Peffer war einer der führenden Köpfe der US-amerikanischen Populist Party, die Ende des 19. Jahrhunderts vor allem im Süden erfolgreich war. »Damit die Republik bestehen kann, müssen wir den einfachen Mann fördern.«[63]

Das alles bleibt oft vage. Es genügen der Appell an ein »Wir« und der Gedanke, dass mit diesem Wir die »schweigende Mehrheit«, die die Moral und Tugenden des »echten« Volkes verkörpert, gemeint ist. Es geht um das Eigentliche, das Gewachsene, das Richtige. Paul Taggart hat hierfür die Bezeichnung »Heartland« geprägt.[64] In den USA ist der Begriff gebräuchlich für das »wahre Amerika«, das Amerika der Farmer und Arbeiter, der Mittelschicht, wo noch »echte« amerikanische Werte wie harte Arbeit, Familie und Anstand herrschen.

Maisfelder in Nebraska, eine Kleinstadt, die sich um eine Straßenkreuzung gruppiert. Kirchen zwischen Kornfeldern, Soccer Moms, normale Leute – vor allem Weiße. Solche Assoziationen sind immer auch politisch; gerade in den USA sind die Bilder von Heimat und Normalität nicht zu trennen vom Selbstverständnis einer einzigartigen Kultur. Heartland ist in gewisser Weise die Verwirklichung der »Manifest Destiny«: die Eroberung des Kontinents durch die weißen Siedler und die Errichtung einer auserwählten Nation. Amerikanische Populisten appellieren oft an diesen Mythos. Und selbst dort, wo sie es nicht explizit tun, ziehen sie eine Demarkationslinie zwischen »uns« und »denen«. »Das einzig Wichtige ist die Einheit des Volkes – denn die anderen Menschen bedeuten nichts«, wie Trump im Rahmen einer Wahlkampfrede sagte.[65]

Natürlich ist das Bild vom »wahren Volk« ziemlich verschwommen. Nie waren alle Amerikaner Farmer und nie teilten alle Amerikaner dieselben Werte. Nie gab es einen Zeitpunkt, an dem man ein deutsches, österreichisches, französisches Volk in seinem wahren Zustand hätte identifizieren können. Das »Herzland« beschreibt einen Bezugspunkt, der ebenso mythisch wie typisch ist. Der Farmer, der Arbeiter, die »einfachen Leute« stehen für etwas. Für Werte, die nicht nur sie selbst, nicht nur ihre soziale Gruppe, sondern das Volk als Ganzes repräsentieren. Es geht um Rechtschaffenheit.[66] Die »kleinen Leute«, der »Normalbürger«, der »einfache Mann«; die Populisten nehmen sich ihrer Sorgen an und machen sich zu ihren Fürsprechern. In den Niederlanden etwa sagt die PVV in ihrem Programm zur Parlamentswahl 2012: »Henk und Ingrid (das niederländische Mustermann-Ehepaar, M. L.) sollen sich mehr leisten können.«[67]

Es bleibt jedoch nicht allein bei dieser Fürsprache. Vielmehr behaupten die Populisten, das Volk zu verstehen und seine Sprache zu sprechen. Sie stellen sich sowohl als Stimme des Volkes als auch oft wie Leute aus dem Volk dar. Die langjährige Vorsitzende der rechtspopulistischen Dänischen Volkspartei, Pia Kjærsgaard, sagte über sich selbst: »Ich bin keine Politikwissenschaftlerin, sondern eine Haushaltshilfe. Manche schauen vielleicht darauf herab, aber ich bin stolz darauf.« Weil sie wisse, wie das ist, wenn man »alte Menschen mitten in der Nacht in ihren Betten umdreht«, habe sie in sozialen Fragen ein »weiches Herz« – im Gegensatz zu den etablierten Politikern, die das alles nicht kennen würden.[68] Giorgia Meloni bemerkte in ihrer ersten Rede als italienische Ministerpräsidentin: »Ich bin sicherlich nicht aufgrund meines familiären Hintergrunds oder einflussreicher Freundschaften hierhergekommen. Ich verkörpere das, was die Engländer einen ›underdog‹ nennen.«[69]

Über einen Populisten wie Donald Trump, einen Unternehmer, Fernsehstar und Multimillionär, kann man allerdings schlecht behaupten, dass er »von unten« käme. Doch um wie das Volk zu sein, müssen populistische Anführer weder aus der Mittel- noch aus der Unterschicht stammen. Trump präsentiert sich vor allem durch sein Auftreten als Gegenmodell zur etablierten Politik. Seine Sprache ist einfach, oft rau und brutal. Er tritt narzisstisch und dünnhäutig auf und erscheint teils regelrecht emotional instabil.[70] Aber er wirkt trotz – oder gerade wegen – seiner ganzen Exaltiertheit und seines wenig präsidialen Stils eigenartig volksnah. Als er 2019 ein Football-Team im Weißen Haus empfing, servierte er ihnen kein Sterne-Menü – sondern Fast Food von McDonald's. Das Bild des Präsidenten, der mit stolzer Miene hinter Bergen aus Burgern und Pommes frites posierte, erntete Hohn und Spott in Presse und sozialen Medien. Aber bei seinen Wählern kam ihm das gleich doppelt zugute. Mit einem Menü, das jedermann kannte und selbst oft verzehrte, konnte er zeigen: Solange ich im Weißen Haus bin, is(s)t man hier wie in jeder normalen amerikanischen Familie – nicht im Sternerestaurant, wie es die abgehobene politische Klasse im Washingtoner Regierungsviertel tut. Und dass es gerade Journalisten, Intellektuelle und Prominente waren, die an seinem Fast-Food-Catering Anstoß nahmen, spielte ihm noch zusätzlich in die Hände. Denn das sind genau die Eliten, zu denen sich Trump als Alternative präsentiert.

Sich so darzustellen, dass sich diejenigen, die sich selbst für die »normalen Leute« halten, mit ihnen identifizieren, das können im Prinzip auch Millionäre, Akademiker und Personen, die schon lange zur politischen Elite gehören. Es geht darum, dass Volk und Eliten »vom selben Schlag« sein sollen. Seine Repräsentanten sollen wissen, wie das »wahre Volk« denkt, und sie sollen sich so verhalten, dass es sich in ihnen wiedererkennt. Solche Abgeordneten werden dann schon tun, was das Volk will. »Organisches Verhältnis« nennt das der italienische Politikwissenschaftler Daniele Caramani treffend.[71]

Nur, wer wie das Volk denkt, wer seine Vorstellungen von Normalität, Anstand, Moral teilt, kann auch für das Volk sein. Und aus dieser gemeinsamen Identität des Volkes und seiner Vertreter können dann politische Entscheidungen erwachsen, die wirklich auf dem beruhen, was »die Leute« wollen. Der Politiker muss mit dem Willen des Volkes eins sein. Und was dieser Volkswille ist – das bestimmen die Populisten selbst. Und sie behaupten von sich, dass nur sie ihn auch wirklich kennen.

Champions of the people.

DO IT YOURSELF, BUT DO IT RIGHT

Weil letztlich nur das Volk selbst über sein eigenes Schicksal entscheiden kann, fordern Populisten regelmäßig direkte Demokratie. Generell versteht man darunter entweder Initiativen, also direktdemokratische Entscheidungen, die aus der Bevölkerung selbst kommen, oder aber Referenden, in denen das Parlament die Entscheidung über ein bestimmtes Thema an die Bürger übergibt. Teilweise können solche Referenden auch obligatorisch, also für bestimmte Gesetzesvorhaben von der Verfassung vorgeschrieben sein.[72] In Deutschland ist die Neugliederung des Bundes – also etwa durch Zusammenlegung von Bundesländern – so ein Fall (Artikel 29 Absatz 2 GG).

Der als »Brexit« bekannt gewordene Austritt des Vereinigten Königreichs aus der EU beispielsweise war ein einfaches Referendum: Im Dezember 2015 verabschiedete das britische Parlament ein Gesetz, das eine Volksabstimmung über den Verbleib in der EU für spätestens 31. Dezember 2017 anordnete. Das Referendum fand schließlich am 23. Juni 2016 statt. Das Ergebnis ist bekannt: Die Mehrheit der Bürger gab dem britischen Parlament den Auftrag, den Austritt aus der EU zu vollziehen. Das »Wie« wiederum lag in der Hand der Volksvertreter. Nach langen und zähen Verhandlungen, etlichen Debatten und verworfenen Vorschlägen trat Großbritannien schließlich am 31. Januar 2020 aus der EU aus.

Der Brexit wird von manchen Beobachtern gern als Beispiel dafür herangezogen, dass direkte Demokratie zu schlechten Ergebnissen führt. Die Themen seien zu komplex, die Bürger oftmals zu sehr von kurzfristigen Stimmungen geleitet, um rationale Entscheidungen zu treffen. Allerdings ignoriert das Argument, dass auch die Volksvertreter in Parlament und Regierung nicht ausschließlich aus Sachgründen handeln. Politische Überzeugungen, Loyalität zur jeweiligen Parteilinie, wahltaktische Überlegungen sind nur einige der Aspekte, die Entscheidungen beeinflussen. Und wer würde behaupten, dass gewählte Volksvertreter nicht zuweilen auch fatale Entscheidungen treffen, ohne die Bürger befragt zu haben?

Wie auch immer man selbst zur direkten Demokratie steht: Im Allgemeinen ist die Zustimmung zu Verfahren, in denen die Bürger unmittelbar entscheiden dürfen, hoch. Gerade junge und besonders an Politik interessierte Menschen neigen dazu, sie zu unterstützen.[73] Laut einer Umfrage im Jahr 2019 sagen 70,3 Prozent der Befragten in Deutschland, dass die Demokratie durch mehr Beteiligungsmöglichkeiten ergänzt werden sollte.[74] In Österreich sprachen sich 2014 gar rund 79 Prozent der Wähler dafür aus.[75]

Um direktdemokratische Verfahren zu befürworten, muss man kein Populist sein. Bürger, Parteien, Aktivisten und NGOs positionieren sich zu der Frage, ob und wie sie flächendeckend oder häufiger genutzt werden sollte. Populisten jedoch politisieren die Frage nach Einführung und Ausgestaltung der direkten Demokratie. Sie machen aus ihr eine Existenzfrage der Demokratie selbst.

Das Volk selbst entscheiden zu lassen – und nicht »die da oben« – ist eine der Lieblingsforderungen der Populisten. Gern bringen sie sie dort vor, wo die Fragestellung besonders heikel und die Positionen sehr polarisiert sind. »Wir müssen jetzt unsere eigene ›Festung Österreich‹ gegen die illegale Einwanderung und den Asylmissbrauch bauen«, gab FPÖ-Chef Kickl im November 2022 zu Protokoll.[76] Dem amtierenden Bundeskanzler bot er ein direktdemokratisches Verfahren quasi als vergiftetes Geschenk an: »Wenn Karl Nehammer (ÖVP) sich vor der EU und seinem Koalitionspartner fürchtet, sollte er sich über eine Volksbefragung die Rückendeckung der Bevölkerung für den Kampf gegen illegale Einwanderung und Asylmissbrauch und für einen Asylstopp, echten Grenzschutz und kompromisslose Abschiebungen holen.«

Die Populisten rennen damit offene Türen ein. Nicht nur in Deutschland, sondern in vielen Ländern Europas fordern vor allem Menschen mit populistischen Einstellungen direktdemokratische Verfahren.[77] Viele populistische Wähler fühlen sich systematisch vom politischen Betrieb ausgeschlossen. In Deutschland gehören die Unterstützer der AfD zu den stärksten Befürwortern von Referenden.[78] Das ist auch nicht überraschend, denn bei Referenden geht es ja gerade darum, dass eine Entscheidung vom Parlament an die Bürger übergeben wird. Das Volk wird also tatsächlich befragt.

Der Politikwissenschaftler Frank Decker warnt allerdings davor, die Forderung der Populisten nach direkter Demokratie allzu ernst zu nehmen. Er verweist darauf, dass diese Verfahren eigentlich dem populistischen Verständnis eines »wahren

Volkswillens« widersprechen.[79] Denn dabei stimmen nicht nur diejenigen ab, die Populisten zum »wahren Volk« dazuzählen, sondern das gesamte Staatsvolk. Also auch all diejenigen, die für die Populisten, je nach ideologischer Färbung, nicht dazugehören: die Linken, die Rechten, die Ökos, die Aktivisten, die Wohlhabenden, die Intellektuellen, Menschen mit Migrationsgeschichte, queere Menschen. Bei ihrer Forderung nach direkter Demokratie geht es den Populisten also eher darum, dass sie die »Eliten« vor sich hertreiben können, während sie sich selbst damit als Vertreter der »schweigenden Mehrheit« präsentieren. Denn wann immer die Politik der lautstarken Forderung nach einem Volksentscheid nicht folgt, hat sie sich einmal mehr als elitäre Volksherrschafts-Verhinderungsmaschine entlarvt.

Der Nutzen einer Volksabstimmung, die nicht zustande kommt, ist für die Populisten größer als der einer Volksabstimmung, die sie verlieren.

Das funktioniert allerdings nur, wenn die direkte Demokratie kein tatsächlich genutztes Instrument ist. Wie aber gehen Populisten dort damit um, wo die direkte Demokratie viel stärker etabliert ist als beispielsweise in Deutschland? In der Schweiz hat die direkte Demokratie eine lange Tradition, und zwar sowohl im Bund als auch in den Kantonen. Volksabstimmungen gehören hier zum Alltag. Seit Gründung der Schweiz im Jahr 1848 wurden die Bürger 680-mal an die Urnen gerufen.[80] Zum Vergleich: Im Vereinigten Königreich fand erstmals 1973 ein landesweites Referendum statt. Seither gab es lediglich dreizehn Referenden – den Brexit eingeschlossen.[81]

Seit Jahren fährt die rechtspopulistische Schweizerische Volkspartei vergleichsweise hohe Wahlergebnisse ein und ist an der von allen relevanten Parteien gebildeten Bundesregierung beteiligt. Das hindert sie nicht daran, populistisch aufzutreten. Die direkte Demokratie ist dafür das ideale Mittel. Anstatt bei einem Parlamentsvotum eine Niederlage zu kassieren, kann sie die Abstimmung den Schweizer Bürgern überlassen, auch wenn sie dabei das Risiko eingeht, im Volk selbst keine Mehrheit zu finden. Dabei hält sich die SVP ebenso wie ihre Konkurrenten natürlich nicht zurück. Die direkte Demokratie gibt vielmehr allen Parteien die Möglichkeit, als gesellschaftliche Akteure sichtbar zu werden und sich nicht nur vor Wahlen auf den Marktplätzen zu präsentieren.

Eines der bekanntesten direktdemokratischen Abstimmungsergebnisse ist das sogenannte »Minarettverbot« im Jahr 2009. Die SVP hatte sich des konfliktträchtigen Themas angenommen, nachdem sie schon mehrfach Kampagnen und regionale Volksentscheide zum Islam angestrengt hatte.[82] Zuvor hatten Baugesuche für Minarette in einigen Schweizer Gemeinden für örtliche Proteste gesorgt. Der Islam wurde in weiten Teilen der Schweiz – wie auch in anderen Ländern Europas – besonders im Nachgang des 11. September 2001 von vielen Menschen als Bedrohung empfunden. Berührungsängste, Islamophobie, Muslimfeindlichkeit und Rassismus bilden damals wie heute eine aufgeheizte Diskursgrundlage, die die Rechtspopulisten selbst befeuerten und von der sie bei Wahlen profitierten.

Während der Kampagne zur Minarettverbots-Initiative, die von der SVP und einer evangelikalen Kleinpartei initiiert wurde, plakatierten die Rechtspopulisten ein berüchtigtes Motiv, das von vielen ihrer europäischen Schwesterparteien adaptiert werden sollte. Im Vordergrund war das Gesicht einer schwarz verhüllten Frau zu sehen. Ihr Schleier ließ lediglich die Augenpartie frei. Dahinter die Schweizer Flagge, übersät mit Minaretten – aber ohne die zugehörigen Moscheegebäude. Das ließ die Türme wie Raketen aussehen. Damit griff die

Partei eine diffuse Angst und Abneigung gegenüber dem Islam auf, in der religiöse, ethnische, kulturelle und außenpolitische Motive zusammenliefen.

2009 wurde die Verbotsinitiative von den Schweizer Bürgern angenommen. Entgegen allen Voraussagen hatten die Befürworter des Verbots gesiegt. Die SVP jubilierte. Sie hatte gezeigt, was möglich ist, wenn »das Volk« sich nur versammelt und seinen Willen kundtut. In anderen Ländern Europas war man geschockt. »Da zeigte sich für einmal das hässliche Gesicht der direkten Demokratie«, schrieb der österreichische »STANDARD«.[83]

Tatsächlich wurden im Nachgang der Initiative zwar noch Moscheen, aber keine weiteren Minarette mehr gebaut.[84] Wenn die SVP mit ihrer Initiative eines erreicht hat, dann, dass sie die muslimischen Mitglieder der schweizerischen Gesellschaft weiter ins Abseits gedrängt und zur Stigmatisierung der Gläubigen beigetragen hat. Denn mit dem Minarettverbot hat die Trennung zwischen »uns« und »denen« Verfassungsrang erhalten.

Ein Jahr später strengte die SVP wieder erfolgreich eine Initiative an – diesmal zur »Ausschaffung« (d. h. Abschiebung) verurteilter ausländischer Staatsbürger. Im Nachgang kam es allerdings zu einer zähen Debatte darüber, ob und wie die Initiative umzusetzen sei. Denn das Votum musste durch das Parlament konkreter ausgestaltet werden. Über Jahre diskutierte man, wie die Abschiebung krimineller Ausländer geregelt werden solle. Die SVP wollte vermeintliche Verwässerungen ihres Vorhabens nicht akzeptieren. Anstatt sich und ihren Anhängern die komplizierte Rechtssituation einzugestehen, schob sie den Volksvertretern den Schwarzen Peter zu und inszenierte sich gleichzeitig als Sprachrohr der Bürger. In ihrem Programm zur Parlamentswahl 2011 schrieb sie: »Der Bundesrat weigert sich nun, diesen Volkswillen korrekt umzusetzen und Ausschaffungen konsequent durchzuführen.«[85]

In Ländern, in denen direktdemokratische Verfahren entweder nicht vorgesehen sind oder kaum genutzt werden, gehört es zum Handwerkszeug der Populisten, sie einzufordern. Die schweizerische SVP macht es anders. Dort, wo direkte Demokratie praktiziert wird, warnt sie vor ihrer Abschaffung durch Eliten, die dem Volk seine Souveränität nehmen wollen. »Politiker und Professoren, die Volksrechte einschränken und abbauen«, schrieb die Partei im Wahlprogramm 2011. »Sie wollen dem Volk Rechte entziehen und dafür den Behörden und Gerichten mehr Macht einräumen.«[86]

Und so nahm die Partei 2012 wieder den Weg der direkten Demokratie, diesmal um den Gesetzgeber zur wortgetreuen Umsetzung der ursprünglichen Initiative zu zwingen. Botschaft: Wir, die für die Bürger sprechen, müssen wieder ran – ansonsten wird Volkes Wille von denen da oben ignoriert. Aber diesmal erreichte die SVP keine Mehrheit unter den Abstimmenden. Bis die entsprechenden Regelungen der ursprünglichen Initiative schließlich in Kraft traten, vergingen ganze fünf Jahre.

Genau wie Frank Decker es beschrieben hat, instrumentalisieren die Populisten Volksentscheide in jedem Szenario. Entweder, weil »die da oben« sie nicht einführen oder weil sie deren Umsetzung vermeintlich blockieren. »Echte Volksherrschaft« ist etwas, das Populisten beständig einfordern und auf das sie sich berufen, aber keine demokratische Politik kann dem Anspruch genügen, den wahren, unverfälschten Volkswillen zu verwirklichen – zumal es unter den Bürgern eines Staates ohnehin mehr Ansichten gibt, als Populisten und ihre Anhänger behaupten.

Doch jeden Verweis auf ein plurales Meinungsspektrum ignorieren die Populisten und berufen sich auf ihr Credo: Es gibt ein »wahres« Volk, aber das hat nichts zu sagen. Ob in der direkten Demokratie der Schweiz – wo die Bürger ja wirklich sehr viel »zu sagen« haben –, ob sie in anderen Ländern an der Regierung sind oder in der Opposition: Das Narrativ der Populisten bleibt immer dasselbe. Egal, wo sie auftauchen, richtet sich ihre Politik letztlich nicht nur gegen die Akteure, sondern auch gegen die Institutionen der Demokratie selbst. Denn weil sie von abgehobenen Eliten besetzt sind, funktionieren Parlamente, Gerichte und auch Medien nicht so, wie sie sollten.

Die Anziehungskraft des Populismus liegt in einem Versprechen: Wenn wir an die Macht kommen – und zwar vollständig –, herrscht das Volk endlich wirklich.

DIE FREIHEIT, DIE SIE MEINEN

Freiheit – das ist ein hart umkämpfter Begriff. »Inzwischen wieder« müsste man vielleicht hinzufügen. Denn zumindest in Demokratien würde vermutlich kein Politiker von sich behaupten, die Freiheit bekämpfen zu wollen. Schließlich ist die Demokratie das Staatswesen, das individuelle Freiheit verspricht und garantiert. Die Liberalen in Deutschland tragen die Freiheit daher im Namen; ebenso die »Freiheitlichen« in Österreich und der »Freisinn« in der Schweiz. Neben Gerechtigkeit und Solidarität bildet sie die dritte Säule der SPD-Wertetrias.

Der Wunsch der Bürger, die Fesseln des absolutistischen Staates abzuwerfen, schwappte mit der Französischen Revolution über Europa und flammte 1848/49 erneut auf, während er in den Vereinigten Staaten zumindest für die weiße Bevölkerung schon weitestgehend realisiert war. Nach dem Ersten Weltkrieg wichen vielerorts morsche Monarchien demokratischen Verfassungen, die sich schließlich dem Faschismus beugen mussten. Später zerfielen die faschistischen Regime Europas, vierzig weitere Jahre später folgte der Untergang der Sowjetunion und ihrer Satelliten, und die letzten kollektivistischen Staatsgebilde brachen in sich zusammen.

Demokratisierung heißt nicht zuletzt, die Freiheit des Einzelnen gegenüber dem Staat zu verrechtlichen. Verfassungen setzen vor allem dem Staat gegenüber dem Bürger Grenzen. Aber auch individuelle Freiheit war nie ganz unbeschränkt und immer reguliert. Alkohol am Steuer, Gurtpflicht, Arbeitszeiten, Schulpflicht für Kinder, Zulassungsbeschränkungen zu universitären Studiengängen – ganz frei von Vorschriften ist man nie und nirgends auf der Welt. Das Verfassungsprinzip der Freiheit bedeutet nicht Anomie, also das Fehlen jeglicher Ordnung. Freiheitliche Verfassungen erkennen das Spannungsfeld zwischen individueller Freiheit und Gemeinwohl.

Weil das so ist und wohl auch, weil unsere Demokratien so lange stabil blieben, sehen wir die Freiheit als etwas so Selbstverständliches an, dass der Begriff seine Bedeutung verloren zu haben schien. »Freiheit«, das ist nach dem Ende des Kalten Krieges und der weiteren Ausbreitung der Demokratie ein Sonntagswort, das man schulterzuckend zur Kenntnis nimmt. Lediglich marktliberale Parteien pochen auf ein Mehr an persönlicher Freiheit, den Ausbau der Bürgerrechte und den Rückbau staatlicher Regulierung der Wirtschaft. Aber auch ihnen geht es nicht um das Erkämpfen der Freiheit als Verfassungsprinzip, sondern um dessen weiteren Ausbau.

Dann kam die Coronapandemie. Regierungen und Parlamente versuchten, die Ausbreitung dieses neuartigen Virus zu verhindern und der Zahl der Erkrankten, der Toten und der Überbelegung der Krankenhäuser Herr zu werden. Maskenpflicht, geschlossene Schulen, Abstandsregeln, Kontaktbeschränkungen. Auf einmal wurde wieder diskutiert, wie weit die individuelle Freiheit gehen kann und wie tief der Staat in sie eingreifen darf.

Einschränkende Maßnahmen zum Schutz der Bevölkerung sind nicht per se verfassungswidrig. Der ehemalige Verfassungsgerichtspräsident Hans-Jürgen Papier verwies darauf schon zu Beginn der Pandemie: Der deutsche Staat muss nicht nur individuelle Freiheit garantieren, sondern auch die Sicherheit seiner Bürger gewährleisten. Er darf weder zum Schutz der Bevölkerung seine Kompetenzen überschreiten noch zum Schutz der individuellen Freiheit fahrlässig sein.[87] Der Schlüssel ist die Verhältnismäßigkeit. Aber selbst wenn man anerkennt, dass Schritte, die die individuelle Freiheit zugunsten eines Gemeinguts einschränken, gerechtfertigt sind, ist damit noch keine klare Grenze gezogen, auf die sich alle einigen können.

Denn es geht oft um Nuancen: Verlängerung der Maskenpflicht, Anzahl der Kontaktpersonen. Wo ist staatliches Handeln (gerade noch) zugunsten des Bevölkerungsschutzes gerechtfertigt, wo überschreitet der Staat die Grenzen, die ihm die Verfassung gibt?

Diese Fragen stellten sich während der Pandemie in allen Demokratien. In Deutschland ebenso wie etwa in den USA. Dort lag ein großer Teil der Zuständigkeit bei der Pandemie-Bekämpfung bei den einzelnen Bundesstaaten. Manche setzten auf stärkere Maßnahmen zur Eindämmung, andere auf Laisser-faire. So etwa der republikanische Gouverneur von Florida, Ron DeSantis. Nachdem das öffentliche Leben zu Beginn der Pandemie etwa durch »Stay-at-home orders« in seinem Staat eingeschränkt worden war, riss DeSantis das Ruder im Spätsommer des ersten Pandemiejahres herum. Schrittweise wurden die Regeln aufgehoben. Nicht nur das: Ende 2021 unterzeichnete er Gesetze, die die Möglichkeiten für Regierungsinstitutionen und Unternehmen, Maskenpflichten zu erlassen, einschränkten, und plante, sie später sogar ganz zu verbieten.

DeSantis, damals ein wichtiger Unterstützer Donald Trumps und Repräsentant des äußersten rechten Flügels der Republikanischen Partei, empfahl sich als Sprachrohr derjenigen, die jeden Eingriff in das eigene Leben zugunsten des Infektionsschutzes ablehnten. Bei seinen Unterstützern kam das an. 2021 befürworteten 85 Prozent der republikanischen Wähler in Florida seinen Ansatz. Bei den Demokraten zeigte sich das genau umgekehrte Bild: 93 Prozent lehnten sein Vorgehen ab.[88] DeSantis bewarb seine Strategie aggressiv und im Duktus eines Freiheitskämpfers. Auf einem Hügel in Central Florida lächelte der Gouverneur von einem riesigen Billboard auf den Highway herab. »Thank you, Governor DeSantis«, stand darauf. »For keeping Florida free.« Die Wahl im November 2022 gewann der Amtsinhaber deutlich gegen seinen demokratischen Herausforderer.

Obwohl Populisten sich eigentlich als »Beschützer« des Volkes inszenieren, wurden sie während der Pandemie zu Hütern der individuellen Freiheit.[89] Zahlreiche Maßnahmen wurden als unzulässige Eingriffe in das Leben der Bürger dargestellt. Virologen, Ärzte und Forscher, die öffentlich auftraten, wurden stellvertretend für eine Elite aus Politik und Wissenschaft verurteilt und beschimpft. In Deutschland traf es den Virologen Christian Drosten, in den USA den Immunologen und Regierungsberater Anthony Fauci. Forscher hingegen, die gegenüber den Maßnahmen eine kritische Haltung einnahmen – selbst wenn sie sich damit außerhalb des wissenschaftlichen Konsenses stellten –, wurden zu Widerstandskämpfern stilisiert. Der Autor und Mikrobiologe Sucharit Bhakdi wurde zum Märtyrer derjenigen, die sich als Rebellen gegen die Coronamaßnahmen sahen, sein Buch »Corona Fehlalarm?« im Jahr 2020 zum Bestseller. Als er wegen Volksverhetzung vor Gericht stand – und freigesprochen wurde –, demonstrierten seine Anhänger vor dem Gebäude.

Wie schon in der sogenannten Flüchtlingskrise und der Eurokrise zuvor profitierte der Populismus von der Coronapandemie. Jedes Mal war er erfolgreich darin, eine Folge von einschneidenden – und medial dramatisch aufbereiteten – Ereignissen für sich zu nutzen. Immer zeichnete er eine existenzielle Bedrohung, die von der Politik ignoriert oder mutwillig verschlafen wurde, und präsentierte sich als einzige Bewegung, die des Problems durch Maximallösungen Herr werden konnte: In der europäischen Finanzkrise musste der Austritt aus dem Euro her; die nationale Identität und die öffentliche Ordnung konnten nur durch die Schließung der Grenzen für Geflüchtete bewahrt werden.

In der Pandemie entdeckten die rechten Populisten die individuelle Freiheit für sich. Während die populistische Linke die staatlichen Maßnahmen eher unterstützte, dabei aber auf deren Sozialverträglichkeit pochte, inszenierten sich Parteien wie die SVP, die FPÖ und die AfD nicht nur als Verteidiger der Bürgerrechte, sondern gleich der Verfassung selbst. Im Gegensatz zu den meisten liberalen Parteien, die gegenüber den Maßnahmen skeptisch waren, ohne den Untergang der Demokratie zu beschwören, taten die Rechtspopulisten genau das. Die SVP sprach angesichts der Maßnahmen von einer »Diktatur«, und auch ihre versöhnlicheren Töne sangen das Lied der Krise: »Man mag es nennen, wie man will: Das Corona-Regime der Behörden ist jedenfalls nicht demokratisch.«[90] In den Niederlanden geißelte der Vorsitzende der Freiheitspartei PVV, Geert Wilders, das »schreckliche totalitäre Corona-Gesetz, das die Rechte des niederländischen Volkes einschränkt und die Anderthalb-Meter-Diktatur des Premierministers gesetzlich verankern wird«.[91]

In den Niederlanden wie in Deutschland zögerten die Rechtspopulisten zunächst. Anfänglich schien es, als unterstütze die AfD die Einführung von Schutzmaßnahmen. Am 12. März 2020 twitterte Alice Weidel: »Dänemark, Tschechien, Italien und weitere EU-Länder reagieren: Sie stellen das öffentliche Leben praktisch ein. Nur in Deutschland kann sich COVID-19 ungehindert ausbreiten. Das wird fatale Folgen haben! Die Regierung muss jetzt endlich angemessene Schritte einleiten!«[92] Vom »großen Corona-Konsens« sprach verblüfft die »Zeit« und zitierte den Fraktionsvorsitzenden Alexander Gauland mit den Worten: »Zusammenstehen ist erste Bürgerpflicht.«[93]

All das währte nur kurz. Schon am 20. April twitterte Weidel, dass die Wirtschaft »SOFORT hochzufahren« sei und Gastronomiebetriebe »noch vor dem Wochenende« geöffnet werden sollten: »Die Bürger müssen ihr Einkommen sichern können, statt auf die desaströse Chaos-Politik der Bundesregierung hoffen zu müssen!«[94]

Im Laufe des Sommers 2020 – und nach einigen internen Auseinandersetzungen – wechselte die AfD zu einer oppositionellen Strategie, die mit der Zeit immer schriller wurde und immer grundsätzlichere Fragen nach dem Zustand der Demokratie in Deutschland stellte. Waren ökonomische und soziale Bedenken durchaus legitime Anliegen und konnte man auch Begriffe wie »desaströs« und »Chaos« als normalen Schlagabtausch bewerten, so sah die AfD in der Regierungspolitik die schleichende Etablierung einer Diktatur. Der Abgeordnete Stephan Brandner sprach vom »quasi-diktatorischen Seuchenkabinett«; der stellvertretende Fraktionsvorsitzende Peter Felser von »offener Rebellion« im Mittelstand und lobte die »klare Überlegenheit der kreativen Marktwirtschaft gegenüber sozialistischer Verbotspolitik – moralisch und praktisch«.[95]

Wo die Rechtspopulisten an der Macht waren, führten sie oft genau das aus, wonach sich ihre in der Opposition verharrenden Schwesterparteien in anderen Ländern sehnten. Sie ignorierten Empfehlungen der Wissenschaft, spielten die Pandemie herunter und verhöhnten jene, die Schutzmaßnahmen einhielten. Das galt für den brasilianischen Präsidenten Bolsonaro, aber auch für den bereits erwähnten Gouverneur von Florida, DeSantis. Als der im März 2022 in einer Highschool eine Rede hielt und die Schüler mit Schutzmasken auftraten, forderte er, dass sie sie abnähmen. »Wir müssen mit diesem COVID-Theater aufhören«, meckerte er. »Wenn ihr sie tragen wollt, schön. Aber es ist lächerlich.«[96]

So, wie der rechte Populismus die Souveränität des Volkes absolut setzt, ist er auch bei der Freiheit kompromisslos. Aus seiner Warte ergibt das auch Sinn, denn er sieht Bürger und Politiker ja als einander antagonistisch gegenüberstehende Gruppen. »Die da oben« sollen den Einzelnen in Ruhe lassen, dann wird sich alles andere fügen. Das gilt nicht nur für die Pandemie, sondern auch für die Klimakrise und übrigens auch für die Bedrohung der Demokratie durch die radikale und die extreme Rechte – einschließlich der Rechtspopulisten selbst. All dies sind für sie Elitenprojekte, bei denen Ereignisse dramatisiert werden, um eine totalitäre Agenda durchzudrücken. In der Coronakrise die Kontrolle über den Körper, in der Klimakrise über die Lebensgestaltung, im Kampf gegen rechts über Moral und freie Meinungsäußerung.

Die Strategie der rechten Populisten funktioniert so, dass sie die reale Krise jeweils herunterspielen, aber die politische Reaktion auf diese Krise ins Katastrophale hinein überzeichnen. Diese Diskrepanz erklären sie mit der »Ideologie« der politisch Verantwortlichen, denen nur daran gelegen ist, aus egoistischen Motiven ihre Politik durchzudrücken. Experten und Wissenschaftler werden darin zu Mittätern. Von »Klima-« und von »Impflobby« ist dann die Rede. Deshalb ist es kein Wunder, dass nicht nur die Impfung, sondern etwa auch Autokauf, Urlaubsreisen und Ernährung zu existenziellen Fragen werden. Und zwar nicht, weil vom Verhalten der vielen – und den Regeln, die beschlossen werden – die Zukunft der Menschheit abhängt. Sondern weil die politischen Eliten keine Gelegenheit auslassen, um die Bürger zu gängeln und zu bevormunden. Nicht nur die Populisten propagieren ein solches Denken. Es ist bis weit in liberale und libertäre Kreise hinein verbreitet; Klima- und Pandemiepolitik erscheinen vielen tendenziell totalitär, deren Unterstützer und Verfechter als »juste milieu« – elitäre Spießer, die sich um die Anliegen der »normalen Leute« nicht scheren.[97]

Der Fortbestand positiver Freiheit (nach dem eigenen Willen leben) und negativer Freiheit (nicht gezwungen werden, etwas gegen den eigenen Willen zu tun)[98] ist für die rechten Populisten gleichermaßen gefährdet. Weil »die da oben« ihre Ideologie verfolgen, mich impfen wollen, mir vorschreiben wollen, welche Heizung ich in meinem Haus, was ich auf meinem Teller und welchen Motor ich in meinem Auto haben darf, ist meine Freiheit, mein Leben nach meinen eigenen Vorstellungen zu gestalten, existenziell bedroht. Und zwar nicht durch die langfristigen Konsequenzen des Klimawandels oder durch ein grassierendes Virus, sondern durch die Willkür der politischen Eliten im Hier und Heute.

Hier zeigt sich, dass der Elitenbegriff der Populisten verschwommen ist. Denn der »Normalbürger« und seine Lebensweise werden nicht nur gegen »den Staat« verteidigt, sondern auch gegen Journalisten, Aktivisten und Wissenschaftler – die allesamt selbst Bürger, also Teil des »Volkes« sind (wie Politiker übrigens auch). Populisten konstruieren eine mächtige Gruppe, die die Geschicke des Landes lenkt; mächtig nicht nur qua Amt, sondern auch wegen ihrer sozialen Stellung. Diese Mächtigen beschränken das Leben der normalen Leute nicht nur mittels Gesetzen, sondern auch dadurch, dass sie den Diskurs beherrschen und darüber bestimmen, was gesagt werden darf und was nicht.

Neu ist das nicht. Schon im August 2013, also im Vorfeld der Bundestagswahl im gleichen Jahr, lud der Hamburger Landesverband der AfD beispielsweise zu Vortrag und Diskussion zum Thema »Political Correctness – Gefahr für die Demokratie« ein. »PC« beziehungsweise politische Korrektheit, das ist seit Anfang der 1990er-Jahre ein Schlagwort für eine vermeintliche Diktatur der öffentlichen Meinung. Drei Jahre vor dem genannten Vortrag, im September 2010, titelte die auflagenstärkste Zeitung der Bundesrepublik: »BILD kämpft für die Meinungsfreiheit. Das wird man ja wohl noch sagen dürfen.« Eines von vielen Malen, an denen ein Boulevardmedium sich zum Sprachrohr der Meinungsfreiheit erklärte. Von »betrogenen und gehirngewaschenen Kindern« spricht die britische »Sun«,[99] vom »Cancel-Culture-Mob« der US-Sender »Fox News«.[100]

Die Begriffe haben sich im Laufe der Zeit geändert: politische Korrektheit, Cancel Culture, Woke. Aber letztlich bezeichnen die rechten Populisten – und oft auch andere, die ihre Strategie kopieren – mit ihnen ein und dasselbe. Immer geht es darum, dass eine elitäre Gruppe – linke Politiker, aktivistische Studierende, Wissenschaftler – dem Volk den Mund verbieten und seine Lebensweise zerstören wollen. Kritik an tradierten Begriffen und diejenigen, die diese Kritik vorbringen, werden dadurch von vornherein zu Feinden erklärt und ihre Argumente entwertet. Während Parteien wie die US-Republikaner, die AfD oder die Fratelli d'Italia sich den Kampf gegen »Woke« auf die Fahnen geschrieben haben, stimmen ihre Anhänger in den Schlachtgesang ein. Immerhin geht es um die Verteidigung der eigenen Freiheit und des – vermeintlich – bewährten Lebensstils.

Man mag schmunzeln über den Starrsinn und das Sendungsbewusstsein, mit denen sich manche in sozialen Medien ungefragt als Fleischesser, weiße Männer, Heterosexuelle oder Dieselfahrer zu erkennen geben. Man mag erschüttert sein über den Tübinger Oberbürgermeister, der auf der Bühne darauf besteht, schwarze Menschen mit dem N-Wort adressieren zu dürfen. Aber dahinter steckt bei vielen tatsächlich das Gefühl, sich auflehnen zu müssen. Freiheit wird so sichtbar gemacht und zelebriert; sich nicht vegan zu ernähren, sich nicht »politisch korrekt« auszudrücken, das sind Akte von Selbstbehauptung im vermeintlichen Abwehrkampf.[101]

Wie wir noch sehen werden, besteht zwischen der Auflehnung gegen Konventionen und dem populistischen Verständnis, das »wahre Volk« zu vertreten, kein Widerspruch. Denn für die Populisten ist das Volk, und damit der »wahre Mainstream«, unterdrückt; es muss sich sein Recht erst erkämpfen. Der Mainstream, der öffentliche Diskursraum derer, die das Sagen haben, bildet auch nur diese mächtigen Gruppen ab – und eben nicht die Meinung der »normalen Leute«.

HELDEN DER NATION

Im Europäischen Parlament flattern und rascheln Papierfähnchen, die mit dem britischen Union Jack bedruckt sind. Es ist Ende Januar 2020. Das Zeigen von Nationalfahnen im Parlament ist erst kürzlich verboten worden, und dem Mann, der die Truppe der Fähnchenschwenker anführt, wird wegen dieses Verstoßes gerade das Wort entzogen.

Seinen Triumph schmälert das nicht. Er hat erreicht, wofür er sein ganzes politisches Leben gekämpft hatte: Großbritannien ist aus der EU ausgetreten. Nach einem Referendum, dessen Ausgang viele befürchtet hatten, nach vier turbulenten Jahren, in denen die britischen Regierungen – und die der anderen Staaten – sich durch zähe Verhandlungen gequält hatten.

Der Anführer der Fähnchenschwenker ist Nigel Farage. Bis Anfang der 1990er-Jahre war er noch ein Konservativer gewesen; er trat aus der Partei aus, als die Regierung John Majors den Maastrichter Vertrag unterzeichnete und damit die Europäische Union mitbegründete. Fortan verschrieb sich Farage dem Kampf gegen Brüssel. Er war Mitglied und später Vorsitzender der United Kingdom Independence Party (Ukip), die sich den Austritt aus der EU zur Aufgabe gemacht hatte, aber zunächst unbedeutend blieb.

Wenn man Mitglied einer Kleinpartei ist, aber ein großes Ziel vor Augen hat, muss man einen langen Atem haben. Farage kandidierte bei zahllosen Wahlen in Großbritannien und prägte das Bild seiner Partei. Er erweiterte das Portfolio von Ukip um das Thema Einwanderung und konnte sie 1999 erstmals in das Europaparlament führen.

Farage selbst wurde zu einer Marke der britischen Politik. Der Mann sprach, wie ihm der Schnabel gewachsen war, ließ sich gerne mit einem großen Pint Bier ablichten, lachte dabei laut und herzlich. Schon sein Habitus unterschied ihn von der politischen Klasse. Weder war er ein konservativer Snob noch ein arrivierter Sozialdemokrat, der seine Wurzeln vergessen hatte. Ein Champion of the People, einer von uns, den man eher in einem Pub als beim Edel-Italiener antreffen würde.

Dann kam der 22. Mai 2014. Europawahl. Ukip lag in den Umfragen schon seit einigen Wochen vorn. Eine Sensation deutete sich an. Auf dem Weg zur Wahlkabine lief Farage Reportern in die Arme. »Wenn wir bekommen, was wir wollen, werden die Dinge nie mehr so sein, wie sie sind«, sagte er.[102] »Die Anschuldigungen des politischen Establishments gegen uns erhärten die Entschlossenheit der Leute.« Schon wenige Tage zuvor hatte er in der BBC verkündet, Ukip würde die Wahl gewinnen.[103]

Er sollte recht behalten. 22 Jahre nachdem Nigel Farage seine ursprüngliche Partei frustriert verlassen hatte, bezwang Ukip alle anderen und zog als stärkste Kraft ins Europaparlament ein. Ein Erdrutsch.

Farages Triumph leitete den letzten Akt der traditionell schwierigen Beziehung zwischen dem Königreich und der EU ein. 2016 stimmte eine Mehrheit der Bürger für den »Brexit«. Farage und seine Leute jubelten. Premierminister James Cameron, der den Bürgern schon 2013 ein Referendum versprochen hatte, hatte sich verzockt. Er hatte damit gerechnet, dass die Bürger für den Verbleib in der EU stimmen würden und das Thema damit endgültig vom Tisch wäre.

Und nun das. Der Premierminister konnte sich keine 24 Stunden mehr im Amt halten. In der Konservativen Partei trieben die »Brexiteers« um Boris Johnson die neue Regierungschefin Theresa May so lange vor sich her, bis sie 2019 entnervt aufgab. Die sozialdemokratische Labour Party war nicht minder gespalten. Sie hatte zwar offiziell für den Verbleib in der EU geworben, aber ihr Vorsitzender Jeremy Corbyn wusste, dass gerade in der Industriearbeiterschaft – eine Gruppe, um die die Partei wieder stärker werben wollte – nicht wenige mit dem Brexit sympathisierten.

Es war die Stunde der Populisten. Johnson, ein politischer Exzentriker, der für den Austritt getrommelt hatte, durfte sich nach May als Premier versuchen und stolperte am Ende über seine zahlreichen Fehltritte. Nigel Farage musste nichts weiter tun, als der zu sein, der er immer gewesen war. In Reichweite der nationalen Machtzentrale kam er ohnehin nicht. Ihm genügte es, im Europäischen Parlament den bösen Geist zu geben, bis der Austritt endgültig vollzogen war.

Im Europawahlkampf 2019, nach dem Referendum, aber vor dem offiziellen Abschied aus der EU, begleitet ihn der »Guardian«.[104] Farage lässt sich sehr gern in Menschenmengen ablichten – diesmal aus der Vogelperspektive, den Daumen gen Kamera gereckt, das breite Lachen scheint sein Gesicht verschlingen zu wollen. Wieder liegt seine Partei – die gerade gegründete Brexit Party – in den Umfragen vorn. Aber um den Brexit geht es nicht nur. »Es hat nichts mit ›leave‹ und ›remain‹ zu tun«, sagt eine seiner Anhängerinnen den Reportern, »es geht um die gesellschaftliche Schicht. Die Eliten. Wir und die.«[105]

Die Brexit Party erreicht aus dem Stand über 30 Prozent der Stimmen. Sie hat nicht einmal ein Programm. Sie ist eine Projektionsfläche für Wut, Ängste und Hass auf die Politik in Großbritannien. Farage ist die Galionsfigur derer, die sich ungesehen und abgehängt fühlen. Seine Tiraden gegen das politische Establishment funktionierten angesichts der chaotischen May-Regierung umso besser. Farage zieht noch einmal als Abgeordneter in das Europäische Parlament ein. Im Januar 2020 würde er seine letzte Rede halten. Offenbar nimmt er sich vor, mit einem Knall zu gehen. Seine Ansprache ist schrill und unversöhnlich – wie so viele seiner Auftritte zuvor.

Nicht nur Nigel Farage, sondern alle rechten Populisten in Europa sehen in der EU vor allem eine Gängelungsmaschine. Die Souveränität des Volkes, die aus ihrer Sicht ja schon innerhalb der Nationalstaaten bedroht ist, wird auch noch von außen ausgehöhlt. Die EU gilt ihnen als »bürgerferner Kunststaat«, ihre Eliten als »Brüsseler Technokraten«. Sie wollen die Kompetenzen der EU einschränken oder drohen mit Austritt, weil sie die Rechtsvorschriften aus Brüssel als Eingriff in die nationale Souveränität empfinden.[106] Es geht ihnen um die Eigenständigkeit der Nation. Dafür muss die EU weichen – oder zumindest zurückgedrängt werden.

Mit der EU existiert in Europa ein politisches System, das für seine Mitgliedsstaaten gemeinsame Normen und Regeln erlässt. Die EU-Länder geben einen Teil ihrer nationalstaatlichen Souveränität auf, um etwa einen gemeinsamen Binnenmarkt zu schaffen. Die EU selbst hat eine Quasi-Regierung (die Kommission), ein Parlament und andere Organe, in denen teils gewählte Abgeordnete, teils Repräsentanten der nationalen Regierungen sitzen. Das Konstrukt krankt darunter, dass es Entscheidungen großer Tragweite hervorbringt – beispielsweise die gemeinsame Währung oder den Schengen-Raum, der EU-Bürgern visumsfreies Reisen garantiert –, aber seine Entscheidungen oft kompliziert und intransparent verlaufen.

Um die EU für reformbedürftig zu halten oder sie sogar rundheraus abzulehnen, muss man kein Populist sein. Nationalisten und Konservative können sich gegen die EU stellen, weil sie EU-Recht zugunsten nationaler Regelungen zurückschneiden wollen. Linke mögen vor allem die liberale Wirtschaftsordnung der Union kritisieren. Und alle können beklagen, dass die Wahl- und Entscheidungsprozesse in der EU kaum an die Bevölkerung der Nationalstaaten rückgebunden sind. Das »Demokratiedefizit« der EU, das seit Jahrzehnten bemängelt wird, ist keine Erfindung der Populisten; der Wunsch nach Reformen – etwa die Stärkung des gewählten Europäischen Parlaments – in allen politischen Lagern zu vernehmen. Das ist nicht euroskeptisch. Denn »mehr Demokratie« soll die Legitimation der EU ja gerade stärken.

Den populistischen EU-Gegnern geht es um das Gegenteil. Sie halten die EU für gar nicht erst legitimiert. »Aus der Idee einer Gemeinschaft zum Wohle der Bürger ist ein Projekt von und für selbst ernannte Eliten geworden, die von oben herab gegen die Interessen der Bevölkerung handeln«, urteilt der FPÖ-Vorsitzende Kickl am Europatag 2023.[107]

Nicht das Demokratiedefizit ist für die Populisten der Systemfehler, sondern das ganze europäische Projekt selbst. Der einzige Ausweg sind für viele die Rückkehr zum Nationalstaat und die Abwicklung der EU. Kofferworte wie Brexit, Nexit (Niederlande) und Dexit (Deutschland) beschreiben dieses Szenario. »Take back control from Brussels« war einer der Slogans, den Ukip immer wieder predigte. Das Vereinigte Königreich allerdings ist bislang das einzige Land, das diesen Schritt gewagt hat. Abgesehen vom Wahlsieg Donald Trumps ist das der vielleicht größte politische Erfolg, den Populisten im Westen auf ihr Konto verbuchen können.

Kein Wunder, dass Nigel Farage bei seiner letzten Rede im Europäischen Parlament den Triumph über die verhasste EU zelebriert. »Das war's«, ruft er. »Das letzte Kapitel. Das Ende der Straße. Ein 47 Jahre dauerndes politisches Experiment, mit dem die Briten ehrlicherweise nie wirklich glücklich waren.« Aber Farage geht es um mehr. Der Brexit ist kein singuläres Ereignis. Er markiert eine populistische Welle. Der Januar 2020 – wohlgemerkt: noch vor Beginn der Pandemie – ist eine Hochphase rechter Populisten. Der Brexit vollzogen, Trump und Bolsonaro im Amt; noch dazu haben viele europäische Rechtspopulisten in Wahlen und Umfragen Oberwasser. Die alternativlos geglaubte liberale Weltordnung, die sich nach dem Kalten Krieg etablierte, scheint auf der Kippe zu stehen.

»Ein historischer Kampf findet statt im Westen«, jubiliert Farage im EU-Parlament. »In Europa, Amerika und anderswo. Es steht Globalismus gegen Populismus. Und Sie können den Populismus verabscheuen, aber ich sage Ihnen etwas Komisches: Er wird gerade sehr populär.«

»Globalismus«, das bedeutet letztlich nichts anderes als »Globalisierung«, aber verschwörungstheoretisch gewendet. Er ist vor allem unter rechten Populisten und Extremisten ein gängiger Begriff. Während Globalisierung schlicht die immer stärkere ökonomische, finanzielle, technische, teils auch soziale Vernetzung der Welt bezeichnet, meint Globalismus die Zerstörung nationaler Souveränität, Kultur und Identität durch feindlich gesinnte, international operierende Gruppen. Wie allen politischen Phänomenen geben die Populisten auch der Globalisierung ein Gesicht, indem sie komplexe Vorgänge personalisieren und reale Probleme als die intendierten Konsequenzen böser Mächte deuten.

Einer der AfD-Kandidaten zur Europawahl 2024, Petr Bystron, redet von »Globalisten, die uns versklaven wollen«[108]. Sich selbst stellen die Populisten als Bewahrer der tradierten Ordnung, die »anderen« als Gegner mit unvereinbaren Positionen dar. Bei der französischen Präsidentschaftswahl 2021 spricht Marine Le Pen von »völlig unterschiedlichen und sich sogar gegenseitig ausschließenden politischen Vorstellungen

(...). Nationale gegen Progressive, oder je nach Wortlaut Lokalisten versus Globalisten.«[109]

Nigel Farage kann zufrieden sein. Bei seinem letzten Auftritt im Europäischen Parlament führt er die Institutionen der Demokratie noch einmal vor: »Sie wollen unsere Landesflagge verbannen«, sagt er und gibt damit das Zeichen: Er und seine Mitstreiter im Plenarsaal erheben sich und beginnen, papierne Union Jacks zu schwenken. Das Flattern untermalt die letzten Worte, die Farage als EU-Abgeordneter sagt: »Aber wir winken Ihnen zum Abschied und freuen uns, in der Zukunft mit Ihnen zusammenzuarbeiten – als souveräne ...« Er verstummt. Mairead McGuinness, die Vizepräsidentin des Parlaments, hat ihm wegen des Verstoßes das Mikrofon abgedreht. Farage wusste das natürlich. Nicht umsonst hatte er in derselben Rede vom »Hass« gegen Nationalflaggen gesprochen. Nicht umsonst hatte er nur wenige Minuten zuvor die EU nicht als »undemokratisch, sondern antidemokratisch« bezeichnet und dann bewusst die Regeln des Parlaments gebrochen. Denn nun bestätigt die Sitzungsleitung seine Worte postwendend – obwohl er und seine Kollegen es sind, die gegen eine Regel verstoßen, die für alle Abgeordneten gleichermaßen gilt.

Farages letzte Rede, ihr abruptes – und so sicher geplantes – Ende, der Habitus des rechtschaffenen Underdogs: All das illustriert, wie die Populisten sich selbst und ihren Kampf sehen. Das wahre Volk bildet das Herz einer Nation und die Populisten stehen an der Speerspitze seines Widerstandes – gegen die Eliten innerhalb und außerhalb des Nationalstaats.

Farages Idee von einem »Wir gegen die« findet man nicht nur auf EU-Ebene, sondern auch in anderen Kontexten, zum Beispiel wenn es um internationale Organisationen geht. Während der Coronapandemie verbat sich der brasilianische

Präsident Jair Bolsonaro vermeintliche Einmischungen der Weltgesundheitsbehörde WHO; in ihren Empfehlungen sah er die Ursache für wirtschaftlichen Schaden, Arbeitslosigkeit und dafür, dass »Millionen in ihren Häusern eingesperrt wurden«.[110] In den USA behauptete Donald Trump Ähnliches.

Der Brexit ist ein europäisches Trauma. Dem Vereinigten Königreich hat er nicht das gebracht, was seine Befürworter versprachen. Die kräftige Finanzspritze für das Gesundheitssystem blieb aus, Lebensmittel sind teils knapp, Arbeitskräfte fehlen. Aber das bringt die Populisten in anderen Ländern nicht davon ab, vom Austritt aus der EU zu träumen.

Denn um die Wirtschaft geht es ja nur vordergründig. Es geht darum, die eigene Nation zurückzuerobern. Welche ökonomischen Vor- oder Nachteile die Mitgliedschaft in der EU bringen könnte, ist zweitrangig, solange es überhaupt eine Union gibt, die den Nationalstaaten verbindliche Regeln auferlegt. Der »historische Kampf«, den Farage stellvertretend für seine populistischen Mitstreiter beschwört, dreht sich letztlich weder um Zölle noch um Agrarsubventionen. Vielmehr soll sich nicht nur im eigenen Land das »wahre Volk« durchsetzen, sondern auch eine internationale Ordnung wiederhergestellt werden, die je nach Sichtweise auf der freiwilligen Kooperation souveräner Nationen – oder eben auf dem Recht des Stärkeren beruht.

2.

WEN POPULISTEN FÜR DAS VOLK HALTEN: IDENTITÄT UND SCHEINKONSENS

Über Menschen, die sich in
der Mehrheit wähnen.
Über Männlichkeit, anti-woke,
linken und rechten Populismus.

Im Sommer 2023 bin ich auf dem Weg in die USA. Am Flughafen von Charlotte, North Carolina warte ich auf einen verspäteten Anschlussflug. Das Gate ist hoffnungslos überfüllt. Ich kauere vor einer Werbetafel. Neben mir nimmt eine ungefähr sechzigjährige Frau Platz.

Wir kommen miteinander ins Gespräch. Sie fragt mich, wo ich herkomme und was ich in den USA mache. Ich erzähle ihr, dass ich einige Jahre als Dozent in Florida gearbeitet habe und nun zu Besuch sei. »Oh, Florida!«, sagt sie. Ich habe mein Studiengebiet nicht genannt. Aber meine Gesprächspartnerin lenkt das Gespräch von ganz allein auf politische Themen: »Ich hoffe, Sie haben nicht Diversity unterrichtet. Sonst wirft der Gouverneur Sie raus.« Sie meint Ron DeSantis, den republikanischen Regierungschef des Bundesstaates. DeSantis gilt selbst innerhalb der von Trump dominierten »Grand Old Party« – wie die Republikaner auch genannt werden – als rechtsradikal. Auf sein Konto geht etwa das oft »Don't Say Gay« genannte Gesetz, nach dem Lehrer in öffentlichen Schulen nicht über sexuelle Orientierung und Identität aufklären dürfen. Noch während meines Aufenthalts in Florida steht der Mann, der selbst für das Präsidentenamt kandidiert, wieder in den Schlagzeilen. Er verteidigt eine Regel der Schulbehörde, nach der auch die Vorteile der Sklaverei gelehrt werden sollen: Immerhin hätten die Sklaven dort Fertigkeiten gelernt, die ihnen in Freiheit nützlich waren.

Sehr schnell kommt die Frau am Flughafen von Gouverneur DeSantis auf die Menschen zu sprechen, die ihn wählen. Immerhin muss der Mann, der erst im letzten Jahr mit großer

Mehrheit wiedergewählt wurde, ja Leute haben, die an seine Sache glauben. »Diese Leute haben überhaupt keinen gesunden Menschenverstand«, sagt sie entschieden. »Aber sie denken, sie wären in der Mehrheit.« Sie spricht über das Recht auf Abtreibungen – in den USA ein Thema, das die Gesellschaft spaltet. »Wann immer es dazu Abstimmungen gibt, enden diese Abstimmungen pro Choice. Aber die sagen trotzdem: ›Wir sind in der Mehrheit.‹ Das ergibt keinen Sinn!«

Dass die Abtreibungsgegner sich in der Mehrheit wähnen, stimmt. Die Gruppe SBA Pro-Life America schreibt auf der Plattform X: »Die meisten Amerikaner wollen nicht, dass ihr Steuergeld Abtreibungen finanziert – vor allem nicht, wenn es das Gesetz bricht.«[111] Sie beziehen sich auf einen Bericht des Senders Fox News, der öffentlich gemacht hatte, dass das Ministerium für Veteranen-Angelegenheiten angeblich Abtreibungen beworben hatte.[112] Als die texanische Stadt Lubbock solche Eingriffe verbietet, jubiliert der republikanische Abgeordnete Dustin Burrows: »Heute ist ein Sieg für das Leben und der Beweis, dass die schweigende Mehrheit weiterhin für ihre christlich-konservativen Werte eintreten wird.«[113]

Tatsächlich gab es in verschiedenen Staaten der USA zwischen 1970 und 2022 53 Volksabstimmungen zu Abtreibungsfragen.[114] Zehn dieser Abstimmungen wollten die Rechte von Frauen stärken, sieben von ihnen wurden angenommen. Von den 43 Kampagnen, die sich für eine Einschränkung des Rechts auf Abtreibung einsetzten, wurden mehr als 74 Prozent abgelehnt. Und auch in Umfragen spiegelt sich die breite Unterstützung für die weibliche Selbstbestimmung wider. 61 Prozent der befragten US-Amerikaner sagten im Jahr 2022, dass Abtreibung in allen oder den meisten Fällen legal sein sollte; 37 Prozent vertraten die gegenteilige Meinung.[115] Auch in fast allen erhobenen religiösen Gruppen war eine Mehrheit für das Recht auf Abtreibung. Einzige Ausnahme bildeten weiße Evangelikale, von denen 74 Prozent sagten, dass der Schwangerschaftsabbruch in allen oder den meisten Fällen illegal sein sollte.

Abtreibung ist natürlich nicht das einzige Thema, bei dem Menschen denken, ihre Ansicht entspräche der der Mehrheit. Ein anderes Beispiel: Dem Fahrradaktivisten Ingwar Perowanowitsch gelingt am Rande einer Demonstration offenbar ein Schnappschuss, den er auf der Plattform X teilt. Darauf zu sehen ist ein älterer Herr, der ein riesiges Schild mit der Aufschrift »Der ›KLIMASCHUTZ‹ geht uns am ARSCH vorbei! Wir wollen Wohlstand!« trägt.[116] Umringt von Mitstreitern diskutiert der Mann mit einer Polizeibeamtin. Wir wissen natürlich nicht, was der Mann denkt, aber sein Schild spricht eine eindeutige Sprache: Er nimmt sich heraus, für ein »Wir« zu sprechen, seine Wut als Wut der vielen – oder zumindest: der Relevanten – zu artikulieren.

Von sich zu behaupten, dass man die richtige Lösung für die Mehrheit der Bürger im Land habe – das ist Teil demokratischer Politik. Jede Partei tut sich mit Vorschlägen hervor, von denen sie erwartet, dass sie das Leben der meisten Menschen verbessern.

Ist deswegen alle Politik populistisch?

Der Unterschied liegt darin, dass demokratisch gesinnten Politikern meist bewusst ist, dass sie die Interessen einer gesellschaftlichen Gruppe vielleicht eher vertreten als die anderer Gruppen. Sozialdemokraten etwa nehmen für sich in Anspruch, sich vor allem für die Belange der Arbeitnehmer einzusetzen. Wohlhabende sollen stärker belastet werden. Sie würden aber nicht behaupten, dass die Anliegen der Besserverdienenden in der politischen Auseinandersetzung keinen Platz hätten. Sie sagen nicht, dass die einen zum Volk gehören, die anderen jedoch nicht. Selbst dann, wenn sie davon ausgehen, dass ihre Forderungen am Ende Ergebnisse produzieren werden, von denen alle profitieren – etwa im Klimaschutz, bei dem es tatsächlich um den Schutz von Mensch und Natur geht –, behaupten sie nicht, dass das, was sie wollen, das ist, was »das Volk« will. Vielmehr erkennen sie an, dass es einen Pluralismus verschiedener Interessen gibt, die in der Demokratie miteinander im Wettbewerb stehen.

Populisten hingegen sagen: Wir vertreten das, was eigentlich alle, die wichtig sind, wollen – diejenigen also, die sie für »das Volk« halten.[117] Bei allen Unterschieden zwischen Populisten verschiedener Couleur – linken, rechten und anderen – ist dies ein gemeinsamer Nenner. »Das Volk hätte dem Euro nie zugestimmt«, behauptete die AfD im Bundestagswahlkampf 2013. »Das griechische Volk ist durch seine Haltung und seinen Aktivismus gegen die Austeritätspolitik und in dem Verlangen nach mehr Demokratie an die Macht gelangt«, verkündete der neue Ministerpräsident Alexis Tsipras nach dem Wahlerfolg seiner Partei Syriza im Jahr 2015. »Das griechische Volk ist nicht hervorgetreten, nur um sich nach vier Jahren wieder zurückzuziehen.«[118] Tsipras setzt damit das Volk mit der Regierung selbst gleich. Ähnliches formuliert Donald Trump bei seiner Antrittsrede als Präsident: »An den 20. Januar 2017 wird man sich erinnern als den Tag, an dem das Volk wieder Herrscher dieser Nation wurde.«

Deutlich wird, dass hier jeweils nicht das ganze Volk gemeint sein kann, obwohl es rhetorisch den Anschein macht. Aber die Populisten beschreiben jeweils ihren Wahlerfolg (Tsipras, Trump) oder ihre eigene politische Position (AfD) als das, was das ganze Volk will. Tsipras und seine Partei gewannen die Wahl 2015 mit rund 36 Prozent (und nicht etwa einer absoluten Mehrheit), Trump hatte weniger Stimmen als seine Kontrahentin Hillary Clinton, und die AfD scheiterte 2013 an der Fünfprozenthürde.

Trotzdem inszenieren sie sich jeweils als Stimme des Volkes. Sie meinen damit aber nicht jedermann oder alle Bürger. Sie meinen nicht das Staatsvolk – so wie es demokratische Verfassungen tun –, sondern eine bestimmte Gruppe, die in den Stand des »wahren« Volkes erhoben wird.[119] Indem sie sich selbst zum Sprecher und ihre Agenda zum Willen des Volkes machen, geben sie auch vor, wer das Volk ist und was es will.

Daran, wer zu diesem Volk gehört und wer nicht und mit welchen Mitteln sein Wille realisiert werden soll, entscheidet sich, ob es sich um rechten, linken[120] oder eine andere Form des Populismus handelt. Aber bei allen gewichtigen ideologischen Unterschieden eint die Populisten etwas, das nicht populistischen Parteien, Bewegungen, Anführern, Bürgern fehlt: der Gedanke, dass es so etwas wie das »wahre Volk« überhaupt gibt.

»WIR SIND DAS VOLK« 2.0

Im Herbst 1989 schallen ikonische Sprechchöre durch die Straßen von Leipzig, Dresden und anderen DDR-Großstädten. Demonstranten versammeln und erheben sich gegen das diktatorische SED-Regime. Nach 40 Jahren DDR und fast 30 Jahren Mauer hat eine große Zahl der Menschen genug. Nicht ihr da oben, sondern wir hier unten, die Bürger, wollen über unser Schicksal bestimmen. Zunächst fordern die Demonstranten demokratische Reformen, dann die Wiedervereinigung mit Westdeutschland. »Wir sind ein Volk«, heißt es von da an.

Am 9. November 1989 brechen die maroden Dämme des Regimes genauso wie der Beton der Mauer. Mit Spitzhacken stehen die Menschen auf dem »Antifaschistischen Schutzwall«, spazieren, rennen, fahren in den Westen. Bürger der beiden deutschen Staaten, die sich noch nie begegnet sind, liegen sich weinend in den Armen. Alle sind sich einig: Hier hat das Volk tatsächlich über das Regime gesiegt. Sein Schlachtruf hat sich in das kollektive Gedächtnis der Deutschen eingebrannt.

Rund 30 Jahre nach dem Mauerfall hallt »Wir sind das Volk« wieder über politische Versammlungen in Deutschland. Zuerst auf den PEGIDA-Demonstrationen in Leipzig. Bei diesen Veranstaltungen geht es um die Verteidigung des »Abendlandes« gegen die »Islamisierung«. Aber nicht nur Muslime und Migranten stehen im Visier der Demonstranten. Sie wenden sich auch gegen die Bundesregierung, und insbesondere im Zuge der »Flüchtlingskrise« im Sommer 2015 geht es vor allem gegen Bundeskanzlerin Angela Merkel und ihre Asylpolitik. »Wir sind das Volk« – und dieses Volk will die Geflüchteten nicht hier haben.

Ab Sommer 2020 kommt es zu Anti-Corona-Protesten. Die Demonstranten wollen nicht, dass ihr Privatleben eingeschränkt wird. Manchen geht die Regulierung schlicht zu weit, andere wittern gar eine Verschwörung, haben die Wissenschaftler und Politiker, die für die Schutzmaßnahmen stehen, hassen gelernt. Für einige ist das Virus selbst ein Schwindel; andere glauben, dass die Regierenden es als Gelegenheit nutzen, um die Rechte der Bürger dauerhaft zu beschneiden. »Wir sind das Volk« – und dieses Volk will wieder in Freiheit leben, ohne Einschränkungen zum Schutz vor einem Virus, das so schlimm gar nicht sein kann.

Auch weil »Wir sind das Volk« in einem glorreichen historischen Moment verankert ist – der Überwindung der sozialistischen Diktatur auf deutschem Boden –, ist der Slogan für die Populisten in Deutschland so attraktiv. Sie stellen sich in eine geschichtliche Linie mit der gelungenen demokratischen Revolution. Und gleichzeitig deuten sie an, dass es genauso eine Revolution wieder braucht. »In der Tradition der beiden Revolutionen von 1848 und 1989 artikulieren wir mit unserem bürgerlichen Protest den Willen, die nationale Einheit in Freiheit zu vollenden«, schreibt die AfD in ihrem Grundsatzprogramm[121].

Es gibt zwei Richtungen, in die »Wir sind das Volk« gerufen werden kann: Einmal adressiert es »die da oben« und wendet sich gegen die Herrschenden. Es fordert dann, wie in der DDR, die Rückgabe der Souveränität an das Staatsvolk ein. Ein Schlachtruf der Demokratie und nicht per se populistisch. Aber vor allem im Kontext der PEGIDA-Demonstrationen hat er noch eine andere Wendung genommen – und die ist in der Tat populistisch. Denn hier meint er: »Wir sind das Volk« – und ihr nicht. Mit »ihr« sind in diesem Fall diejenigen gemeint, die nicht zur Gesellschaft dazugehören sollen, sei es aus kulturellen, religiösen oder ökonomischen Gründen.

Die Wucht dieser Losung speist sich in beiden Fällen aus der Zusammengehörigkeit, die erst durch eine Trennlinie zwischen »uns« und »denen« hergestellt wird. Zum einen geht es um das Einfordern von Souveränität – also um das, was das Volk will. Zum anderen geht es um Identität: das, was das Volk ist. Und beides, der Wille und die Identität des Volkes, sind im Denken der Populisten miteinander verbunden. Kompromisse, sagt der Politikwissenschaftler Cas Mudde deshalb, sind für Populisten von vornherein zum Scheitern verurteilt, weil sie die »Reinheit« des Volkswillens zerstören.[122]

Diese Haltung kennzeichnet nicht nur die Ideologie und die Strategie populistischer Parteien. Auch Bürger, die populistisch eingestellt sind, überschätzen häufiger als andere Menschen, wie stark ihre eigenen Ansichten mit den Ansichten der Mehrheit übereinstimmen.[123] Man spricht dabei von »Scheinkonsens«. Alle Menschen neigen ein Stück weit dazu, ihre Meinung für die der Masse zu halten. Besonders ist das bei jenen ausgeprägt, die sich einer von außen bedrohten Gruppe zugehörig fühlen. Der Populismus bestärkt das Gefühl, zu einer Mehrheit zu gehören, die schweigt, weil man sie unterdrückt. »Meine Meinung teilen viele« oder auch »Ich bin eben ein einfacher Bürger« fallen zusammen mit »Man darf nichts mehr sagen« oder »Man ist fremd im eigenen Land«.

Wie das aussehen kann, zeigt ein Leserbrief an The Newtown Bee, eine kleine Lokalzeitung in Newtown, Connecticut, USA.[124] Der Beitrag ist vom 26. Januar 2023. Kimball Shinkoskey, offenbar eine Leserin des Blatts, bedauert, sich überhaupt äußern zu müssen. Aber die Kriminalität in Amerika sei schlimm. So schlimm, dass sie die Existenz der Nation bedrohe. Sie fordert, dass die »bürgerlichen, berufstätigen, familienorientierten, patriotischen Amerikaner da draußen regelmäßig auf den Barrikaden stehen, um Amerikas großes Abgleiten in die Vergessenheit zu verhindern«.

Die Autorin weiß sehr genau, wer nicht zu den »patriotischen Amerikanern« gehört: »Keine Demokraten, keine Republikaner, nicht die extreme Rechte oder die extreme Linke, keine Klima- oder Abtreibungsaktivisten, keine Einwanderer, kein Rassismus, Sexismus, keine Kirchengänger oder Atheisten, keine Obdachlosen, keine Lügner, Betrüger und Diebe, sondern DU, derjenige, der in einer Demokratie auf deinen Händen sitzt.«

Wir wissen nicht, welche Partei Frau Shinkoskey unterstützt, sofern sie überhaupt zur Wahl geht. Aber wir sehen, dass sie sich zur Sprecherin einer Gruppe macht, die für sie die »wahren« Amerikaner sind – die »schweigende Mehrheit«, wie ihr Beitrag betitelt ist. Durch ihre Liste darüber, wer dazugehört und wer nicht, erhebt sie diejenigen, die sie für die »schweigende Mehrheit« hält, in den Stand des »wahren Volkes«. Alle »anderen« sind demnach Angehörige von Minderheiten, ihre Anliegen Spezialwünsche. Das ist besonders bemerkenswert, weil nach ihrer Aufzählung eigentlich kaum noch jemand übrigbleibt. Die »schweigende Mehrheit« zu sein, ist nicht nur eine – gedachte – numerische Größe, sondern vor allem eine Kategorie, mit der sich Freund und Feind, Volk und Außenseiter einteilen lassen. Und sie richtet sich nach dem Standpunkt desjenigen, der behauptet zu wissen, wer zu seiner eigenen Gruppe dazugehört. Letztlich ist sie willkürlich.

»DAS EIGENE VOLK ZUERST!«

Geert Wilders hatte es geschafft.

Der Mann mit den wasserstoffblonden Haaren stand an der Spitze der niederländischen Politik. Bei der Parlamentswahl im November 2023 war seine rechtspopulistische Freiheitspartei PVV erstmals stärkste Kraft geworden. Auch wenn er damit noch nicht das Amt des Premierministers erlangen konnte – andere Parteien weigerten sich, mit ihm eine Koalition einzugehen –, so hatte er mehr als einen Achtungserfolg erzielt.

Wilders' Sieg war das Ergebnis seines langen, beharrlichen Kampfes. Es war ihm gelungen, in der niederländischen Politik anzukommen, ohne sich je richtig zu etablieren. Wilders war 2006 aus der konservativ-liberalen VVD ausgetreten und hatte mit der PVV seine eigene Partei gegründet. Von Beginn an hatte er vor allem auf eine Karte gesetzt: seine offene Feindschaft gegenüber dem Islam. Muslimische Niederländer, Einwanderer, die islamische Religion selbst waren sein Feindbild.

»In den Niederlanden können wir uns den Islam nicht mehr leisten. Ich möchte, dass der faschistische Koran verboten wird. Wir müssen die Islamisierung der Niederlande stoppen. (...) Nicht alle Muslime sind Terroristen, aber fast alle Terroristen sind Muslime.«[125]

Seine Strategie: den Islam als Gefahr darstellen, aber sich dem Vorwurf des Rassismus entziehen, indem er ihn als »totalitäre Ideologie« deutet und die Religion von den Gläubigen trennt. Der Trick besteht darin, eine Religion abzuwerten und sich selbst so zum Verteidiger der liberalen Niederlande zu machen. »Die Menschen sind gleich«, sagte Wilders einmal. »Aber die Kulturen sind es nicht.«[126] Und: »Ich hasse nicht die Muslime, ich hasse den Islam.«[127] Als »Kopflumpen« bezeichnete er das von vielen muslimischen Frauen getragene Kopftuch.[128] Eine Herabwürdigung von Religion und Kultur, ohne die Ethnie ins Spiel zu bringen. So hielt sich Wilders immer eine Tür offen, mit den anderen Parteien zu kooperieren.

Und die kam. Von 2010 bis 2012 durfte er eine Minderheitsregierung tolerieren. Das Modell scheiterte, aber Wilders hatte einen wichtigen Schritt hin zur Macht getan.

Lange vor der Parlamentswahl Ende 2023 versprach Wilders: »Sollte ich nächstes Jahr Premierminister der Niederlande werden, nachdem ich die Wahl gewonnen habe, würde ich sofort die Grenzen für Einwanderer aus islamischen Ländern schließen.«[129]

»Muslim ban«, Dutch style. Ähnlich wie die SVP in der Schweiz tut er so, als verlaufe zwischen Staatsbürgern und Muslimen eine unüberwindbare Trennlinie. Hier die Niederländer, da die Muslime. Und damit sagt er auch: Wer Muslim ist, kann kein echter Niederländer sein.

Seine Strategie funktioniert wohl auch deshalb, weil negative Einstellungen der Bürger gegenüber Migranten heterogener sind, als man denkt:[130] Es gibt jene, die Einwanderung begrenzen wollen – etwa aus ökonomischen Gründen –, aber keine feindliche Haltung gegenüber den Einwanderern selbst haben. Andere Menschen entwickeln angesichts größerer Zahlen von Migranten Ängste der »Überfremdung« – diese Einstellung bezeichnet man als »xenophob«. Und zuletzt gibt es waschechte Rassisten, die ganz schlicht negative Einstellungen gegenüber jedem hegen, der nicht zu ihrer eigenen Ethnie oder Kultur gehört.

»Ich vergleiche mich nicht mit Donald Trump oder sonst jemandem – aber die Menschen haben es satt, dass die Politiker das Problem ignorieren. Die Menschen haben es satt, dass, wenn sie etwas über die Masseneinwanderung aus überwiegend islamischen Ländern sagen, in Wirklichkeit um die Sicherheit ihrer Töchter fürchten, die zur Schule gehen, oder die ihrer Eltern, die im Park spazieren, oder ihre eigene, wenn sie an einem Donnerstagabend in Holland einkaufen – sie werden als rassistisch bezeichnet, wenn sie äußern: ›Hey, das ist nicht mehr unser Land.‹«[131]

Die Anti-Islam-Strategie spricht sowohl die Menschen mit diffusen Ängsten als auch die offenen Rassisten an. Und weil Wilders – wie alle Rechtspopulisten – die politischen Eliten für eine vermeintlich gescheiterte Migrationspolitik verantwortlich macht, erhöht er die Migrationskrise gleich zu einer

Krise der Demokratie. Eliten, die nicht mehr auf das Volk hören, wo es doch einem massenhaften Zuzug potenzieller Terroristen ausgeliefert ist: Ohne einen grundsätzlichen Politikwechsel gehen wir alle unter, so die Aussage. Nicht nur in den Niederlanden.

Zu einiger Bekanntheit hat es in diesem Zusammenhang auch ein Plakat der Dänischen Volkspartei gebracht. Darauf war eine verschleierte Frau zu sehen, die einen Richterhammer in der Hand hielt. »Thi kendes for ret« – auf Deutsch in etwa: »Es wird Recht gesprochen« – war darauf in großen Lettern zu lesen. Die Botschaft: Breitet sich der Islam aus, geht die liberale dänische Gesellschaft zugrunde und die Scharia – oder das, was viele Menschen sich darunter vorstellten – wird herrschen. Auch die AfD plakatierte zur Bundestagswahl 2017 Ähnliches, sie entschied sich für drei Frauen in Bademode mit dem Slogan: »Burkas? Wir steh'n auf Bikinis!«

Rechtspopulisten sehen das Volk von denen bedroht, die für sie nicht dazugehören und nicht Teil des »wahren« Volkes sind.[132] Dafür muss man in ihren Augen kein Einwanderer sein. Wenn die AfD in ihrem Grundsatzprogramm proklamiert, dass »die deutsche Staatsangehörigkeit untrennbar mit unserer Kultur und Sprache verbunden«[133] sei, dann bezieht sich das nicht allein auf die, die noch Staatsangehörige werden wollen. Gemeint sind auch diejenigen, die formal schon eingebürgert sind, Kultur und Sprache allerdings nicht in ausreichendem Maß ausleben. In den Augen der AfD sind diese Mitbürger keine »echten« Deutschen.

Die Konsequenz: Obwohl Muslime zu einem großen Teil Staatsbürger sind, wollen die Rechtspopulisten für sie andere Regeln gelten lassen als für Christen. Denken wir an die Minarett-Initiative der Schweizerischen Volkspartei zurück: Kirchtürme können weiterhin gebaut werden, Minarette aber nicht. Den Initiatoren der Volksabstimmung ging es nicht darum, alle religiösen Gebäude zu regulieren, sondern nur die der vermeintlich »fremden« Muslime – und zwar unabhängig davon, ob es sich bei den Gläubigen um Schweizer Staatsbürger handelte oder nicht. Die Tatsache, dass sie Muslime sind, führte zu einer Einschränkung ihrer Religionsausübung. Christen mit derselben Staatsbürgerschaft haben nicht dieselbe Behandlung zu befürchten.

Aber natürlich stehen religionspolitische Fragen nicht für sich. Die Unterscheidung zwischen »uns hier« und »denen draußen« erstreckt sich letztlich auf alle Politikbereiche, nicht zuletzt die Sozialpolitik. »Deutschland ist nicht das Sozialamt der Welt« ist zum Beispiel ein Satz, der so oder ähnlich von der NPD, der AfD und auch der CSU genutzt wurde. Auf den Punkt bringt es auch das Motto der flämisch-belgischen Rechtspopulisten Vlaams Belang (VB): Eigen volk eerst – das eigene Volk zuerst. Das »Eigene« bezieht sich meist auf eine kulturell oder ethnisch verstandene Zugehörigkeit zur Nation oder Gruppe. Gerade bei Konflikten zwischen Volksgruppen innerhalb eines Landes können die Rechtspopulisten sich auch zu Sprechern einer bestimmten Zielgruppe machen, wie zum Beispiel in Belgien, wo der VB sich allein für die Vorrechte der Flamen einsetzt. Oder in Ungarn, wo die Partei Jobbik offenen Antisemitismus pflegte und gegen Sinti und Roma agitierte. Allgemein war es lange Zeit so, dass sich der Rechtspopulismus in Westeuropa vor allem gegen Migranten und Muslime richtete – und dies auch immer noch tut –, während seine mittel- und osteuropäischen Verwandten sich an nationalen Minderheiten und religiösen Gruppen abarbeiteten.[134] Das hat sich mit der »Flüchtlingskrise« geändert. Mit einem Mal rückte auch in

Ungarn, Polen und anderen Staaten das Migrationsthema stärker in den Vordergrund.

»Großer Austausch« oder auch »Bevölkerungsaustausch« ist der Begriff, der dafür im Umfeld der Neuen Rechten geprägt wurde. Die Neue Rechte ist eine Strömung, in der sich die radikale und extreme Rechte in Europa nach dem Zweiten Weltkrieg theoretisch und strategisch neu ausrichtete und die in den rechtspopulistischen Parteien Plattform und Kooperationspartner gefunden hat. Eine Verschwörungstheorie, die behauptet, Migrationsbewegungen seien ein Plan der Eliten, um die eigene Bevölkerung zu zersetzen, traditionelle gesellschaftliche Strukturen zu zerstören und am Ende die vereinzelten Bürger gefügig zu machen. Die ungarische Fidesz beispielsweise zeichnet den Investor George Soros als mächtigen Puppenspieler, der hinter dem »Austausch« steht.[135]

Selbst dann, wenn die Rechtspopulisten nicht explizit vom »Großen Austausch« sprechen: Das Raunen von der ungezügelten Masseneinwanderung zersetzender »Kulturfremder«, zugelassen oder gar gesteuert durch die politischen Eliten, entspricht genau diesem Narrativ. Speziell beim Thema Islam fügen die Rechtspopulisten eine wirkungsvolle Zutat hinzu: die Warnung vor dem Ende von Liberalität und Freiheit und damit der Demokratie selbst. Damit sollen über rassistische und xenophobe Milieus hinaus Wähler gewonnen werden.

Die Rechtspopulisten haben mit dem Migrationsthema eine lukrative thematische Nische besetzt. Dass ihre Unterstützer sie nicht trotz, sondern genau wegen ihrer Position in dieser Frage wählen, wurde längst wissenschaftlich belegt.[136] Den rechten Populisten kommt dabei zugute, dass viele Wähler zwischen den anderen Parteien in dieser Frage kaum noch Unterschiede wahrnehmen und glauben, dass sie alle dieselbe, offene Migrationspolitik betreiben.[137] Dieser Glaube beeinflusst unter anderem, wie unzufrieden Menschen mit der Demokratie sind[138] – ein fruchtbarer Nährboden für die Rechtspopulisten.

In Deutschland leben zwischen 5,3 und 5,6 Millionen Muslime, was einem Bevölkerungsanteil von 6,4 bis 6,7 Prozent entspricht[139]. Doch der Anteil der Muslime in der Bevölkerung wird oft deutlich überschätzt – eine verzerrte Wahrnehmung, zu der die Rechtspopulisten wohl einerseits beitragen, während sie andererseits von ihr profitieren. In einer Umfrage der deutschen Stiftungen für Integration und Migration liegt der Schätzwert der befragten Teilnehmer zwischen acht und 13 Millionen.[140]

Hinzu kommen Ängste, in denen Einwanderung, Religion und Kriminalität miteinander vermischt werden. Die Rechtspopulisten greifen das dankbar auf. Eine Umfrage des österreichischen Instituts für Jugendkulturforschung, die 2011 große Ängste junger Wiener gegenüber türkischstämmigen Migranten offenlegte, nutzte die lokale FPÖ, um vor »Katastrophenpolitik« in der Migrationsfrage zu warnen und die Gefahr durch einen aggressiven Islam in Österreich nochmals zu bekräftigen: »Diese Studie zeigt wieder einmal deutlich, dass der massive Einwanderungsislam nach Europa – die FPÖ stellt den gemäßigten Islam als monotheistische Weltreligion nicht infrage! – ein Gewaltproblem besonders unter seinen jugendlichen Anhängern hat.«[141] Generell ist Migration für viele Bürger ein wichtiges Anliegen, wenngleich es hinter anderen Fragen zurücksteht. In Österreich ist sie 2023 für 21 Prozent der Bürger das wichtigste Thema, gleichauf mit Umwelt und Klimawandel, aber weit hinter steigenden Preisen und Inflation (61 Prozent).[142] Eine Studie hat für Deutschland gezeigt, dass sich rund 55 Prozent der Bürger große oder sehr große

Sorgen um das Thema Einwanderung machen, während aber über 80 Prozent sich über den Klimawandel besorgt äußern.[143]

Das Thema »Migration« bestimmt die Politik. Alle Parteien sprechen darüber; die Rechtspopulisten präsentieren die radikalste Lösung. Sie treten als Beschützer des »wahren Volkes« und seiner Identität auf; sie verteidigen die Demokratie und die vermeintliche Freiheit gegenüber einer Bedrohung, die nicht mehr nur von außen kommt, sondern längst eingesickert ist. Kein Wunder, dass Wilders beim Wahlkampf 2023 auf einen einfachen Slogan setzte:

»Niederländer zuerst.«[144]

DAS PERFEKTE FEINDBILD: ANTI-WOKE

»Einmal mehr schlägt die politische Korrektheit zu, und das Opfer sind unsere Kinder«, echauffierte sich Federico Mollicone, der in der Partei Fratelli d'Italia für Kulturfragen verantwortlich ist.[145] Er sieht das Wohl und den Schutz italienischer Kinder gefährdet. Die konkrete Bedrohung: Gender-Ideologie, die Kindern einreden will, es gebe mehr als zwei Geschlechter. Und die vorlebt, dass es in Ordnung sei, wenn sie in Familien aufwachsen, die keine mehr sind: zwei Väter, zwei Mütter gar, das ist nicht normal. Davor will Mollicone die Kleinen schützen, vorzugsweise mit einem Ausstrahlungsverbot. So soll verhindert werden, dass ein öffentlicher Fernsehsender etwas Abnormes in die Köpfe der Kinder pflanzt.

Der Anlass für diesen Ausbruch ist im Jahr 2022 ein Cartoon-Eisbär in der Kindersendung Peppa Wutz. Der Eisbär lebt bei zwei Müttern; einem lesbischen Paar also, auch wenn es so nicht benannt wird. Grund genug für den FdI-Vertreter zu schäumen. Und damit liegt er auf Linie mit seiner Chefin Giorgia Meloni, die nur kurze Zeit später italienische Ministerpräsidentin werden sollte. Der Journalist Dominik Straub, der diese kleine Episode aufgezeichnet hat, erinnert daran, dass sie sich schon im Wahlkampf offensiv gegen die »Gender-Ideologie« positionierte. Lange vorher, 2019, schrie sie von einem Rednerpult in die Menge: »Ich bin Giorgia, ich bin eine Frau, ich bin Mutter, ich bin Italienerin, ich bin Christin. Und das könnt ihr mir nicht nehmen!«[146] Diese Giorgia sollte drei Jahre später Italien regieren.

Obwohl es manchmal den Anschein hat: Rechtspopulisten sind keine Ein-Themen-Parteien. Der Feind sind nicht nur religiöse Minderheiten oder Menschen mit Migrationsgeschichte. All jene, die die Kultur, die Moral, den Way of Life des »wahren Volkes« nicht teilen, gehören nicht dazu. Falls sie doch toleriert werden, ist das dem Anstand von »Henk und Ingrid«, dem normal-niederländischen Ehepaar, oder »Plumber Joe« zu verdanken, der an ihnen keinen Anstoß nimmt – solange sie sich still verhalten und die moralische und kulturelle Vorherrschaft des »wahren Volkes« nicht infrage stellen.

Wenn sie hingegen ihre Rechte einfordern und die bestehende Hegemonie hinterfragen, werden gesellschaftliche Außenseiter zu politischen Gegnern. Dazu gehören Klimaaktivisten, Menschen, die für sexuelle Selbstbestimmung streiten, Seenotretter. »Woke« ist inzwischen das Hauptschlagwort im Kulturkampf der populistischen Rechten. »Anti-Woke« ist ein Affekt gegen die progressive Linke und darin letztlich nur eine Neuauflage früherer Schlagworte wie »Kulturmarxismus« oder »Cancel Culture«. Immer geht es um drei Dinge: die Verteidigung der Meinungsfreiheit gegen laute, moralisch auftretende Minderheiten. Das Zurückdrängen »woker« Politik, etwa im Familien- und Abtreibungsrecht oder beim Klimaschutz. Und die Rückeroberung von Räumen, die vermeintlich in Gesellschaft, Wirtschaft, Verwaltung und Politik von »Woken« besetzt werden.

Von einer »neuen Pandemie«, die das Land erfasse, spricht der Kommentator des US-Portals »The Hill«: »Sie heißt ›Wokeismus‹. Und sie ist schlimmer als COVID-19, weil sie alles betrifft: die Banken, unsere Schulen, die Gerichte, Bundesbehörden, Sportmannschaften, die Medien und sogar das Militär. Den Konservativen zufolge stecken alle diese Institutionen heute in Schwierigkeiten. Sie machen alles falsch, weil sie alle zu ›woke‹ sind.«[147]

Obwohl der Begriff aus den USA stammt, ist anti-woke nicht auf Nordamerika beschränkt. Längst hat er Einzug in den Diskurs der populistischen Rechten in anderen Ländern gefunden. AfD-Vizechef Peter Boehringer begründete so in internen Chats seine Ablehnung für Investitionen in die Bundeswehr.[148] Man würde damit lediglich »einigen woken Einhörnern und Transen in der BW geile Partys finanzieren«; dem »vollpolitisierten woken System bis in die mittleren Offiziersränge hinein« dürften erst nach einem »vollständigen Neustart« finanzielle Mittel zur Verfügung gestellt werden.

Eine solche Woke-Paranoia wird nicht nur von den organisierten Rechtspopulisten geteilt, sondern hat längst Einzug in den Mainstream gehalten. In Großbritannien lässt sich eine große Community aus Wissenschaftlern und Journalisten identifizieren, die sich den Kampf gegen Woke auf die Fahnen geschrieben hat.[149] »Anti-Woke« ist anschlussfähig, weil sie eine Art Wendejacken-Strategie ist. Im Kern identitätspolitisch – das wahre Volk, seine Kultur und Moral gegen die neue Linke –, kann sie schnell zu einem Repräsentationsproblem gedreht werden: Die woke Linke, ohnehin ja alles Akademiker, hat die Arbeiter im Stich gelassen, um sich den abwegigen Problemen unwichtiger Minderheiten zuzuwenden.[150]

Anti-Woke ist eine Brücke von der populistischen Rechten hin zur autoritären Linken. »Eine Linke, die grüner als die Grünen sein will und sich mit den woken Lifestyle-Themen beschäftigt, hat einfach keine ausreichende Wählerbasis«, sagt Sahra Wagenknecht, noch bevor ihre eigene Partei gegründet ist. Für das Magazin »Focus« ist klar, woher sie ihre Wähler beziehen wird: von den »anti-grün« Empfindenden, die Linksliberalismus aus unterschiedlichen Gründen ablehnen. Zwar wählten viele AfD, aber eben nur als Notnagel.[151]

Die Partei »Bündnis Sahra Wagenknecht« (BSW) könnte sich aus diesem Grund tatsächlich etablieren. Sie könnte Menschen ansprechen, für die es bislang keine Alternative gibt: die mit der Demokratie Unzufriedenen, die in gesellschaftlichen Fragen eher rechts stehen (also bspw. gegen Einwanderung sind), aber ökonomisch eher links ticken, sich also z. B. hohe Sozialleistungen oder Marktregulierung wünschen.[152] Für die Politikwissenschaftlerin Sarah Wagner und ihre Kollegen könnte sie als »Brückenbauerin« zwischen links und rechts wirken. Das Querfront-Magazin »Compact« zeigte Wagenknecht schon 2022 auf dem Titel: »Die beste Kanzlerin. Eine Kandidatin für links und rechts«. Die AfD hingegen bezeichnet das Bündnis Sahra Wagenknecht als »woke Scheinopposition«, die »keiner braucht«.[153]

Der Begriff »Woke« wurde schon in der ersten Hälfte des 20. Jahrhunderts in der afroamerikanischen Bevölkerung verwendet.[154] Man war noch viel größeren sozialen Benachteiligungen und Diskriminierungen ausgesetzt als heute, nicht zuletzt durch Polizei und Justiz, gerade im Süden der USA. »Woke« bedeutete im Wortsinn, wachsam zu bleiben gegenüber rassistischer Gewalt; im Laufe der Zeit ging es dann vor allem darum, sich der gesellschaftlichen Missstände bewusst zu sein – und sie nicht zuletzt auch zu benennen. Die Black-

Lives-Matter-Bewegung hat »Woke« wieder aufgegriffen. Erlangte er nicht zuletzt durch Nutzung in den sozialen Medien rasch Popularität, rief er auch die politische Rechte auf den Plan. Ihr gelang es, die positive Bedeutung des Begriffs ins Negative zu wenden, indem sie sie als gefährliche Ideologie zeichnete und immer wieder auf die Gefahren für Tradition, Identität und Moral des »Volkes« hinwies. Wir sprechen heute über Woke fast nur noch im Kontext von Anti-Woke – also seiner »weißen« Umdeutung durch die politische Rechte. Weder die Entstehungsgeschichte noch seine Berechtigung sind Teil der Debatte. Ein Beispiel für strukturellen Rassismus.

PLATTFORM FÜR EXTREME

Alle Parteien beherbergen unterschiedliche Meinungen, Interessen und Gruppen, die um Vormachtstellung ringen. Die Kombination von Populismus und rechter Gesellschaftspolitik führt – wenig überraschend – zur Öffnung rechtspopulistischer Parteien für noch extremere Personen und Gruppen. Die AfD ist ein typisches Beispiel dafür, dass man die Geister, die man ruft, nicht mehr loswird und sich ihnen am Ende ergeben muss. Als die Partei 2013 zur Bundestagswahl antrat, konzentrierte sie sich vor allem auf das Eurothema. Schon damals beklagte sie eine durch die EU verursachte und von der deutschen Politik teils beförderte, teils verschlafene Krise der Demokratie. Islamfeindliche Parolen gab es, aber sie nahmen vergleichsweise wenig Raum ein. Auch andere Talking Points der radikalen Rechten wurden von der jungen Partei aufgegriffen. »Gender-Wahn stoppen. Simple Wahrheit: Mann und Frau sind verschieden«, konstatierte sie auf einem Bild, das im Online-Wahlkampf genutzt wurde.[155] Die neuen Mitglieder ließen ihren Ideen freien Lauf. Auf Facebook kursierten selbst erstellte Sharepics. »Klassische Bildung statt Multi-Kulti-Umerziehung«, hieß es da beispielsweise. Die restriktiven gesellschaftlichen Vorstellungen spiegelten sich auch in den Einstellungen ihrer Sympathisanten. 60 Prozent der in einer Studie Befragten wollten schon 2013 eine stärkere Beschränkung der Migration, und 68 Prozent stimmten der Aussage zu, dass der Islam nicht kompatibel mit den Werten der Bundesrepublik sei. 45 Prozent sprachen sich gegen das Adoptionsrecht für homosexuelle Paare aus.[156]

Und nicht nur die potenziellen Wähler vor 2013, sondern auch die Kandidaten der AfD standen schon weiter rechts und waren populistischer eingestellt, als es die damals noch vergleichsweise gemäßigte Außenwirkung der Partei vermuten ließ.[157] Machtkämpfe zwischen den als eher moderat geltenden Euroskeptikern, den Rechtspopulisten und den Rechtsextremisten gab es in der Partei von Anfang an. Sukzessive verschoben sich die Kräfteverhältnisse. Nach der Abwahl Bernd Luckes 2015 führte seine Nachfolgerin Frauke Petry die AfD auf einen rechtspopulistischen Kurs, bevor ihr Weggang nach der Bundestagswahl 2017 eine noch weitere Radikalisierung begünstigte.

Der thüringische Landes- und Fraktionsvorsitzende Björn Höcke ist vom Außenseiter zum heimlichen Gesicht der Partei avanciert. Ein Rechtspopulist ist er nicht. Er spricht von Schicksal und Bestimmung. Er will eine revolutionäre Politik, eine »Wendephase« zur Rettung des Vaterlands, in der man »um eine Politik der ›wohltemperierten Grausamkeit‹ (nicht) herumkommen« wird.[158] Seine Sprache, seine Ästhetisierung der Gewalt ähnelt der der Faschisten mehr als jener der Populisten.

Die AfD wird inzwischen als rechtsextremer Verdachtsfall eingestuft. Eine ehemalige Stadträtin, die inzwischen ausgetreten ist, vergleicht die Strategie der Partei mit jener der NSDAP.[159]

An der AfD lässt sich ablesen, dass rechtspopulistische Parteien als Plattformen für Radikale und Extremisten funktionieren. Götz Kubitschek, einer der Vordenker der Neuen Rechten in Deutschland, sah im Eurothema einen Türöffner. Andere Themen, insbesondere die, die auf die kulturelle Homogenität des Volkes abstellen, »kommen hinterdreingepoltert, wenn wir nur rasch und konsequent genug den Fuß in die Tür stellen«.[160] Kubitscheks Analyse sollte sich bewahrheiten.

Gerade für noch junge Organisationen ohne gefestigtes Führungspersonal, aber mit einem großen Anteil aktiver Mitglieder, lassen sich solche Prozesse kaum regulieren. Lucke und Petry zahlten den Preis dafür, dass sie islamfeindliche und rassistische Positionen teils gewähren ließen, teils selbst bespielten.

Aber die Kämpfe innerhalb der Partei und die vereinzelten, teils von Medieninteresse begleiteten Austritte zeigen auch, dass rechter Populismus und rechter Extremismus zwar eng verwandt, aber nicht unbedingt kompatibel sind.

NACH UNS DIE SINTFLUT

Wenn Bürger über politische Themen nachdenken, darüber streiten, sich mit ihnen auseinandersetzen, geht es selten allein um die Sache. Aus der politischen Psychologie wissen wir, dass Menschen nicht allein zweckrational entscheiden, sondern Emotionen eine wichtige Rolle spielen – sowohl bei der Frage, welche Themen sie interessieren, als auch dabei, wie sie zu bestimmten Dingen stehen. Aber unsere Gefühle im Zaum zu halten zugunsten einer einigermaßen an der Sache orientierten Diskussionskultur, das gehört, um den Soziologen Norbert Elias zu paraphrasieren, zu dem, was man als »zivilisiert« bezeichnen würde.[161]

Mit dieser zivilisatorischen Errungenschaft zu brechen, gehört zur Strategie der Populisten. Angstmachen und Emotionalisierung, die die Unterscheidung zwischen uns »Guten« und den »bösen« anderen verstärken, sind unverzichtbare Instrumente in ihrem Werkzeugkasten.[162] Dazu gehört auch die Technik, die politischen Feinde ad personam anzugehen, zu karikieren und ihre Anliegen dadurch ins Lächerliche zu ziehen.

Man kann das bei vielen politischen Themen beobachten, aber zuletzt besonders eindrücklich in der Klima- und Umweltpolitik.

Umweltschutz sei etwas für »Leute, die Grünzeug essen«, donnerte der brasilianische Präsident Jair Bolsonaro und bot sich auch gleich als Fürsprecher derjenigen an, die unter Regulierungen zu leiden hatten. »Wenn die Umweltbehörde euch eine Strafe aufbrummt, sagt mir Bescheid und bezahlt keinen Pfennig, denn jetzt habe ich hier das Sagen.«[163]

Warum verfängt das? Weil Umwelt- und vor allem Klimapolitik im rechtspopulistischen Spektrum als Ideologie gilt. Ein Glaubenssystem, dem man folgen kann oder eben nicht. Wissenschaftliche Fakten werden dadurch nur zur bloßen Meinung degradiert und die sich auf die Wissenschaft berufende Klimaschutzbewegung als politische Sekte abgestempelt. Auf dem offenen Portal »Publikum«, auf dem auch Propaganda zu Gunsten des russischen Putin-Regimes verbreitet werden konnte,[164] schreibt der Autor A. M. Berger:

»Die Klima-Ideologie (...) schlägt eine völlig neue Art von Totalitarismus vor, dessen Ideologie sich selber als absolute Wahrheit verkündet, und somit einem göttlichen Dogma ähnlich ist, aber anders insofern, dass es nicht einer Glaubensfrage (und ›glauben‹ ist ja nicht ›wissen‹), sondern einer faktischen Tatsache folgt. Die Technokratie der Klima-Ideologie ist Vatikan, Bibel und Gott zugleich. Sie erlaubt keine Abweichung oder unterschiedliche Interpretation, wie sie sogar unter den eifrigsten Gläubigen existiert.«[165]

Dass sich angesichts der verheerenden Auswirkungen des Klimawandels viele Aktivisten radikalisieren und zu Methoden des zivilen Widerstands greifen – etwa, indem sie sich auf der Straße festkleben –, ist Wasser auf die Mühlen der Rechtspopulisten. Denn solche scheinen ja zu beweisen, dass es sich bei den Klimaschützern wirklich um Extremisten handelt, die bereit sind, für ihre Ideologie Recht und Ordnung zu brechen. Und das wiederum erlaubt eine drastische Gegenbewegung, bei der es um die Verteidigung von Freiheit und Vernunft geht.

Wird die Bekämpfung des menschengemachten Klimawandels auf diese Weise politisiert, dann machen sich die Populisten einmal mehr zum Sprachrohr der »schweigenden Mehrheit«, des gesunden Menschenverstandes, der Normalität. Daraus speist sich der Gestus des Abwehrkampfes. Und der wird mit harten Bandagen geführt. Staubige Klischees über »Leute, die Grünzeug essen« und Horrorbilder einer faschistischen »Klima-Sekte« gehen dabei Hand in Hand.

Der Vorsitzende der Wiener FPÖ, Dominik Nepp, teilt im Januar 2023 ein Bild auf Facebook. Genauer gesagt: ein Piktogramm. Darauf zu sehen: eine Person, die auf eine andere, sitzende Person uriniert, die sich offenbar – mit grünem Kleber! – auf der Straße festgeklebt hat. »Zeit für neue Verkehrszeichen« heißt es darunter.[166] Der Sender ZiB 2 konfrontiert den Parteivorsitzenden Herbert Kickl mit dem Vorfall.[167] Der wiederum rechtfertigt den Post: Denn bei den Aktivisten handle es sich um »Klimaterroristen«, und bei allem Verständnis: »(W)enn das so weiter dahinplätschert, dann kommt es zu einer Eskalation.«

Demütigung als Notwehr. Denn wieder geht es um die Freiheit der normalen Leute.

Das alles erinnert an die Reaktion der Rechtspopulisten auf die Coronakrise. Auch hier ging es um politische Maßnahmen im großen Stil, die in das Leben des Einzelnen eingriffen, es beschränkten und regulierten. Für die Rechtspopulisten lediglich Ausdruck einer freiheitsfeindlichen Ideologie, mit der die Machthaber in das Leben des Einzelnen hineinpfuschen wollen. Auch hier galten diejenigen, die Maßnahmen zur Bekämpfung der Krise unterstützten, als Ideologen und Aktivisten als Terrorgruppen.

In der Klimakrise geht es um umfassende industrie- und energiepolitische Reformen. Das deutsche Gebäudeenergiegesetz (GEG), das den Einbau moderner Heizungsanlagen regelt, wird zum Schlachtfeld eines Abwehrkampfes. Und zwar weit über das rechtspopulistische Spektrum hinaus. »(P)lanwirtschaftliche Methoden kommen in einer freien Gesellschaft nicht gut an«, heißt es in der FAZ.[168] »Erst recht nicht, wenn es um etwas so Privates wie die eigenen vier Wände geht.«

Gegen das GEG zu sein, heißt nicht, den Klimawandel zu leugnen. Aber für die Rechtspopulisten ist das Gesetz eine willkommene Gelegenheit, einmal mehr ihre Narrative zu entfalten. Ein »Handbuch zur Vernichtung unseres Wohlstands« nennt der AfD-Abgeordnete Marc Bernhard das GEG im Bundestag; »nichts anderes als ein(en) Raubzug gegen das eigene Volk«.[169] Solche Sätze stellen die Politiker der etablierten Parteien immer wieder unter den Verdacht, aus Ignoranz oder in böser Absicht zu handeln.

Dazu passt, dass die AfD den Ausstieg aus allen Klimaabkommen fordert.[170]

Aber selbst da, wo die Rechtspopulisten den Klimawandel nicht aggressiv leugnen, stellen sie sich gegen Maßnahmen zur Bekämpfung. Beispielsweise die spanische Vox. Sie befürwortet den Schutz der Natur innerhalb der Landesgrenzen, aber stellt sich gegen internationale Politik zum Klimaschutz. Die Umwelt wird zum nationalen Erbe; Klimaschutz, in dem naturgemäß jedes Land einen Beitrag zu einer globalen Kraftanstrengung leistet, zum Eingriff in die nationale Souveränität – und sogar zu einer Gefahr für das ländliche Leben und den Erhalt der Natur.[171] In eine ganz ähnliche Richtung geht die AfD, die das »reichhaltige Erbe« der deutschen Natur schützen und dafür »die Eindämmung des Flächenverbrauchs von Solar- und Windkraft« fordert.[172] Sie will stattdessen eine auf Technik und Innovation basierende Politik, »die unsere Kulturlandschaften nicht zerstört und uns damit die Heimat nicht raubt«.

Naturschutz ja, Klimaschutz nein.

Der Widerstand gegen die Klimamaßnahmen hat zwei Ziele: die Verteidigung der individuellen Freiheit und damit das Recht, so weiterzuleben, als gäbe es die drohende Katastrophe nicht. Dazu wird der Klimawandel von vielen Rechtspopulisten geleugnet und zur Eliten-Ideologie degradiert, nicht ohne verschwörungstheoretische Untertöne. Und auf der anderen Seite steht die Verteidigung der nationalen Identität, zu der auch Landschaften und Tierwelt gehören. Nicht die Rettung des Planeten steht im Vordergrund, sondern der Schutz der Heimat.

Dass das verfängt, ist kein Wunder. Die Wähler von grünen und rechtspopulistischen Parteien sind in der Klimafrage inzwischen ähnlich polarisiert wie beim Thema Migration.[173]

Die Demarkationslinie verläuft zwischen denen, die den Klimawandel leugnen oder seine Effekte auf die Umwelt herunterspielen, und denen, die ihn ernst nehmen und bekämpfen wollen. Damit wird der Kampf gegen den Klimaschutz für die Rechtspopulisten zum Mobilisierungsthema. Und weil sie den Spieß umdrehen, sich selbst als Stimme der Vernunft und die Klimaschützer als Ideologen darstellen, verändern sie auch den Charakter der drohenden Katastrophe. Denn die ist nicht umwelt-, sondern demokratiepolitischer Natur: »Die da oben« wollen im Namen ihrer Ideologie in unser Leben eingreifen – wieder einmal.

»ECHTE MÄNNER SIND RECHTS«

Ben Shapiro hatte keinen angenehmen Abend.

Als politischer Influencer teilt er der Welt seinen Unmut auf der Plattform X mit.[174] Mit schlecht gestimmter Miene steht er in einem Kino irgendwo in den USA. Dass er dreinblickt, als habe er eine vierstündige Wurzelbehandlung vor sich, ist vermutlich Absicht. Trotzig schreibt er, seine Produzenten hätten ihn in einen Film gezerrt. Und vergisst nicht, gleich Werbung für seinen eigenen YouTube-Kanal zu machen, auf dem er »diesen Müllhaufen von einem Film« am nächsten Tag auseinandernehmen werde.

Der Streifen, um den es geht, ist »Barbie«.

»Barbie« ist eine absurde Komödie mit politischer Botschaft. Er handelt von der gleichnamigen Mattel-Puppe, die in ihrer Heimat Barbieland eine existenzielle Krise durchlebt. Zusammen mit Ken muss sie in die Welt der Menschen reisen, um das Kind zu finden, das mit ihr spielt. Dabei lernt Ken, dass in der Realität die Männer das Sagen haben. Wieder in der Barbie-Welt, wollen er und die anderen Kens eine patriarchalische Regierung errichten. Erst, als er selbst Empowerment erfährt und seine eigenen, einschränkenden Rollenvorstellungen abstreifen darf, kehrt wieder Frieden ein.

Wie jeden anderen Film kann man auch diesen mögen oder nicht, aber gleich nach seiner Premiere wurde klar, dass es hier nicht nur um Geschmack oder filmische Ästhetik ging. Es ging um Politik. Die feministische Botschaft des Films korrespondierte mit einer selbstbewussten, hyperfemininen Ästhetik; der Kinobesuch wurde zum Happening. Frauen, aber auch viele Männer waren in Rosa und Pink gekleidet.

»Barbie« war kaum in den Kinos, da erntete er schon die Wut der konservativen Influencer.

Allen voran Shapiro. Wie versprochen veröffentlichte er auf YouTube eine über 40 Minuten lange Kritik.[175] Sie begann damit, dass er Barbie-Puppen anzündete und in einen Mülleimer warf. »Einer der schlimmsten Filme, die ich je gesehen habe«, urteilte er. Seinen Zuschauern bot er ein Dauerfeuer der Wut. Wer Zweifel daran hatte, dass Shapiro den Film hasste, wurde schon in den ersten Minuten seines Beitrags eines Besseren belehrt. Künstlerisch fiel der Streifen bei ihm durch, aber vor allem erzürnte ihn die politische Botschaft von »Barbie«. Denn immerhin geht es darin um das Patriarchat, also die Herrschaft der Männer und das, was sie mit Menschen macht. So etwas wie das Patriarchat gibt es für Shapiro allerdings nicht. Stattdessen stelle der Film Männer als dumm dar und sei nichts als »Propaganda«. Die Botschaft der Macher fasst er wie folgt zusammen: »Entweder, du bist eine Third-Wave-Feminismus-Exzentrikerin, die Männer wahrhaftig hasst, oder du bist gehirngewaschen.«

»Barbie« ist aus Sicht von Influencern wie Shapiro eine weitere Waffe im Kampf, den ein radikaler Feminismus gegen Männer führt. Längst gehe es seinen Vertreterinnen nicht mehr um Gleichberechtigung, sondern um Dominanz – also genau das, was sie den Männern vorwerfen.

Es gibt inzwischen ein großes, internationales und teils lose verbundenes Netzwerk aus Influencern, organisierten Gruppen und ihren Unterstützern: die »Manosphere«. Sie umfasst radikale Männerrechtler, Antifeministen, Pick-up-Artists, Motivationstrainer. Deren Anhänger sind oft junge Männer, die sich einsam fühlen, die wütend oder sexuell frustriert sind, die an der Marktförmigkeit des Datings scheitern. Sie nennen sich »Incels«, eine Abkürzung für Involuntary Celibates – unfreiwillig im Zölibat Lebende. Incels scheinen von einer seltsamen Dopplung aus Selbsthass und Misogynie getrieben. Sie geißeln ihr eigenes – vermeintliches – Versagen, peitschen sich mit YouTube-Videos und teils teuer bezahlten Workshops der hypermännlichen Influencer zu – vermeintlichen – Gewinnertypen.

Einer der bekanntesten Vertreter der Manosphere-Influencer ist der ehemalige Kampfsportler Andrew Tate, der zwischenzeitlich in Rumänien verhaftet wurde – unter anderem wegen des Verdachtes auf Vergewaltigung und Menschenhandel. Tate predigt, wie Männer sich zu verhalten haben: Eine Gewinnermentalität müssen sie haben, sich durchsetzen, sich kontrollieren, rücksichtlos ihren Weg verfolgen. Ihr Wert bemisst sich daran, was sie erreichen: den Frauen, die sie für sich gewinnen, den Besitztümern, die sie anhäufen. Es ist ein materialistisches, hartes, antiintellektuelles Männerbild. Unzählige Influencer geben Tipps, wie unsichere Männer zu Siegern werden, Frauen »rumkriegen« und Erfolg im Beruf erreichen.

Aber es bleibt nicht bei der Lebenshilfe. Im Zentrum ihrer Agenda steht der Kampf gegen die »Gender-Ideologie«. Damit sind Denkrichtungen und Politiken gemeint, die Geschlecht als soziale Kategorie anerkennen, auf die gesellschaftliche Gleichstellung aller Geschlechter hinwirken und dies als gesellschaftliches Gesamtprojekt begreifen, das institutionelle Reformen (etwa Quoten) ebenso umfasst wie etwa die Sprache (»Gendern«). Hinzu kommt, dass sich Menschen mit Geschlechteridentitäten jenseits der binären Einteilung von »Mann« und »Frau« in den letzten Jahren immer stärker vernetzen, organisieren und Gehör verschaffen. Trans* Personen, Non-Binäre und Menschen mit anderen (Geschlechts-)Identitäten sind im Mainstream präsenter; ihre Forderungen – etwa nach dem Eintrag ihres Geschlechts in Ausweisdokumenten oder dem Abbau von Diskriminierung – werden auch von den etablierten Parteien gehört und schlagen sich in politischen Entscheidungen nieder.

Die Männlichkeits-Influencer verbinden ihre Tipps mit politischen Botschaften. Die Lösung: die eigene, traditionelle Männlichkeit pflegen, das Kriegerhafte wiederentdecken, sich zur Härte erziehen. Und diese Härte nicht nur sich selbst, sondern auch der Außenwelt und insbesondere den Frauen zu spüren geben. Denn Frauen, so wird ihnen erzählt, folgen ihrer Biologie, und deshalb wollen sie den harten, erobernden, potenten Mann. Der Feminismus hingegen habe die Frauen zu unglücklichen, verhärmten Emanzen und die Männer zu Waschlappen erzogen. Wenn Männer wieder Männer sind, profitierten letztlich alle – auch die Frauen. Dazu sollen Männer wieder ihrer Natur folgen. Und die Hoheit darüber, was männlich ist und wie Männer sein sollen, soll zurückerobert werden. So schlagen die Akteure der Manosphere eine Brücke in den politischen Raum. Andrew Tate argumentiert in einem seiner Videos:

»Ihre Idee ist: Wenn wir die Männer schwächen, wenn sie nur schwach genug werden, dann sind sie nicht länger eine Bedrohung.

Und da argumentiere ich absolut dagegen. Ich denke, schwache Männer sind die gefährlichsten Männer auf der Welt. (...) Wir wurden mit einem Feuer in uns geboren, das uns selbst und andere zerstören kann, wenn wir es nicht kontrollieren. (...) Und das ist es, was sie uns beizubringen versuchen: ›Hör zu, du bist ein Mann, es ist dir erlaubt, die ganze Zeit zu weinen. Du brauchst keine Gefühlskontrolle haben, keinen Stoizismus. Lass dich einfach von deinen Gefühlen leiten.‹ Wissen Sie, was passiert, wenn Sie Männern sagen, sich von ihren Gefühlen leiten zu lassen? Wut. Es gibt Schießereien an Schulen, Vergewaltigung, Gewalt. (...) Es ist mir egal, wie du dich fühlst, junger Mann. Du hast Pflichten und deine Verantwortung als Erwachsener. Du musst gehorchen und dich auf eine bestimmte Art verhalten, ganz gleich, wie du dich fühlst.«[176]

Im Widerstand gegen das Männerbild der »Gender-Ideologen« treffen sich individuelle Lebenshilfe und politisches Programm der Manosphere. Männer werden in den Stand des Opfers verwiesen. Gleichzeitig wird ihnen aber der Aufstieg zu alter Größe und Hegemonie versprochen – wenn sie sich an die strengen Ratschläge der Influencer halten.

Gruppen wie die amerikanischen »Proud Boys« ästhetisieren und politisieren Einstellungen und Botschaften der Manosphere. Sie stellen durch Codes und Kleidung Wiedererkennbarkeit her und übersetzen den Frust der Einzelnen in eine gemeinsame Widerstandserzählung. Es geht nicht nur darum, die eigene Männlichkeit zu formen, sondern auch darum, sie gegen die ständige Bedrohung des feindlichen Feminismus zu verteidigen. Weil der Feminismus eine Bewegung ist, weil die »Woken« die »natürliche Männlichkeit« zerstören wollen, muss die individuelle Re-Maskulinisierung in den gemeinsamen Kampf überführt werden.

Die Proud Boys haben sich als Gruppe, die Donald Trump

unterstützt, einen Namen gemacht. Bei einer Fernsehdebatte im Wahlkampf 2020 sprach er sogar direkt zu ihnen: »Stand back and stand by« – haltet euch zurück und haltet euch bereit. Am 6. Januar 2021, dem Tag des Sturms auf das Kapitol, standen Mitglieder der Proud Boys an vorderster Front.

Die Positionen der Manosphere finden in den Programmen der rechtspopulistischen Parteien Anknüpfungspunkte. »Die Freiheit verteidigen – Nein zur absurden Gender-Politik der Luxuslinken«, fordert die Schweizerische SVP.[177] Hypermoralisierung, Gängelung, Beschneidung der Meinungsfreiheit, das alles aufgrund einer wissenschaftlich haltlosen Ideologie: Für die Rechtspopulisten geht es im Kampf gegen das Thema Gender nicht nur um Gleichstellungspolitik. Sie sehen sich auch hier als Verteidiger des gesellschaftlichen Normalzustands, während ihre Gegner einer Art Kult anzuhängen scheinen. »Luxuslinke«, »Gender-Ideologen«, »Woke« und »Cancel Culture« – solche Begriffe werden praktisch synonym verwendet. »Das übergeordnete Dogma sind hochmoralisierte Inhalte unter der Annahme, dass, wenn sich jemand in seinen Gefühlen bedrängt fühlt, er bestimmen darf, was nun gilt und was nicht«, schreiben die Schweizer Rechtspopulisten. Übersetzt: »Gender-Politik« bedeutet, die »natürliche« Ordnung, die Gültigkeit der Naturwissenschaft (etwa zur Geschlechterbiologie), nur auf Grundlage der eigenen »Gefühle« infrage zu stellen.

Für die Rechtspopulisten ist die »Gender-Ideologie« damit schlicht indiskutabel. Sie verweisen auf Gefühle und behaupten damit, dass es um individuelle Befindlichkeiten geht. Kompromisse mit ihren politischen Gegnern sind dadurch nicht mehr möglich, denn die stehen in den Augen der Populisten außerhalb jedes vernunftgeleiteten Diskurses.[178] Und zugleich sind sie »Schneeflocken«, über die man sich lustig machen kann und deren Befindlichkeiten man nicht ernst nehmen muss.

Die Rechtspopulisten könnten die »Gender-Ideologen« belächeln, wenn sie die allgemeine Lage nicht für sehr ernst halten würden. Denn die Migration in den Westen, vor allem aus islamisch geprägten Ländern, deuten sie nicht nur als Zersetzung der eigenen Kultur, sondern als Gefahr für Leib und Leben – vor allem für Frauen.

»Mehr als zwei Drittel der Asylanten, die in die Schweiz kommen, sind junge Männer«, schreibt die SVP. »Die meisten von ihnen haben keinen Asylgrund und stammen aus einer frauenverachtenden Kultur. (…) Die Folgen tragen die Frauen in der Schweiz: Sie werden brutal angegriffen, sexuell belästigt, genötigt und vergewaltigt. Viele Frauen bezahlen diese fehlgeleitete Politik sogar mit ihrem Leben.«[179]

Die Strategie der Rechtspopulisten funktioniert so: Sie greifen in den Medien prominent dargestellte Fälle krimineller Ausländer auf oder beziehen sich auf die Kriminalstatistik. Daraus entwickeln sie dann eine existenzielle Bedrohungslage, gegen die die politischen Eliten nichts unternehmen – sei es aus Unfähigkeit, falscher Humanität oder weil sie von der gesellschaftlichen Zersetzung profitieren, wie es das Narrativ des »Großen Austauschs« unterstellt. Frauen stellen die Rechtspopulisten als besonders vulnerable Gruppe in den Mittelpunkt. So inszenieren sich die Populisten selbst als einzige Mahner gegen den politischen Mainstream.

In der Schweiz etwa machen Asylbewerber 2022 weniger als fünf Prozent der gesamten polizeilich registrierten Beschuldigten im Bereich sexualisierter Gewalt aus.[180] Im selben Jahr halten sich rund 75.900 anerkannte Flüchtlinge im Land auf.[181] Nur ein verschwindend geringer Teil, etwa 0,21 Prozent der Asylbevölkerung, wird in der Schweiz solcher Straftaten beschuldigt. Wie beim Thema Kriminalität allgemein, so geht es den Rechtspopulisten aber auch bei Sexualstraftaten darum, dass Geflüchtete und Zuwanderer überhaupt Verbrechen begehen. Ihr Argument ist deshalb der Vergleich zwischen Schweizern und Asylbewerbern. »Die Schweiz darf kein Eldorado für Kriminelle werden«, fordert die SVP.[182] Tatsächlich liegt der Anteil der Schweizer Beschuldigten einer Sexualstraftat etwa um das Zehnfache niedriger als der der Asylbewerber. Dafür kann es jedoch unterschiedliche Gründe geben – etwa den, dass Ausländer häufiger angezeigt werden, wie der Gewaltforscher Dirk Baier nahelegt.[183]

Aber in der Erzählung der Rechtspopulisten geht es darum, dass Geflüchtete und Migranten »unsere« Frauen bedrohen. Hier trifft das archaische Männerbild, das in der Manosphere gepflegt wird, auf ein ebenso einfaches Frauenbild: Frauen sind hier passive Opfer, die der Bedrohung durch »Migranten« ausgeliefert sind. Die »eigenen« Männer müssten sie beschützen – aber sie können es nicht mehr, weil sie von der »Gender-Ideologie« verweichlicht wurden. In Deutschland zeigt Björn Höcke in einer Rede vom November 2015, wie der Bogen zwischen einer Rückkehr zu traditioneller Geschlechterpolitik und der Rettung der nationalen Kultur geschlagen werden soll:

»Das große Problem ist, dass Deutschland, dass Europa ihre Männlichkeit verloren haben. Ich sage: Wir müssen unsere Männlichkeit wiederentdecken. Denn nur, wenn wir unsere Männlichkeit wiederentdecken, werden wir mannhaft! Und nur, wenn wir mannhaft werden, werden wir wehrhaft. Und wir müssen wehrhaft werden, liebe Freunde!«[184]

So gehen Anti-Gender-Ideologie und Ablehnung von Migranten im Rechtspopulismus Hand in Hand.

Eine Studie des Progressiven Zentrums hat gezeigt, dass es häufig einsame junge Männer sind, die durch das Internet mit Verschwörungstheorien in Kontakt kommen und autoritäre Einstellungen entwickeln.[185] Sie radikalisieren sich in Foren und Chatgruppen und treffen dort auf Gleichgesinnte. Ihre Wut und ihr Frust erscheinen ihnen nicht mehr nur als persönliche Probleme, sondern als Ergebnis einer gesellschaftlichen Entwicklung, unter der sie leiden, weil sie Männer sind. Die Rechtspopulisten reichen ihnen die Hand, indem sie beides anbieten: einerseits eine düstere Beschreibung der Welt, in der junge Männer die Ursachen ihrer eigenen Situation erkennen und im Schicksal anderer gespiegelt sehen. Und andererseits eine Selbstoptimierung, die Männlichkeitsnormen politisiert und in den Kontext der nationalen Sache stellt. Die Rechtspopulisten haben die Strategien der Manosphere-Influencer längst für sich entdeckt. Und sie geben ihren Ratschlägen einen noch deutlicheren politischen Spin.

Das sieht bei Maximilian Krah, dem AfD-Spitzenkandidaten zur Europawahl 2024, so aus: »Echte Männer sind rechts, echte Männer sind Patrioten«, bekräftigt er auf der Videoplattform TikTok.[186] Und ergänzt auch gleich, warum: »Dann klappt's auch mit der Freundin.« So hingegen sollen »echte Männer« nicht sein: »Schau keine Pornos, wähl nicht die Grünen, geh raus an die frische Luft, steh zu dir, sei selbstbewusst, guck geradeaus.«

Der Antifeminismus, der diese Gruppen eint, beschränkt sich nicht allein auf männliche Akteure. Teil des AfD-Gründungsnetzwerks 2012 und 2013 war auch der von Beatrix von Storch geführte Verein »Zivile Koalition«, der unter anderem forderte, traditionelle Familien zu bevorzugen und sich gegen »Gender-Lobbygruppen« und vermeintliche »Frühsexualisierung« zu stellen.

Die Rechtspopulisten propagieren auf diese Weise nicht nur Männer-, sondern auch Frauenbilder. Ihr Idealbild ist eine Frau, die zwar selbstbewusst auftritt, aber zugleich ihre »natürliche« Rolle kennt; vor allem eine, die für traditionelle Werte steht und diese gegen die Verirrungen des Zeitgeistes verteidigt. In den USA denkt man an Sarah Palin, die sich als Kandidatin für die Vize-Präsidentschaft im Wahlkampf 2008 als »Pitbull mit Lippenstift« und im gleichen Atemzug als »Hockey Mom« präsentierte[187] – eine Mutter also, die sich ganz der Familie, dem Haushalt und der Kindererziehung widmet und ihren Nachwuchs zu Sportveranstaltungen begleitet. Das Bild der Hockey Mom (oder auch: Soccer Mom) suggeriert Aufopferung und Loyalität.

Rechtspopulistische Bewegungen werden zwar überdurchschnittlich häufig von Männern gewählt, aber Frauen wie Sarah Palin und Giorgia Meloni, die karriereorientiert sind und traditionelle Geschlechterbilder vertreten, sagen klar: Wir sind normal – so wie ihr anderen normalen Frauen. Dabei schwingt auch immer das Feindbild jener mit, die diese Normalität angeblich zu untergraben suchen. Auch diese Form der Weiblichkeit wird damit zum Mobilisierungswerkzeug der Rechtspopulisten.

Für ein traditionelles Rollen- und Familienbild zu stehen, ist nicht per se rechtspopulistisch. Es gehört vielmehr zu fast allen Spielarten des Konservatismus dazu. Homosexuelle Paare rechtlich nicht gleichzustellen oder kinderreiche Familien finanziell zu prämieren, kann man unterstützen oder rückständig finden. Populistisch werden solche Positionen dann, wenn sie als Krisenszenario genutzt werden, in der eine Gruppe von »außen« – die Woken, die Gender-Ideologen, die Third-Wave-Feministinnen, die Asylsuchenden und Migranten – »uns hier drinnen« bedroht: uns normale Männer, uns normale Frauen, uns normale Familien. So reiht sich die Geschlechterpolitik der Rechtspopulisten ein in ihre Erzählung von Zerfall und Widerstand – und findet in den Ratschlägen der Influencer und der Traditionalität weiblicher Führungsfiguren ihre Lifestyle-Entsprechung.

DESTROY THE FINANCIAL DISTRICT, GODZILLA

Europawahlen sind immer für Überraschungen gut. Viele Wähler erachten sie als nicht so wichtig und gehen einfach nicht hin. Andere nutzen sie, um den Parteien einen Denkzettel auszustellen. Oft gewinnen die Ränder.

Was aber 2014 in Griechenland passiert, ist nicht weniger als ein Erdbeben.

In dieser Nacht liegen die beiden großen griechischen Parteien darnieder. Die Konservativen verlieren über neun Prozentpunkte. Doch das ist nichts gegen das Schicksal der Sozialdemokraten. Sie büßen fast 29 Prozentpunkte ein.

Gewinner sind die vormals kleinen und die neuen Parteien, allen voran das Linksbündnis Syriza unter ihrem jungen Anführer Alexis Tsipras, das die Wütenden, Enttäuschten, Besorgten mobilisiert. Der Umschwung nach links hatte sich schon bei der Parlamentswahl 2012 angedeutet, als die Partei zweitstärkste Kraft wurde. Syriza versammelt die Verlierer und die Verunsicherten durch die Eurokrise, die Griechenland besonders hart getroffen hat, hinter sich. Die Staatsverschuldung liegt 2012 bei über 300 Prozent des Bruttoinlandsprodukts. 2013, ein Jahr vor der Europawahl, lag die Arbeitslosigkeit insgesamt bei rund 27,5 Prozent,[188] die Jugendarbeitslosigkeit sogar bei fast 65 Prozent.[189] Nicht nur die Schulden- und Wirtschaftskrise macht Griechenland zu schaffen, sondern auch die Auflagen der internationalen Geldgeber. Die Troika, bestehend aus EU, Internationalem Währungsfonds und Europäischer Zentralbank, war international Verhandlungspartner und auf der innenpolitischen Bühne Gegner. Insbesondere die deutsche Regierung wurde zum Hassobjekt und die von Angela Merkel und ihrem Finanzminister Wolfgang Schäuble eingeforderte Austeritätspolitik – um Zahlungs- und Wettbewerbsfähigkeit wiederherzustellen, sollte der Staat seine Ausgaben drastisch reduzieren – zum Symbol für Drangsalierung und Armut.

Tsipras, der Oppositionsführer, machte die Europawahl zur Volksabstimmung. Wir hier unten gegen die da oben.

»Das Griechenland des Volkes, Ihr Griechenland, unser Griechenland, steht jetzt bereit. Nicht auf den Fluren Berlins und in den Kellern von Cannes. Die Orte, an denen Premierminister ernannt werden und Regierungen das Vertrauen von Barroso (EU-Kommissionspräsident José Manuel Barroso, M. L.) und den liebevollen Blick von Frau Merkel suchen. (Das Volk ist) auf den Straßen und auf den Plätzen für demokratischen Widerstand und einen Kampf um Überleben und Würde, arbeitet hart, um eine Kultur der Freiheit und eine Vision sozialer Gerechtigkeit zu schaffen.«[190]

Es ist die Hochphase des europäischen Linkspopulismus, sagt man und meint damit vor allem Spanien und Griechenland. Auf der Iberischen Halbinsel hatte sich erst kurz vor der Europawahl eine Gruppierung namens Podemos gegründet. Bei der Europawahl 2014 gelingt ihr mit beinahe acht Prozent ein Achtungserfolg. Bei Wahlen zum spanischen Parlament sollte sie zwischenzeitlich auf über 20 Prozent anwachsen und eine sozialdemokratische Minderheitsregierung stützen.

Linkspopulisten gewinnen in der zweiten Dekade der 2000er deshalb in Südeuropa, weil die Arbeitsmärkte dort gegenüber Migranten stärker abgeschottet sind als im Westen und Norden.[191] Die Zuwanderer finden in weniger gut abgesicherten Bereichen Beschäftigung und konkurrieren außerdem nicht um hohe sozialstaatliche Leistungen. Deshalb funktionierte die Strategie der Linkspopulisten, die sozialen Errungenschaften dieser Länder gegen den Zugriff »von oben« – in Griechenland etwa durch die Troika – zu verteidigen. Die Ablehnung von Zuwanderung spielte zu diesem Zeitpunkt eine untergeordnete Rolle.

Im Gegensatz zu seinem rechten Pendant ist der Linkspopulismus gesellschaftlich hoffähig. Die Reichen und Mächtigen anzuprangern, zu karikieren, verächtlich zu machen, das ist Teil der Popkultur. Im Computerspiel »Super Godzilla«, 1994 für den SNES erschienen, wird der Spieler ermutigt, mit dem Monster die Wolkenkratzer der Mächtigen niederzutrampeln: »Go ahead and destroy the financial district Godzilla. Make the people happy.«[192] Wikipedia benennt ganze acht Songs, die »Eat the Rich« heißen, darunter von so großen Namen wie Motörhead und Aerosmith.[193] Die »Oberen Zehntausend« werden in Filmen, Büchern, Musik als Feinde der einfachen Leute dargestellt.

Soziale Gerechtigkeit bewegt. Es gibt nachweislich eine deutliche Ungleichheit in der Vermögensverteilung der Welt. Zwischen 1995 und 2021 entfielen 38 Prozent des globalen Vermögenswachstums auf das reichste Prozent der Menschheit, während die unteren 50 Prozent nur an zwei Prozent des

Wachstums Anteil hatten.[194] Oftmals unterstellen liberale Beobachter – und auch Rechtspopulisten – denjenigen, die solche Befunde verbreiten, eine Neiddebatte entfachen zu wollen. Aber konzentrierter Reichtum hat Konsequenzen für den sozialen Zusammenhalt und das Wohlergehen des Planeten. Die reichsten zehn Prozent haben mit Abstand den größten CO_2-Ausstoß zu verzeichnen,[195] und während die Wirtschaft in der Pandemie einbrach, wurden Superreiche noch vermögender – zu einem großen Teil aus Aktiengeschäften.[196] Laut einer Studie der Hans-Böckler-Stiftung wird Reichtum immer weniger aus Arbeitseinkommen generiert, sondern entsteht aus bereits vorhandenem Vermögen, etwa in Gestalt von Immobilien.[197] Hinzu kommt, dass Wohlstand stark von sozialem Status abhängt. In den Vereinigten Staaten beispielsweise sind Afroamerikaner durchschnittlich deutlich weniger wohlhabend als Weiße. Zurückzuführen ist das auf die jahrhundertelange Diskriminierung und Segregation, durch die Schwarze bis zum heutigen Tag eine schlechtere ökonomische Ausgangsposition haben.[198]

Soziale Ungleichheit berührt nicht nur ein moralisches Problem – in der Tat kann man trefflich darüber streiten, ob wenige Menschen ein so großes Vermögen haben dürfen, während andere in bitterer Armut leben müssen. Dass diese Ungleichheit auch reale Auswirkungen auf die Demokratie hat, ist lange bekannt.[199] In Ländern mit starker Einkommensungleichheit sind die Menschen im Schnitt weniger zufrieden mit der Demokratie und haben weniger Vertrauen in die Politik.[200] Entscheidend scheint dabei zu sein, dass viele Menschen vor allem die Ursachen für die ungleiche Reichtumsverteilung für unfair halten.[201] Nicht Reichtum an sich ist für sie das Problem, sondern wie er generiert wird. Hinzu kommt, dass höher gebildete und sozial besser situierte Gruppen nicht nur in den

Parlamenten überrepräsentiert sind, sondern ihre Interessen von der Politik auch stärker wahrgenommen werden.[202]

Wie jeder Populismus macht auch seine linke Variante ein komplexes Problem zu einem Kampf zwischen der eigenen und einer feindlichen Gruppe. Hier unten »das Volk«, da oben die Reichen und Mächtigen, die konservativen, liberalen und rechten Parteien, die ihre Interessen vertreten, die Institutionen internationaler Finanz- und Wirtschaftspolitik und ganz allgemein: die Kapitalisten.[203] Manche Linkspopulisten sind aus den alten kommunistischen Parteien hervorgegangen, wie etwa die niederländische Socialistische Partij; andere, wie beispielsweise Podemos, sind tatsächlich Neugründungen.[204] Eines haben sie gemeinsam: Sie haben die marxistisch-leninistische Ideologie, die die radikale Linke in Europa über Jahrzehnte prägte, gegen den Populismus eingetauscht. Das heißt: Sie sind sowohl von der Klassenidee als auch von der Revolution als Triebkraft der Geschichte abgerückt. Sie streben nicht die Überwindung des Systems an, sondern die Durchsetzung der Interessen des »Volkes« gegen die Eliten. Und das Volk ist nicht die Arbeiterklasse, sondern die Marginalisierten, Abgehängten und sozial Benachteiligten. Die können aus ganz unterschiedlichen Schichten kommen. Im Gegensatz zum Rechtspopulismus denkt die populistische Linke nicht in einem quasi-natürlichen Volksbegriff. Ihr geht es darum, dass diese unterschiedlichen Menschen alle ein soziales, politisches Interesse haben, dass sie von den Mächtigen und Reichen unterdrückt werden und dass ihre Anliegen zusammengeführt und mobilisiert werden müssen.[205] Der linke US-Senator und ehemalige Präsidentschaftskandidat Bernie Sanders beschwört den Zusammenhalt derjenigen, die von sozialer Ungerechtigkeit betroffen sind und sich dagegen auflehnen, so:

»Lassen Sie uns begreifen, dass wir immer gewinnen werden, wenn wir zusammenstehen. Wenn Männer und Frauen gemeinsam für Gerechtigkeit eintreten, gewinnen wir. Wenn schwarze, weiße und hispanische Menschen gemeinsam für Gerechtigkeit eintreten, gewinnen wir.«[206]

Im September 2011 rief die Occupy-Wall-Street-Bewegung dazu auf, den Zuccotti Park im Finanzdistrikt von New York zu besetzen. Tausende Menschen kamen. Es gab kein konkretes Programm, hinter das sich die gesamte lose Gruppe hätte stellen können. Es tauchten lediglich innerhalb von OWS immer wieder politische Forderungen auf, die manche Teilnehmer teilten, andere nicht.

Aber trotzdem – oder gerade deshalb – funktionierte die populistische Strategie. Denn die Bewegung sprach von sich als den »99 Prozent« – der überwältigenden Mehrheit der Menschen, die jenem einem Prozent gegenüberstehen, das den Großteil des Vermögens besitzt.

»OWS war in diesem Sinne eine populistische Mobilisierung. Sie nutzte das weitverbreitete Gefühl, das Volk zu sein, das rechtmäßige Fundament der Gesellschaft zu sein und ignoriert zu werden. Unterschiedliche Themen boten unterschiedliche Türen zu einem gemeinsamen Gefühl, dass Menschen missachtet und mit Verachtung behandelt werden.«[207]

Es ist kein Wunder, dass Linkspopulisten in Europa oft von Menschen gewählt werden, die die Europäische Union ablehnen und die im Gegensatz zu dem, was Parteien wie Podemos oder Syriza vertreten, negative Einstellungen gegenüber Einwanderung haben.[208] Der Populismus, selbst wenn er nicht fremdenfeindlich ausbuchstabiert wird, zieht offenbar jene an, die sich selbst für das »wahre Volk« halten – politisch und kulturell. Und gleichzeitig sind diejenigen, die die Linkspopulisten unterstützen, auch oft die, die wirklich unter den Folgen der Globalisierung leiden, finanzielle Probleme haben und mit Besorgnis auf die wirtschaftliche Entwicklung blicken.

Der Anspruch, dass das Volk durch die Partei unmittelbar herrscht, führt auch bei den linken Populisten oft zu einer Geringschätzung demokratischer Strukturen und Prozesse. Zum Beispiel in Griechenland: Dort besetzte die linkspopulistische Syriza die staatlichen Institutionen rasch mit ihren eigenen Anhängern.[209] Bemerkenswerter noch: Die Regierung ernannte eine mit ihren eigenen Unterstützern besetzte Kommission, die öffentliche Debatten zu einer geplanten Verfassungsreform initiieren sollte.[210] Die wiederum sah auch tatsächlich vor, den Bürgern mehr Mitbestimmungsrechte zu geben, etwa durch direkte Demokratie oder die Direktwahl des Präsidenten. Der Weg dorthin sollte aber an den Institutionen vorbeiführen. Anstatt, wie vorgesehen, die Ausarbeitung dem Parlament zu überlassen, zog die Regierung die Initiative an sich und wandte sich direkt ans Volk. Das war aus ihrer Sicht auch folgerichtig, denn sie selbst repräsentierte das Volk ja auch. Wieso also den langsamen, debattenreichen Umweg über die Legislative gehen?

Das Vorgehen der Syriza ist ein Beispiel dafür, wie Populisten die demokratischen Institutionen umgehen, um »echte« Demokratie – deren Federführung sie als »Stimme des Volkes« selbst übernehmen – zu implementieren. Im Linkspopulismus fallen populistisches Demokratieverständnis und progressive Inhalte zusammen.

So auch in der deutschen Partei Die Linke. Sie vereinte immer beides in sich: auf der einen Seite pragmatische Strömungen. Mitglieder und Funktionäre, die zwar der alten SED entstammten, sich aber schnell an die neuen, demokratischen Institutionen im Osten gewöhnten. Auf der anderen Seite war sie im Westen bis zur Vereinigung mit der Wahlalternative Arbeit und Soziale Gerechtigkeit (WASG) eine Splitterpartei und rekrutierte sich zu einem großen Teil aus kommunistischen Gruppen und Aktivistenmilieus. Gerade beim Protest gegen die rot-grüne Arbeitsmarktpolitik Mitte der 2000er diente dann der Populismus als Kitt für die Partei. Sie beschrieb sich als einzige Alternative zu den »Hartz-IV-Parteien« und geißelte alle anderen als neoliberales Kartell.

Inzwischen ist Die Linke in der Bundesrepublik geschwächt und gespalten. Zugleich wird mit dem »Bündnis Sahra Wagenknecht« der Versuch gemacht, ökonomisch linke und gesellschaftlich eher rechte Politik miteinander zu verbinden. Geeint ist die neue Partei durch ihr populistisches Profil. Das ist für die deutsche Linke keine neue Erfahrung. Im Bundestagswahlkampf 2005 führte der ehemalige SPD-Politiker Oskar Lafontaine die offene Liste der Linkspartei.PDS an. Bei einer Wahlkampfrede in Chemnitz hatte er von »Fremdarbeitern« gesprochen, die Deutschen die Arbeitsplätze wegnehmen. Georg Fürböck, der damalige Sprecher der WASG in Nordrhein-Westfalen, fand die Wortwahl »unglücklich«, aber: »Dass Lafontaine ein begnadeter Populist ist, das wussten wir doch.«[211]

Wie begnadet Sahra Wagenknecht als Anführerin ihrer eigenen Partei ist, muss sich bei den kommenden Wahlen zeigen.

Obwohl das Problem der sozialen Ungleichheit nicht gelöst ist, ist der linke Populismus gegenüber dem rechten ins Hintertreffen geraten. Das hat viele Gründe. Vielerorts gelang es Regierungen, die größten Härten der Euro-Krise abzufedern. In

Griechenland hat sich die Arbeitslosigkeit gegenüber 2013 inzwischen mehr als halbiert. Der von Armut bedrohte Bevölkerungsanteil, der im Krisenjahr noch bei fast 37 Prozent lag, ist inzwischen auf etwas über 27 Prozent gesunken – Tendenz weiter fallend.[212] Ähnliche Aufwärtsbewegungen sind in Spanien zu verzeichnen.[213] Hinzu kommt, dass linke Parteien häufig keine Antwort auf den Zuzug der Flüchtlinge ab 2015 anzubieten hatten. Man verstrickte sich in Abwehrkämpfe gegen die agilen Rechtspopulisten, hielt die Fackel des Humanismus hoch, wagte sich aber lange an die harten Verteilungsfragen nicht heran, die die Rechtspopulisten begierig aufgriffen und zur nationalen Krise hochjazzten. Die Linkspopulisten sind nicht verschwunden, sondern haben sich auf niedrigerem Niveau etabliert. Doch die Luft ist raus.

DIGITALER SCHEINKONSENS

Für Parteien und Politiker war das Internet lange Zeit eine Art »Wahlplakat auf dem Bildschirm«. Sie präsentierten ihre Inhalte auf eigenen Webseiten oder in Newslettern. Der direkte, öffentliche Austausch mit Bürgern im Netz hingegen spielte zunächst eine untergeordnete Rolle. Auf manchen Internetseiten gab es vielleicht ein »Gästebuch« oder man stellte per E-Mail eine Frage, aber sowohl Gästebucheinträge als auch Mails konnten unbeachtet und unbeantwortet bleiben.

Soziale Medien sind, auch wenn es uns länger vorkommen mag, ein relativ neues Medium. Facebook existiert seit 2004, X (vormals Twitter) seit 2006, Instagram gibt es seit 2010. Die inzwischen gerade unter jüngeren Anwendern populäre Videoclip-Plattform TikTok kam 2016 hinzu, also vergleichsweise spät. Explosionsartig sind ihre Nutzerzahlen angestiegen. Weltweit hat Facebook fast drei Milliarden Nutzer, zwei Milliarden verwenden Instagram, TikTok hat über eine Milliarde registrierte User.[214] Dass digitale Plattformen die Kommunikation im Internet tiefgreifend verändert haben, ist inzwischen eine Binsenweisheit. Das Web 2.0 zeichnet sich dadurch aus, dass Nutzer selbst Informationen erstellen und verbreiten können. Sie schreiben Beiträge, teilen und kommentieren die Kommentare anderer, inszenieren sich in Bildern und Videos.

Den Parteien sind soziale Medien oftmals vor allem eins: lästig. Denn die Formate dort verlangen oft nicht nur nach besonders überspitzter, einfacher und kurzer Darstellung von Sachverhalten, sondern funktionieren auch am besten, wenn sie emotional, witzig, dramatisch, ein wenig »verrückt« dargestellt werden – alles schwierige Anforderungen an politische Kommunikation. Sich bei der Ice-Bucket-Challenge einen Eimer mit Eiswürfeln über den Kopf zu schütten, zum Wednesday-Addams-Song zu tanzen oder auch nur binnen maximal 30 Sekunden den Bundeshaushalt so zu erklären, dass die Nutzer nicht sofort weiterscrollen, mag zwar die Klickzahlen hochtreiben, vermittelt aber kaum politische Inhalte und dürfte vielen unangemessen erscheinen. Kein Wunder, dass Politiker sich beispielsweise auf Instagram eher mit Daumen-hoch-Bildern begnügen und »Gute Gespräche beim Kreisverband Rosenheim-Land« notieren. Denn darin liegt immerhin noch ein Bericht aus der eigenen Arbeit – aber langweilig ist es für viele eben auch.

Ernste politische Sachverhalte mit dem zu vereinbaren, was die Algorithmen der Social-Media-Plattformen ausspielen und befördern, scheint fast unmöglich. Politiker sollen ihre Arbeit über die digitalen Plattformen einem großen Publikum zugänglich machen, sich selbst und ihre Aufgabe dabei aber nicht der Lächerlichkeit preisgeben.

Natürlich findet hier auch ein Generationswechsel statt. Jüngere Politiker wachsen mit sozialen Medien auf und integrieren sie ganz selbstverständlich in ihre eigene Arbeit. Aber auch für manch etablierte Politiker sind die Plattformen unverzichtbar. US-Präsident Biden erklärt seine Arbeit auf X, gern eingeleitet mit einem nahbaren »Folks, ...« (Leute). Für seinen Kontrahenten Donald Trump war das Netzwerk, das damals noch Twitter hieß, ein unverzichtbares Kommunikationsinstrument. Ihm folgten rund 88 Millionen Accounts – eine Plattform von gigantischer Reichweite.[215] Als man ihn von dort verbannte, gründete er seine eigene Plattform namens »Truth Social«, auf der er direkt mit seinen Anhängern kommuniziert – quasi in einem geschützten Raum. Im Sommer 2023 rangierte deren Nutzerzahl bei rund 600.000.[216]

Die Populisten haben mit sozialen Medien weitaus weniger Berührungsängste als die etablierten Parteien. Sie haben ihr Potenzial früh für sich erkannt.

Digitale Plattformen sind für die Populisten deshalb so attraktiv, weil sie den Scheinkonsens, auf dem die Anziehungskraft des Populismus zu einem großen Teil beruht, simulieren und für die Nutzer erlebbar machen. Dass man ja eigentlich in der Mehrheit sei, denkt man in sozialen Medien besonders schnell. Man trifft dort auf Parteien, die sagen, was man denkt, und man begegnet massenhaft Usern, die in Kommentaren, Bildern und Videos Gedanken ausdrücken, die man selbst hat.

Wie das aussieht, zeigt der TikTok-Account der AfD im Bundestag, der Ende 2023 rund 351.000 Follower hat und damit mit Abstand der größte Account unter den deutschen Parteien ist. Zum Vergleich: Die SPD-Fraktion kommt auf etwa 85.000 Follower.

Die AfD stellt vor allem Ausschnitte aus den Bundestagsreden und Presseerklärungen ein, jeweils garniert mit knackigen Slogans.

»Die Bürger werden komplett über den Tisch gezogen!«

»Baerbock ist eine einzige große Peinlichkeit!«

»Wir brauchen die Festung Europa!«

»Alle EU-Beamte rausschmeißen!«

Hinzu kommen zahlreiche Unterstützervideos, in denen andere Nutzer sich dabei filmen, wie sie die Beiträge der AfD schauen und kommentieren.

Der Medien- und Kommunikationswissenschaftler Paolo Gerbaudo erklärt das Vorgehen populistischer Parteien wie folgt:[217] Auf der einen Seite geben sie ihren Anhängern die Möglichkeit, sich unter Posts zu »versammeln«, sich gegenseitig zu bestätigen, einen gemeinsamen Feind zu bekämpfen und sich der Unterstützung für ihre Partei zu versichern. Auf der anderen Seite bieten digitale Plattformen die Möglichkeit, sich zu artikulieren, sich selbst eine Stimme zu geben, sich Gehör unter Gleichgesinnten zu verschaffen und die Informationen zu konsumieren, die das eigene Weltbild bestätigen. Dass sich andere dagegen positionieren, bestätigt zusätzlich, dass die eigene Position richtig ist.[218] Was entsteht, ist ein digitaler Scheinkonsens, den die Populisten nutzen. Die schiere Anzahl ihrer User trägt symbolisch dazu bei, dass die Populisten sich als vox populi inszenieren können. Unterschwellig sagen sie damit auch: Seht her, hier werden wir gehört und kommen als Gleichgesinnte zusammen, während die etablierten Medien uns ignorieren und zensieren. Wenn wir hier schon so viele sind, dann müssen wir wirklich die schweigende Mehrheit sein – aber da draußen werden wir missachtet und stigmatisiert.

Das Bild ist etwas schief, aber man kann sich Politik in sozialen Netzwerken vielleicht wie einen samstäglichen Marktplatz vor einer wichtigen Wahl vorstellen. Alle Parteien sind dort mit Ständen vertreten; insgesamt etwa ein Dutzend Mitglieder verteilen Wahlprogramme, Flyer und kleine Geschenke. Potenzielle Wähler gehen an den Ständen vorbei, nehmen einen Kugelschreiber entgegen und schauen sich das Material an; manche kommen mit den politisch Aktiven ins Gespräch.

Die populistische Partei hat ein Megafon dabei und 50 Leute zusammengetrommelt. Die skandieren nicht nur Parolen, sondern verwickeln sowohl die Unterstützer der anderen Parteien als auch unbeteiligte Bürger in Gespräche. Äußern sich andere Wahlkämpfer, sind gleich vier Sympathisanten der Populisten zur Stelle und schreien den Sprecher nieder. Als eine Bürgerin den Populisten Paroli bietet, wird sie als »Volksverräterin«, »eine von denen« und »U-Boot« beschimpft.

Dass die Populisten die digitalen Plattformen intensiver nutzen als andere Parteien, wirkt auch in ihre analoge Kommunikation hinein. Im Bundestag sprechen die Abgeordneten der AfD nicht nur zum Plenum – ihre Reden sind nicht einfach Debattenbeiträge, sondern Material für die digitale Weiterverbreitung. Die AfD betreibt auf YouTube einen Kanal namens »AfD TV« mit rund 232.000 Abonnenten.

Mittlerweile versammeln sich die Populisten auch bei Messengerdiensten wie Telegram, auf denen ihre Anhänger sich anonym und unter ihresgleichen austauschen können. Abschottung heißt die Devise. Geschützte Räume für die schweigende Mehrheit. Insbesondere im Kontext der COVID-19-Pandemie wurden die Messenger dafür genutzt, der Wut auf die Regierung freien Lauf zu lassen, Verschwörungstheorien und Falschinformationen zu verbreiten und pseudowissenschaftliche Alternativmodelle kursieren zu lassen.[219] Im abgeschotteten Raum und unter dem Schutz der Anonymität erging man sich nicht selten in Gewaltfantasien gegen Politiker. Der deutsche Gesundheitsminister Karl Lauterbach war im Netz immer wieder Schmähungen und Drohungen ausgesetzt. Aufgrund seiner Position in der Coronapolitik gilt er denen, die sich von den Maßnahmen der Regierung gegängelt fühlten, als Hassfigur. Das geht so weit, dass sich auf Telegram eine Gruppe aus Reichsbürgern und Coronaleugnern zusammenfand, die Lauterbach ermorden wollte.[220]

Gewaltfantasien sind im Netz keine Seltenheit. Weil man in sozialen Netzwerken mit Gleichgesinnten kommuniziert und in seinen Ansichten oft bestätigt wird, finden politische Gewalttäter darin sowohl eine Legitimationsquelle für ihr Handeln als auch eine Möglichkeit, sich als Gruppe zu organisieren.[221] Nach dem Überfall auf das US-Kapitol vernetzten sich gewaltbereite Extremisten auf Telegram mit dem Ziel, eine Miliz zusammenzustellen. »Das war die erste Schlacht der Zweiten Amerikanischen Revolution. Täuscht euch nicht. Das ist KRIEG«, schrieb ein Anführer, der zuvor auf Instagram dazu aufgerufen hatte, seiner Telegram-Gruppe beizutreten.[222]

Die digitalen Versammlungsorte sind kein reiner Selbstzweck. Die »schweigende Mehrheit«, die weder virtuell bleiben noch auf Dauer schweigen möchte, findet dort zusammen. Auf den öffentlichen Plattformen X, Facebook und TikTok sieht man einander und informiert sich; auf Telegram organisiert man sich. Im digitalen Raum bestätigt man einander in der Wahrnehmung der analogen Wirklichkeit und versichert sich, zur »schweigenden Mehrheit« zu gehören. Der Widerstand gegen »die da oben« wird auf diesen Plattformen vorbereitet.

3.

WIE POPULISTEN SICH INSZENIEREN: WIDERSTAND

Politik als Bedrohungsszenario.
Verschwörung, Zerfall, Apokalypse.
Gewalt im Namen des Volkes.

Mittwoch, der 6. Januar 2021, ist ein durchschnittlich kalter Tag in Washington, D. C. Gerade sechs Grad hat es, der Himmel ist bewölkt, es weht ein leichter Wind. Man würde ihn lieber in geheizten Räumen verbringen als im Freien.

Für heute haben sich die Abgeordneten des Kongresses ein wenig aufregendes Ereignis in die Kalender geschrieben: Die Ergebnisse der Präsidentschaftswahl vom vorherigen November sollen bestätigt werden. Dafür ist das Parlament unter Leitung des Vizepräsidenten Mike Pence zuständig. Die Auszählung der Wahlmännerstimmen ist in den allermeisten Fällen ein formaler, würdevoller Akt, der ohne größere Komplikationen abläuft. Der friedliche Machtwechsel als stille Tradition der amerikanischen Demokratie.

Aber der unterlegene Kandidat dieser Wahl, der noch amtierende Präsident Donald Trump, ist nicht dafür bekannt, eine Niederlage einfach so zu akzeptieren. Er nimmt den Verlust der Präsidentschaft persönlich. Sein Narrativ: Die Wahl ist nicht rechtens abgelaufen. Seit Monaten überzieht er die Gerichte des Landes mit erfolglosen Klagen wegen vermeintlichen Wahlbetrugs. Aber alle juristischen Niederlagen halten ihn nicht davon ab, an seiner Lüge festzuhalten. Sein Herausforderer Joe Biden habe die Wahl nicht gewonnen. Er selbst, Donald Trump, sei nach wie vor der rechtmäßige Präsident. Immer und immer wieder sagt er das, auf allen Kanälen.

Der Präsident klammert sich an sein Amt, und die Wahlbetrugslüge ist sein Rettungsanker. Seine Anhänger glauben ohnehin, dass es bei den Wahlen nicht mit rechten Dingen zugeht.[223] Dazu hat auch Trump selbst seit Beginn seiner Präsidentschaft kräftig beigetragen. Obwohl er 2016 die Mehrheit der Stimmen im Wahlmännergremium erhalten hatte, sprach er immer wieder von illegalen Stimmabgaben.

Als sich Ende 2020 die Bestätigung des Wahlergebnisses nähert, laufen Trump-nahe Kommentatoren Sturm. Der 6. Januar soll ein großer Tag werden. Auf evangelikalen Radiosendern und in sozialen Netzwerken reden sie von »Revolution«. Immer schriller wird die Erweckungs- und Kriegsrhetorik. Wirkmächtige Redner stacheln die Anhänger des Präsidenten an. Sie wollen eine Bewegung. Das amerikanische Volk soll sich erheben und dem betrügerischen Treiben ein Ende setzen. Und wenn die politische Elite in Washington den Mann des Volkes, Donald Trump, aus dem Amt heben will und dafür ihre Waffen nutzt – den angeblichen Wahlbetrug –, dann soll das Volk auch seine Waffen in die Hand nehmen.

Sie reisen an, viele mit flaggenbehängten Autos oder Pickups mit Trump-Stickern; die Bewunderung für den Mann, der für sie Präsident bleiben soll, prangt auf ihren Mützen und Revers. Sie tragen Fahnen vor sich her: das Sternenbanner, die Konföderiertenflagge, die Gadsden-Flag mit der aggressiven Klapperschlange: »Don't tread on me«, steht darauf; zu Deutsch: »Tritt nicht auf mich«. Eine Warnung an alle, die ihnen und ihrem Champion den Sieg nehmen wollen. Eine andere Flagge zeigt ein weißes Sternenbanner auf rotem Grund, der Farbe der Republikaner. »Trump Nation«, heißt es darauf.

Sie sind das Volk, daran soll hier keiner zweifeln. Und sie versammeln sich zur großen Kundgebung. Während die Kongressmitglieder tagen, bejubeln die Menschen draußen ihren Anführer. Schon im Dezember hatte Trump mit der Mobilisierung für diesen Tag begonnen. Jetzt erzählen er und seine

Helfer ihnen ein letztes Mal die Lüge von der verlorenen Wahl. Um sich das Land zurückzuholen, sollen alle zum Kapitol marschieren.

Und die Menschen setzten sich in Bewegung.

Zu sagen, dass von alledem in den Hallen des Parlaments nichts zu spüren ist, wäre falsch. Denn Trump hat längst weite Teile der Republikanischen Partei hinter sich versammelt. Mehrere Senatoren haben Bedenken gegen das Wahlergebnis angemeldet und Einspruch eingelegt. Die Ratifizierung des Wahlergebnisses zieht sich in die Länge. Währenddessen nehmen die Trump-Anhänger Kurs auf das Kapitol. Sie sammeln sich auf dem Hügel. Die rechtsradikalen Proud Boys, die Evangelikalen, die extremistischen Grüppchen, aber auch die vielen Einzelnen, die mit Fahnen, Plakaten und Devotionalien angereist sind: Sie alle glauben, auf der richtigen Seite der Geschichte zu stehen. Sie glauben, dass sich im Kapitol ein historischer Wahlbetrug vollzieht. »Stop the steal!«, skandieren sie.

Kurze Zeit später bricht eine Hölle los, die in tausenden Kamerabildern, auf Handyvideos und Fotos von Reportern um die Welt gehen wird. Die Menschen erstürmen das Parlamentsgebäude, zwängen sich durch die schmalen Türen, liefern sich Scharmützel mit den mutigen, aber überforderten Sicherheitskräften. Beamte liegen am Boden, werden mit Tritten übersät; andere versuchen buchstäblich mit dem Rücken zur Wand, die Angreifer zurückzudrängen. Türen und Fenster werden eingetreten. Die wogende Masse scheint kein Ziel zu haben; einmal im Gebäude, spalten sich Grüppchen und Einzelne ab, besetzen Büros, zerstören Kunstgegenstände. Die Abgeordneten und der Vizepräsident werden eilig in Sicherheit gebracht. Die Randalierer arbeiten sich in den Sitzungssaal vor; sie scheinen wirklich zu glauben, dass die Revolution gelingt. Der »QAnon-Schamane« Jake Angeli Chansley, jener athletische Mann mit Fellmütze, Bisonhörnern und Gesichtsbemalung, sollte eines der bekanntesten Gesichter des Überfalls auf das amerikanische Parlament werden – gerade wegen seiner ungewöhnlichen Erscheinung. Repräsentativer hingegen dürfte ein gewisser Richard Barnett sein. Ein ehemaliger Feuerwehrmann, grauhaarig, Dreitagebart, Flanelljacke, Baseball-Cap. Er räkelt sich im Sessel von Nancy Pelosi, hat die Füße auf ihren Schreibtisch gelegt, als handelte es sich nicht um das Büro der Sprecherin des Repräsentantenhauses, sondern um das Hinterzimmer einer Autowerkstatt.

Chansley und Barnett müssen sich später ebenso wie viele andere Teilnehmer des Sturms auf das Kapitol vor Gericht verantworten. Barnett zumindest hatte anscheinend mit weit Schlimmerem gerechnet. »Ich bin strampelnd und schreiend im Blut von jemand anders auf diese Welt gekommen«, zitiert die »Washington Post« einen Beitrag in den sozialen Medien, den er kurz vorher absetzte.[224] »Ich habe keine Angst, sie auf dieselbe Art wieder zu verlassen.« Ein Jedermann, der sich angesichts der vermeintlich historischen Stunde am eigenen Pathos berauscht und zum Märtyrer einer neuen amerikanischen Revolution werden will.

Am späten Nachmittag des 6. Januar werden die Eindringlinge aus dem Kapitol vertrieben. Weit mehr als hundert Verletzte werden beklagt, die meisten aufseiten der Sicherheitsleute. Trump, der zum Sturm aufgerufen und seine Anhänger später unter öffentlichem Druck zur Zurückhaltung gemahnt hatte, bleibt nicht Präsident der Vereinigten Staaten. Stattdessen sieht er sich mit einer Flut von Anklagen an verschiedenen Gerichten konfrontiert, ebenso wie viele der Aufrührer, die unter anderem Haftstrafen erwarten.

Die Revolution ist ausgeblieben – auch deshalb, weil es Trumps Helfern nicht gelungen war, Schlüsselinstitutionen auf ihre Seite zu ziehen. Gedankenspiele, das Kriegsrecht zu verhängen, verpufften auch deshalb, weil die militärische Führung der USA zur Demokratie stand. Trump, der vier Jahre lang Misstrauen gesät und seine Anhänger zum Sturm mobilisiert hatte, stand letztlich allein da. Die Institutionen der komplexen – und oft unterschätzten – amerikanischen Republik hatten gehalten.

Dennoch zeigte der Schockmoment des Kapitolsturms, wozu Trumps Anhänger bereit waren und sind. Seine Unterstützer reagieren auffallend gelassen auf den versuchten Umsturz, obwohl unter den Randalierern viele genuine Extremisten – QAnon-Gläubige, Oath Keepers, Proud Boys und andere – waren.[225] Während 95 Prozent der demokratischen Wähler die Verantwortung für den 6. Januar vor allem bei Trump sehen, ist es unter den Republikanern nur etwas mehr als die Hälfte. 46 Prozent von ihnen glauben, der ehemalige Präsident trage überhaupt keine Verantwortung für das, was geschehen ist. 38 Prozent finden, dass die Strafen für die Angreifer zu hart ausgefallen seien – im Gegensatz zu Demokraten, von denen 71 Prozent der Ansicht sind, dass die Gerichte noch zu nachsichtig waren.

Trump hatte das Misstrauen in die Institutionen, die Wut auf die politischen Eliten von Anfang an befeuert. Er war mit dem Versprechen angetreten, den »Sumpf« in Washington »auszutrocknen«. Das »Trumpenvolk«, wie es die Forscher J. Eric Oliver und Wendy M. Rahn bezeichnen, glaubte ihm nur zu gern.[226] Zu ihrem Weltbild gehört eine ausgeprägte Abneigung gegenüber denen »da oben«.

Das ist keine amerikanische Besonderheit. Populisten sind bei denen erfolgreich, die geringes Vertrauen in die Politik haben. Über Ländergrenzen und Kontinente hinweg teilen Wähler der FPÖ, der AfD, der Republikaner in den USA und von Jair Bolsonaro in Brasilien ähnliche Einstellungen. Nicht nur, aber zu einem großen Teil ist ihre Unterstützung für die Populisten darauf zurückzuführen, dass die ihrer Verachtung für die Etablierten nicht nur eine Stimme geben, sondern auch versprechen, sie gleich ganz hinwegzuwischen.

Der Sturm auf das Kapitol markiert dabei nur die spektakuläre Spitze einer Bewegung, die sich seit Langem im Widerstand sieht. Denn das Misstrauen der Populisten in die Macht ist umfassend. »Die da oben«, das ist nicht einfach die Regierung, sondern das sind alle, die über politische Macht verfügen. Politiker, Parlamentarier, Richter, teils sogar Wissenschaftler. Für Populisten sind sie alle Teil derselben Polit-Clique. Auch Journalisten und Medien gehören dazu – die »Lügenpresse«.

LÜGEN WIE GEDRUCKT

Wenn Populisten im Fernsehen auftreten, dann wissen sie meist genau, wie sie sich zu verhalten haben. Sie provozieren, produzieren Skandale, sorgen für Aufmerksamkeit. Wenn man ihnen die falschen Fragen stellt, unerbittlich nachhakt, brechen sie oft das Gespräch ab und reklamieren eine unfaire Behandlung. Dabei wissen sie ihre Anhänger auf ihrer Seite. Populisten inszenieren sich als bedrohte Außenseiter. Als die Unbequemen, die als Einzige die Wahrheit sagen.

Björn Höcke, der thüringische AfD-Vorsitzende, griff 2015 in der Talkshow »Günther Jauch« zu einer kleinen, aber wirkungsvollen Geste. Zu Beginn des Gesprächs – und live auf Sendung – langte er in die Tasche seines Jacketts und zog eine Deutschlandfahne heraus, kaum größer als ein Einstecktuch. Zur Verblüffung der anwesenden Gäste und des Moderators breitete er sie auf der Stuhllehne aus. Ein »Bekenntnis« sollte das sein. Natürlich provozierte er damit allseits Gegenrede. Wenn es vier gegen einen hieße, sagte er süffisant, dann wolle er auch die Hälfte der Redezeit. Natürlich bekam er sie nicht. Aber über mangelnde Aufmerksamkeit konnte er sich im Nachgang nicht beklagen. Sein Auftritt schlug in der Presse hohe Wellen. »Wirr«[227] nannte »Die Welt« Höckes Manöver; die »Berliner Zeitung« sprach von »Fremdschämen«.[228] Der »Spiegel« verwies auf das Messerattentat eines Rechtsextremen, das nur zwei Tage vor der Sendung an der neuen Kölner Oberbürgermeisterin und damaligen Kandidatin Henriette Reker verübt worden war.[229]

Höcke hatte erreicht, dass man über ihn sprach. Dass er eine Kontroverse losgetreten hätte, kann man hingegen nicht sagen. Die großen Medien waren sich einig. Höcke und die AfD, der er angehörte, standen allein gegen alle anderen. Eine selbsterfüllende Prophezeiung: Höcke wählte eine Geste, erntete im Studio und im Blätterwald einvernehmlich Widerspruch und war damit genau der Außenseiter, als der er sich bei »Jauch« hatte präsentieren wollen.

Das Verhältnis zwischen Populisten und Medien ist geprägt von Widersprüchen. Denn während sie gerade im Fernsehen gern gesehene Gäste sind – nicht zuletzt, weil sie provozieren und für gute Quoten sorgen sollen –, ist ihre Präsenz insgesamt umstritten und ihre Auftritte erzeugen fast immer Gegenwehr: Moderatoren fragen kritisch nach, konfrontieren die Populisten mit ihren Aussagen und ihrer Politik, andere Talkshow-Gäste widersprechen ihnen.

Vergleicht man die Anteile der Gäste allerdings mit den Sitzanteilen der Parteien im Bundestag, sind Populisten in deutschen Talkshows von öffentlich-rechtlichen Fernsehsendern tatsächlich unterrepräsentiert.[230] Das betrifft Die Linke und die AfD gleichermaßen. Allerdings werden Plätze in Talkshows auch nicht einfach gemäß der Verteilung im Parlament besetzt, sondern Redaktionen versuchen, eine möglichst interessante oder kontroverse Gesprächsrunde zusammenzustellen.

Für die Populisten, insbesondere auf der politischen Rechten, sind die Medien zwar eine willkommene – und auch notwendige – Plattform, aber auch Gegner. Im AfD-Strategiepapier mutmaßt die Partei schon 2016, dass ihre Vertreter inzwischen zwar häufiger, aber vor allem zum Zweck der »Vorführung und Desavouierung« ins Fernsehen eingeladen werden.[231] Drei Jahre später wird Bundessprecher Tino Chrupalla noch deutlicher. »Vorsicht im Umgang mit der Presse!«, warnt er die Mitglieder des Kreisverbandes Görlitz in einem Brief.[232] »Wir müssen jetzt besonders vorsichtig sein, wenn wir mit der Presse sprechen, da wir davon ausgehen müssen, dass alles, was wir sagen, gegen uns verwendet wird.« »Unseriöse Pressevertreter« sollen deshalb auf einer »schwarzen Liste« landen.

Nicht nur Journalisten sind Feindbild, sondern natürlich auch das, was sie schreiben und senden. Populisten wähnen sich in einem Abwehrkampf gegen einen medialen Mainstream, der ihnen feindlich gesinnt ist. Genau wie im politischen Diskurs auch sehen sie sich als Opfer einer übermächtigen Gruppe, die sich weigert, ihre Wahrheit, die zugleich die Wahrheit des Volkes ist, zu erkennen und darzustellen. »Sogenannte Journalisten bezeichnen jeden Kritiker der Islamisierung bereitwillig als ›Rechtsextremisten‹ oder ›Rassisten‹«, beklagte sich der niederländische Rechtspopulist Geert Wilders in einer Rede, die er 2008 im New Yorker »Four Seasons« hielt.[233]

Doch die Schelte der Populisten ist verkürzt. Ihre Themen und ihre Sprache finden lauten Widerhall. Eine Studie der niederländischen Medienlandschaft zeigt beispielsweise, dass Volkszentriertheit- und Anti-Establishment-Rhetorik auch in den Medien immer häufiger genutzt werden und sich die Abgrenzung von der politischen Linken seit rund drei Jahrzehnten kontinuierlich steigert.[234] Vor allem die Boulevardpresse tritt selbst gern als »Stimme des Volkes« auf.[235] Migranten und Geflüchtete werden häufig als Bedrohung dargestellt, im Kontext unsicherer Grenzen als Eindringlinge, Kriminelle und schlecht ausgebildete Arbeiter im Niedriglohnsektor porträtiert.[236]

»Schaffen wir das noch mal?« titelte der »Spiegel« im September 2023 und spielte damit auf das Bonmot »Wir schaffen das« an, dem Angela Merkel im Kontext der Fluchtbewegungen im Sommer 2015 zu Bekanntheit verhalf. Auf dem Cover: eine scheinbar endlose Schlange von Menschen, die dem Betrachter den Rücken zudrehen, in trostlosem Ocker gehalten. Ein Bild, dessen visuelle Aufmachung die rhetorische Frage im Titel gleich zu beantworten scheint. Dabei waren die Asylanträge in Deutschland nicht einmal ein Drittel so hoch wie 2016.[237]

Obwohl die Populisten immer wieder eingeladen werden, Rede- und Sendezeit bekommen und sich nicht darüber beklagen können, dass ihre Themen nicht verfangen, prangern sie die Medien an. Der Politikberater Johannes Hillje drückt es im Interview mit dem »Tagesspiegel« so aus, dass sich etwa die AfD »sowohl die Präsenz als auch Abwesenheit in den etablierten Medien zunutze machen kann. Wird sie eingeladen, instrumentalisiert sie den demokratischen Diskurs, diesem Vorgehen kann man nur mit sorgfältiger Vorbereitung, Live-

Factchecking und genügend Raum für fundierte Einordnungen beikommen. Wird sie nicht eingeladen, verbreitet sie ihren Medienopfer-Mythos, der bei ihren Anhängern fruchtet.«[238]

Das verfängt, weil unter den Unterstützern der Populisten tatsächlich die Vorstellung grassiert, dass es sich bei den Journalisten um eine elitäre Gruppe handelt, die alle derselben Meinung anhängen und das Volk manipulieren wollen.[239] Menschen, die populistisch eingestellt sind, teilen nicht nur die Politik in »Volk« und »Elite« ein, sondern deuten auch die Medien nach diesem Muster.[240] Journalisten und Politiker stecken unter einer Decke, der öffentlich-rechtliche Rundfunk ist eigentlich ein »Staatsfunk«, der die Bürger, die eine ganz andere Meinung vertreten und »die Wahrheit« hören und lesen wollen, mit Propaganda beschallt. Genau wie die Politiker, mit denen sie klüngeln, verfolgen die Journalisten in diesem Weltbild ihre eigene Agenda – und das ist nicht die des »Volkes«.

Das Wort »Lügenpresse« existiert in Deutschland bereits seit dem 19. Jahrhundert und hat seine Bedeutung im Laufe der Zeit verändert. Mal richtete es sich gegen die bürgerliche, liberale Presse, während der beiden Weltkriege gegen die Medien des Feindes. Die Nationalsozialisten gaben dem Wort einen antisemitischen Zungenschlag. Im Zuge der PEGIDA-Demonstrationen tauchte es wieder auf. Es ist genau genommen kein Wort, das alle Populisten in gleichem Maße benutzen, sondern speziell ein Kampfbegriff des rechten Populismus.

Im Kontext von PEGIDA bezogen sich die vermeintlichen »Lügen« vor allem auf die mediale Abbildung der Flüchtlingskrise. Für viele Menschen, die bei den regelmäßigen Montagsdemonstrationen mitmarschierten, berichteten die Medien unausgewogen über die Geflüchteten, stellten sie in einem zu positiven Licht dar, zeichneten die Situation rosiger, als sie sie selbst empfanden.[241] Überhaupt trauten sie der Presse nicht;

»Systemmedien« waren das für sie. Ihre eigenen Ansichten sahen sie in den etablierten Medien nicht repräsentiert. Journalisten, die den Demonstrationen beiwohnten, waren oftmals rüden Beschimpfungen ausgesetzt oder mussten teils gar körperliche Übergriffe fürchten.

Aber nicht nur das Kernmilieu der rechten Populisten dachte so. In der Bevölkerung sympathisierte ein großer Teil der Bevölkerung mit solchen Aussagen, glaubte an gezielte Manipulation durch die Medien oder konnte sich vorstellen, dass die Vorwürfe zumindest teilweise gerechtfertigt waren.[242] Inzwischen ist das Vertrauen in die Medien in Deutschland wieder vergleichsweise hoch. Stimmten 2016 nur 27 Prozent der Befragten der Aussage zu, dass man den Medien vertrauen könne, so betrug der Wert im Jahr 2022 immerhin rund 44 Prozent. Auch der Anteil derjenigen, die den Medien (eher) nicht vertrauen, ist gesunken. Er lag 2016 bei 26, 2022 bei nur noch 17 Prozent.[243]

Aber das sind eben 17 Prozent, die für die Medienschelte der Rechtspopulisten potenziell empfänglich sind. Wenn Populisten den Medien vorwerfen, falsch zu berichten, kann das dazu führen, dass Menschen die Information von Newsartikeln als weniger genau einschätzen – und zwar unabhängig davon, ob sie selbst populistische Einstellungen haben oder nicht.[244] Populisten gelingt es also, mit »Fake News«-Vorwürfen zumindest zu einem gewissen Grad Unsicherheit zu streuen und Vertrauen in die Medien zu untergraben.

Von den »korrupten Eliten« und der »Lügenpresse«, dem Glauben an ein Kartell aus Politikern, Wissenschaftlern und Journalisten, ist es nur ein sehr kurzer Sprung zu der Vorstellung, dass die Welt von geheimen Mächten gesteuert wird.

AUFSTAND GEGEN DIE HEIMLICHEN HERRSCHER

Sommer 2022. Die Coronapandemie ist weitgehend ausgestanden. Einschränkungen des öffentlichen Lebens werden in Europa nach und nach zurückgefahren.

Für Gerald Hauser, FPÖ-Abgeordneter im österreichischen Parlament, soll es jetzt an die Aufarbeitung gehen. Gemeinsam mit anderen Abgeordneten reicht er im Juli eine Anfrage an den Präsidenten des Nationalrats ein.[245] Es ist eine von mehreren im gleichen Wortlaut. Sie gingen an das Innenministerium,[246] an das Ministerium für Landesverteidigung.[247] Die Anfrage beginnt mit einem langen Rekurs auf ein Buch namens »Inside Corona«.[248] Untertitelt ist es mit »Die Pandemie, das Netzwerk & die Hintermänner. Die wahren Ziele hinter COVID-19«. Vor allem geht es um die »vier Phasen« der Vorbereitung und Ausführung der Coronapandemie, die der Autor Thomas Röper aufgrund seiner Recherchen nachvollzogen haben will. Die Anfrage des Abgeordneten und seiner Mitstreiter nimmt darauf direkt Bezug.

»Ist Ihnen bekannt, dass die Coronapandemie seitens der Eliten seit Jahren vorbereitet wurde?«, heißt es darin an den Nationalratspräsidenten gerichtet. Und: »Da mittlerweile offensichtlich ist, dass die Pandemie vorbereitet wurde, wie werden Sie diese Erkenntnisse bei Ihren Entscheidungen zu den Coronamaßnahmen (sic!) in der Zukunft berücksichtigen?«

Den Abgeordneten ist es ernst. In 25 einzelnen Fragen verlangt man die Stellungnahme zur Beteiligung an der geplanten Pandemie. Das klingt etwa so: »War jemand aus der Parlamentsdirektion beim Pandemie-Planspiel Atlantic Storm im Jahr 2005?« oder »Waren ehemalige Mitarbeiter oder andere Personen in Verbindung zur Parlamentsdirektion bei den Pandemie-Planspielen involviert?«

Die Replik von Nationalratspräsident Wolfgang Sobotka (ÖVP) fällt trocken und deutlich aus.[249] In der offiziellen Beantwortung heißt es: »Es ist nicht Sinn und Zweck des parlamentarischen Fragerechts, über den Umweg von Frageformulierungen unbelegte oder auch abstruse Sachverhalte als zugrunde liegende Fakten darzustellen und so öffentlich verzerrte Wirklichkeiten zu konstruieren.« Die Fragen beantwortet er knapp. Entweder handele es sich um eine »Abfrage von Kenntnissen und Informationen, die in keinem Zusammenhang mit (seiner) Amtsausübung stehen« oder aber ihm sei eine Teilnahme österreichischer Vertreter an den genannten Veranstaltungen nicht bekannt.

Für den Abgeordneten Hauser ist die Sache nicht ausgestanden. Noch ein Jahr später behandeln seine zahlreichen Eingaben ins Parlament Impfstoffe, »Nebenwirkungen der Pandemie« und die österreichische Souveränität gegenüber der Weltgesundheitsorganisation WHO.

Verschwörungserzählungen gibt es viele. Manche sind absurd, etwa solche, die behaupten, dass die Mächtigen der Welt in Wahrheit reptilienartige Außerirdische seien oder Flugzeuge Chemikalien – Chemtrails – versprühen, mit denen die Bevölkerung unter Kontrollen gehalten wird. Andere, wie etwa die Bilderberger-Verschwörungserzählung, sind zumindest insofern »realistischer«, als sie keine Aliens als Aufhänger brauchen. Sie nutzen ein reales Ereignis – zum Beispiel die Bilderberg-Konferenz –, um das sie ein Netz aus geheimen Absprachen und mächtigen Strippenziehern spinnen.

Manche Verschwörungserzählungen sind auf bestimmte nationale Kontexte beschränkt. In den USA ist beispielsweise der Glaube an einen »Deep State« weit verbreitet, demnach der Regierungsapparat im Geheimen und ohne jede Kontrolle enorme Macht ausübt. 44 Prozent der Amerikaner glauben daran.[250]

Der häufig genutzte Begriff der Verschwörungstheorie ist in diesem Zusammenhang missverständlich. Denn es handelt sich in der Regel nicht um Theorien, sondern um Behauptungen, die mit Mutmaßungen augenscheinlich »bewiesen« werden: »Sie sind vorurteilsgeladen, empirisch oft losgelöst oder nur einen nicht aussagekräftigen Teilbereich betrachtend, anfällig für logische Fehlschlüsse, Heimat für Halbwahrheiten und insgesamt ohne jedweden klaren, an fachlichen Standards ausgerichteten Erkenntnisgewinn.«[251] Was Verschwörungserzählungen sind, bringen Katharina Nocun und Pia Lamberty auf den Punkt: »Eine Verschwörungserzählung ist eine Annahme darüber, dass als mächtig wahrgenommene Einzelpersonen oder eine Gruppe von Menschen wichtige Ereignisse in der Welt beeinflussen und damit der Bevölkerung gezielt schaden, während sie diese über ihre Ziele im Dunkeln lassen.«[252]

Obwohl wir viel über Verschwörungserzählungen sprechen, sind sie nicht so stark ausgeprägt, wie man vielleicht denken mag. Der Glaube, dass geheime Mächte die Welt kontrollieren, liegt 2018 beispielsweise in Portugal bei rund 40, in Italien bei über 30, in der Bundesrepublik und Großbritannien bei etwa 20 Prozent.[253]

Ob man an Verschwörungserzählungen glaubt, hängt stark damit zusammen, wo man auch sonst politisch steht. Beispiel Deutschland: Im Umfeld der Rechtspopulisten finden wir den Glauben an geheime Mächte viel häufiger vor als bei den Anhängern anderer Parteien. Eine Studie der Konrad-Adenauer-Stiftung zeigt, dass 56 Prozent der AfD-Unterstützer diesen Glauben teilen. Bei der Union sind es 20, bei den Grünen sogar nur zwölf Prozent.[254]

Nicht überraschend, dass der Populismus für Verschwörungserzählungen anfällig ist. Schließlich beruht er auf einem einfachen Freund-Feind-Schema: Zwei Gruppen – das »gute Volk« und die »bösen Eliten« – stehen sich unversöhnlich gegenüber. Von »die da oben machen sowieso, was sie wollen« bis »Geheimzirkel kontrollieren uns« ist es kein weiter Weg. Nicht alle Menschen mit populistischen Einstellungen glauben und nicht alle populistischen Parteien verbreiten auch Verschwörungserzählungen. Aber wir finden sie im Umfeld des rechten Populismus besonders häufig vor.

Die Spitzen der entsprechenden Parteien buchstabieren solche Erzählungen nicht immer aus. Sie deuten an, stellen lediglich Fragen. Während der Coronapandemie sammelte die FPÖ Unterschriften gegen einen Impfzwang. Der aber existierte gar nicht. Die FPÖ sah ihn lediglich kommen – »entweder direkt per Verordnung oder indirekt durch den Ausschluss von nicht geimpften Menschen vom sozialen Leben«, wie die Partei schrieb.[255] Das Ziel: Misstrauen säen, eigene Anhänger mobilisieren und sich als Widerstandskämpfer inszenieren. Ein unverzichtbares Instrument der Populisten – gerade dann, wenn sie an der Macht sind. Eine Studie über die Türkei zeigt, dass die regierende AKP unter Präsident Recep Tayyip Erdoğan über Verschwörungserzählungen auch die Wähler an sich binden kann, die keine populistischen Einstellungen haben.[256] Das in Dauerschleife propagierte Bild der äußeren Feinde tut seine Wirkung.

Selbst wenn rechtspopulistische Parteien die Anschuldigung, Verschwörungserzählungen zu kolportieren, von sich weisen: Ihre Andeutungen bereiten den Boden für die Gläubigen. Und die finden sich nicht nur in den Hinterzimmern ihrer Kreisverbände, sondern auch in den Parlamenten. Besonders prominent: die US-Kongressabgeordnete Marjorie

Taylor Greene, von ihren Anhängern auch »MTG« genannt. Berühmt – wenn man das so nennen kann – wurde ihre Mutmaßung, dass die Waldbrände in Kalifornien 2018 durch Weltraumlaser verursacht worden seien, finanziert unter anderen von der jüdischen Rothschild-Familie. Eine antisemitische Andeutung und nicht die erste, die sie äußerte.[257] Vor allem aber wurde sie bekannt, weil sie eine prominente Unterstützerin der QAnon-Verschwörungserzählung ist. QAnon ist ein auf der Internetplattform 4chan entstandenes Konglomerat von Verschwörungsbehauptungen, in deren Mittelpunkt die Eliten in Politik und Kultur stehen. Satanische Rituale, Kindesmissbrauch, Deep State. Nicht zuletzt Hillary Clinton steht im Kreuzfeuer der QAnon-Anhänger.[258]

Übrigens wurde MTG Ende 2022 selbst zur Zielscheibe der extremen Rechten, die ihr eigentlich gewogen war. Sie hatte sich für Kevin McCarthy als Kandidaten des Sprechers des Repräsentantenhauses ausgesprochen – obwohl der sich nach dem Sturm auf das Kapitol von Donald Trump, dem Taylor-Greene die Treue hielt, distanziert hatte. Prompt galt sie als »Fälscherin und Lügnerin«, die »einen Mann als Sprecher unterstützt, der sich weigert, Biden anzuklagen«.[259]

Von außen betrachtet wirken Verschwörungserzählungen oft absurd. Es erscheint geradezu bizarr, dass seit der Pandemie abwegigste Ansichten den Weg in die politische Auseinandersetzung gefunden haben. Wieso schaden diese Positionen den Populisten nicht? Sie müssten sich doch selbst enttarnen, mag mancher denken – als Plattform für »Spinner«, die nicht politik- und erst recht nicht regierungsfähig sind.

Tatsächlich ist das Gegenteil der Fall. Mehr noch als lediglich auf die »korrupten Eliten« einzudreschen und das »wahre Volk« zu beschwören, können die Populisten über Verschwörungserzählungen die herrschende Politik delegitimieren. Denn »die da oben« sind nicht nur egoistisch oder unfähig: Ohne jede Kontrolle sabotieren sie die Demokratie, betrügen das Volk und hintergehen seine Interessen mit unvorstellbarer Amoralität. Die Boshaftigkeit, die der Populismus der »politischen Klasse« unterstellt, wird in Verschwörungserzählungen vollendet. Horror-Storys von der geplanten Pandemie oder dem »Deep State« wirken auf die Mobilisierung ihrer Anhänger noch effektiver als die populistische Rhetorik, die sie ohnehin schon nutzen.[260]

Die Demokratie nur als Fassade, hinter der rücksichtslose Mächte mit unbegrenzter Macht über alles entscheiden – eine größere Krise des politischen Systems ist kaum vorstellbar.

Politische Verschwörungserzählungen beschwören einen Ausnahmezustand, der sich nicht mehr durch demokratische Mittel beheben lässt. Deshalb können sie als Legitimation für politische Gewalt dienen. Denn wo die Eliten das Volk im Geheimen ausbeuten und kontrollieren, ist Widerstand vonnöten.

Bald schon soll der Sturm kommen, glaubten die QAnon-Gläubigen 2022. Donald Trump bereite einen geheimen Plan vor, um die Macht wieder an sich zu nehmen und den Betrüger Biden aus dem Amt zu vertreiben. Irgendwann ließ sich Trump selbst mit Q-Insignien ablichten.[261] Ein ehemaliger US-Präsident, der sich an die Seite einer Verschwörungserzählung stellt, die glaubt, dass die Eliten Kinder töten, um ihr Blut zu trinken: die maximale Legitimierung einer maximal absurden Idee, deren Anhänger den totalen Umsturz wollen. Denn auch dort, wo Verschwörungsmythen nicht offen ausgesprochen werden, versuchen Populisten die zu erreichen, die sie glauben.

APOCALYPSE NOW

Es herrscht Endzeitstimmung.

Die Regierung hat die Grundrechte außer Kraft gesetzt. Mit immer neuen Regelungen gängelt sie ihre Bürger. Sie verordnet ihnen Hausarrest; sie schreibt ihnen vor, wie viele Menschen sie zu welchem Zeitpunkt treffen dürfen. Und sie zwingt sie, nutzlose Lappen über Mund und Nase zu tragen, wenn sie sich irgendwann doch nach draußen wagen. Und das alles nur, weil eine harmlose Atemwegserkrankung die Runde macht, nicht viel schlimmer als die Grippe,[262] aber von den Medien hochstilisiert zur neuen Pest.

Die Menschen sind verzweifelt. Nicht aufgrund der Krankheit, sondern wegen der immer autokratischer agierenden Regierung. Die tut, was sie schon lange tun wollte: Sie drangsaliert die Bürger bis in die kleinste Ecke ihres Privatlebens. Wer nicht mitzieht, wird gebrandmarkt. Nicht nur von Vertretern der Regierung selbst, sondern von ihren zahlreichen Lakaien, die sich in den sozialen Medien und den Fernsehtalkshows zusammenrotten und jeden niederschreien, der auch nur einen Hauch von Kritik übt. Mutige Wissenschaftler, die die Lügen über das neue Virus entlarven, werden systematisch verfolgt.

Kein Wunder, dass nur wenige den Aufstand gegen dieses »quasi-diktatorische Seuchenkabinett«[263] wagen, das »völlig außer Rand und Band« geraten ist. Sie trauen sich in einem Akt der Verzweiflung auf die Straße, schwenken die Verfassung, rufen »Wir sind das Volk!« und fordern ihre Freiheit zurück. Sie wissen, dass sie die schweigende Mehrheit vertreten. Der Rest hat sich entweder gefügt oder findet nicht den Mut, sich ihnen anzuschließen.

Nur eine Partei im Parlament verleiht den Protestierenden eine Stimme. »Noch nie hat es eine Bundesregierung gewagt, in so wenigen Sätzen so viele Angriffe auf die Grund- und Freiheitsrechte der Bürger, auf Rechtsstaatlichkeit und demokratische Prinzipien unterzubringen wie in diesem Gesetzentwurf«,[264] ruft die Anführerin dieser Partei – und erntet, natürlich, nur Hohn und Spott. Die Demokratie, so scheint es, ist am Ende.

Zumindest, wenn es nach den Rechtspopulisten geht. Von diktatorischen Entwicklungen und Eingriffen in die persönliche Freiheit während der Coronakrise sprach nicht nur die AfD, die hier zitiert wurde, sondern in der einen oder anderen Form auch ihre Kollegen in Österreich, der Schweiz oder den Niederlanden. Auch die Demonstrationen gab es. Reichweitenstarke Prominente wie der Koch Attila Hildmann und der Schlagersänger Michael Wendler sprangen auf den Zug auf, verbreiteten Verschwörungsmythen rund um das Virus, wetterten gegen die Impfung und bezichtigten die Politik der Lüge. Dabei spiegelten sie, was unzählige Nutzer in Facebook-Gruppen, bei Telegram und auf Twitter teilten.

Das düstere Bild der Rechtspopulisten wich von der Wahrnehmung der meisten Bürger deutlich ab. In Deutschland gab es zwischen August 2020 und Oktober 2022 nie eine Mehrheit für eine Lockerung der Maßnahmen.[265] Der Großteil fand das Handeln der Regierung genau richtig temperiert. Wenn überhaupt, dann gab es zeitweise den mehrheitlichen Wunsch nach einem härteren Durchgreifen. Aber gegenüber denen, die mit der Politik der Regierung im Großen und Ganzen einverstanden waren, waren diejenigen, die die Maßnahmen gegen die Pandemie für übertrieben hielten, immer in der Minderheit. In ihrer Hochphase machten sie knapp ein Viertel der Befragten aus. Auch in Österreich bewertete Anfang 2021 die relative Mehrheit der Bürger die Maßnahmen als »mit Augenmaß«

getroffen, während sie jeweils etwa ein Viertel für »übertrieben« oder »zu nachlässig« hielt.[266]

Aber die Strategien der Rechtspopulisten zielten nicht auf absolute Mehrheiten ab. Sie wollten diejenigen gewinnen, die die Maßnahmen ablehnen, sich eingeschränkt und bevormundet fühlten – und sich für die unterdrückte Mehrheit hielten. Dieser Haltung nehmen sich die Rechtspopulisten an und übertragen sie auf ihre eigene Krisenerzählung, die sich wie ein roter Faden durch ihre Themenkonjunkturen zieht. Egal, ob es nun um Euro, Migration oder eben Corona geht. Einzige Hoffnung: die Populisten. »Wir Freiheitliche stehen als Einzige auch für die Rettung unserer Souveränität genauso wie unserer Neutralität, welche die anderen Parteien verraten und verkauft haben für ihre Eintrittskarte in die Welt der selbsternannten Eliten!«[267] – sagt die FPÖ über sich selbst.

Auch als die Pandemie abflaut und die Maßnahmen zurückgenommen werden, gehen weder die Krisenbeschreibung noch das Selbstbild verloren. Bis heute malen die Rechtspopulisten das Bild eines gedemütigten Landes, einer zersplitterten Gesellschaft, einer kaputten Demokratie. Die Anhänger Donald Trumps wähnen sich teils schon in der Diktatur. Nachdem der Ex-Präsident im Juni 2023 unter anderem wegen seines Umgangs mit Staatsdokumenten vor Gericht erscheinen musste, gab der amtierende Präsident Biden ein Statement ab. Der rechtskonservative Sender Fox News blendete eine Bauchbinde ein: »Möchtegern-Diktator spricht im Weißen Haus, nachdem sein politischer Rivale verhaftet wurde.« Der gewählte Biden als »Diktator«, Donald Trump, der den versuchten Umsturz vom 6. Januar 2021 befeuert und die Legitimität der Demokratie durch Wahllügen hintertrieben hatte, als »Konkurrent«.

Nicht alle rechtspopulistischen Parteien zeichnen ein düsteres Bild der Demokratie: Die Schwedendemokraten, die rechtspopulistische Partei Schwedens, schrieben in ihrem Wahlprogramm 2014, sie seien »stolz auf unsere Demokratie und unseren Wohlfahrtsstaat«[268]. Schüler sollten »auch lernen, kritisch zu denken sowie Respekt für die Demokratie und für die Kultur und Geschichte unseres Landes zu haben«. Schweden sei »ein Land der Gleichheit und Demokratie«, erklärt die Partei auf ihrer englischsprachigen Webseite.[269] Diese Bejahung der Demokratie verbindet sie mit der für Populisten typischen Anti-Establishment-Haltung: »Für Sie als Wähler war es eigentlich egal, welchen politischen Block Sie gewählt haben – denn letzten Endes haben die Politiker die gleichen falschen Prioritäten gesetzt.«

Manche Rechtspopulisten wie die Schwedendemokraten beschwören nicht automatisch eine tiefgreifende Demokratiekrise, sondern begnügen sich mit gesellschaftspolitischen Themen und einem Populismus, der sich allein gegen die Eliten richtet. Die Krise, um die es den Schwedendemokraten geht, ist eine, die durch die Migrationspolitik aller anderen Parteien entstanden ist. Sie verbinden den Stolz auf die schwedische Demokratie mit dem düsteren Bild, in dem die Politik gigantische Summen an Steuergeldern für Migranten ausgibt und schwedische Rentner auf der Strecke bleiben.[270]

Der Populismus, ganz gleich, ob er von links oder von rechts kommt, hat immer einen dramatischen Tonfall. Denn es geht um alles oder nichts, wir gegen die, Sieg oder Niederlage. Die Lösungen für diese politischen Kämpfe müssen radikal sein.[271] Die Podemos will die spanische Verfassung überwerfen, weil sie verhindert, dass der Wille des Volkes verwirklicht wird. »La casta« nennen sie die Verfassung – eine »Kaste« für Eliten.[272]

Aber besonders die populistische Rechte spielt mit Untergangsszenarien. Ihre Vorstellung von kulturellem Verfall speist die apokalyptische Rhetorik, die sie nutzen. Ihr Blick in die Zukunft: Sollte der Kulturkampf gegen Migranten, Woke, Linke verloren gehen, dann gehen das Volk, seine Moral, seine Werte, sein Wohlstand unter. Deshalb ist totaler Kampf die einzige Antwort, wie Ron DeSantis bei einer Veranstaltung im April 2023 unmissverständlich deutlich macht. Und das in einem Duktus, der an die wohl berühmteste Rede Winston Churchills erinnert, als er die Briten auf den Widerstand gegen Nazi-Deutschland einstimmte:

»Weil Woke einen Kampf gegen die Wahrheit führt, haben wir keine andere Möglichkeit, als einen Kampf gegen Woke zu führen. Wir bekämpfen die Woken in den Schulen. Wir bekämpfen die Woken im Parlament. Wir bekämpfen die Woken in den Unternehmen. Wir werden uns dem woken Mob niemals ergeben. In Florida wird Woke sterben.«[273]

Die Pandemie war für die Rechtspopulisten ein Ereignis, das sie für den nächsten Akt ihrer Geschichte nutzten. Eine reale Krise, die staatliches Handeln geradezu erzwang. Dort, wo die Populisten an der Regierung waren, etwa in den USA oder in Brasilien, verteidigten sie die Freiheit gegen die Forderungen der Wissenschaft und die Gängelung durch die WHO; dort, wo sie in der Opposition waren, konnten sie sich als Hüter der Verfassung inszenieren. Und wer sich auf die Seite von Wissenschaft, Gesundheitsorganisationen und nicht populistischen Regierungen stellte, war »einer von denen«. Schlafschaf, Mitläufer, »woke«. Die populistischen Anführer folgten oft einem typischen Muster: Am Anfang wurde die Pandemie geleugnet, später dann, als die verheerenden Auswirkungen nicht mehr zu übersehen waren, die Schuld auf innere und äußere Feinde abgewälzt.[274]

Irgendwann war die Pandemie zu Ende. Nach und nach wurden die Schutzmaßnahmen zurückgefahren. Schließlich fiel auch die Maskenpflicht im öffentlichen Raum, in Bus und Bahn, in Arztpraxen weg. Aber die Populisten blieben und bleiben bei ihrer Diktatur-Erzählung.

Im April 2022 kommt die AfD in bundesweiten Umfragen auf neun bis elf Prozent. Im selben Monat führt das Institut Allensbach eine Umfrage durch, die zeigt: Fast ein Drittel der deutschen Wähler glaubt, in einer Scheindemokratie zu leben.[275] Diese Wahrnehmung geht weit über Elitenschelte oder auch Unzufriedenheit darüber, wie die Politik funktioniert, hinaus. Es geht nicht um Ärger über die Regierung, sondern wörtlich ums Ganze. Die Wissenschaft kann nicht genau sagen, was wirklich hinter dieser Vorstellung von der »Scheindemokratie« steckt, denn die Ursachen dafür, dass viele Menschen so denken, sind vielfältig. Klar ist jedoch: Einstellungen wie diese haben Folgen.

Gerade die rechten Populisten schlagen aus Unzufriedenheit, Zweifeln, Ablehnung der Demokratie, Misstrauen gegenüber den Eliten Kapital. Sie kanalisieren die verschiedenen Einstellungen und geben ihnen eine gemeinsame Erzählung vom Untergang von Demokratie und Identität.

NOTFALLS MIT GEWALT

In den geschlossenen Räumen sozialer Medien sind Gleichgesinnte unter sich. So etwa in der privaten Facebook-Gruppe »WIR WÄHLEN AFD«. Man teilt Memes, Nachrichten (häufig von Propagandaportalen), tauscht sich aus. Und weil die Nutzer sich hier sicher fühlen, fallen alle Hemmungen. Sie sind wütend; sie sind, so denken sie, die Mehrheit, die wieder das Sagen haben muss. Vor allem aber sind die Politiker der Bundesrepublik ihre Erzfeinde. Und gegen die hilft nur noch Widerstand. Ob durch »mutige« Einzelne oder den Aufstand des Volkes: »Die da oben« müssen weg.

Die Recherchegruppe »die.insider« hat unzählige Unterhaltungen zwischen den Nutzern der Seite gesammelt und stellt sie auf Instagram aus. Man könnte jeden ihrer Posts heranziehen, um die Gewaltfantasien im rechtspopulistischen Milieu zu illustrieren, die teils anscheinend unter Klarnamen geteilt werden. Ein am 22. Oktober 2023 verbreitetes Sharepic zum Beispiel zeigt ein Porträt von Altkanzlerin Angela Merkel in einer verwischten deutschen Flagge.[276] Aufgrund ihrer Asylpolitik ist Merkel selbst zwei Jahre nach der Bundestagswahl immer noch eine Hassfigur. »Weder der Islam gehört zu Deutschland noch Hochverräter!«, lautet der Text, der mitten im Bild prangt.

Die Nutzer ergehen sich in ihrer Verachtung für die Kanzlerin. Neben Beleidigungen sind vor allem zwei Themen präsent: Merkels Schuld und die Rache des Volkes.

»Sie hat diesem Land den Todesstoß gegeben und unser Land mit Wahnsinnigen überflutet«, schreibt ein Teilnehmer. »DER UNTERGANG DEUTSCHLAND'S« ein anderer.

Andere werden in ihren Forderungen konkret. Strafe muss her.

»Macht ihr endlich den Prozess wegen Hochverrat.«

»Die alte gehört in den Knast und dann einfach den Schlüssel wegwerfen. Die hat das alles zu verantworten.«

Aber wie soll das Volk seine wohlverdiente Rache nehmen?

»Wann geht es der endlich ans Leder?«, fragt ein Nutzer. Ein anderer antwortet ihm prompt: »nie! Oder wir tun es selbst!« Andere setzen Hoffnung in die präferierte Partei: »kann nur warten bis die afd das sagen hat dann wird die hochverraeterin vor ein gericht und dann in den knast kommen«

Es gibt in dieser Gruppe überhaupt keinen Zweifel daran, dass Merkel Hochverrat begangen hat und gerichtet werden muss. Das ist so klar Konsens, dass die Antworten auf den Post beinahe inhaltsgleich nebeneinanderstehen. Ganz selbstverständlich werden Anklage und Urteil, so scheint es, von allen Nutzern geteilt.

Ganz ähnliche Fantasien werden gegenüber anderen Politikern geäußert. Besonders häufig genannte Ziele: Gesundheitsminister Karl Lauterbach, Außenministerin Annalena Baerbock, die »Klimakleber« oder auch die »Woken«. Und das nicht nur in Deutschland. Das Netz ist ein Forum für den Austausch von Gewaltfantasien. Oft handelt es sich um primitive Artikulationen tiefster Abneigung. Aber dahinter steckt der Glaube an die Legitimität der Gewalt: Die Politiker haben uns Dinge angetan – in der Coronakrise, in der Klimapolitik, in der Asylpolitik – und dafür müssen sie büßen. In der rechtschaffenen Wut des »Wir«, die alles erlaubt, liegt die Verbindung zum Populismus.

Politische Gewalt gab es schon immer. Menschen werden aufgrund ihrer Hautfarbe bedrängt, verprügelt oder gar ermordet. Auf Demonstrationen kommt es zu Ausschreitungen gegen Polizisten. »Einsame Wölfe« planen Attentate, Terrorzellen entführen Politiker, verfolgen und töten systematisch Menschen aus rassistischen, politischen oder religiösen Gründen.

Auch wenn sicher jeder Mensch aggressive Impulse kennt, lehnen die meisten Gewalt als Mittel der Auseinandersetzung ab. Bei der politischen Gewalt geht es darum, zu politischen

Zwecken physischen Schaden zuzufügen, und das vor den Augen der Öffentlichkeit.[277] Menschen, die politische Gewaltakte begehen, entscheiden sich bewusst dazu. Konsequenzen für sich selbst und andere nehmen sie in Kauf oder begrüßen sie sogar. Bei manchen steht dahinter eine extremistische Ideologie, die Gewalt gegen Menschen explizit gutheißt, beispielsweise Faschismus oder auch Formen des religiösen Fanatismus. Manchmal entlädt sich kollektive Gewalt aber auch spontan, wie etwa bei den Stürmen auf den Reichstag 2020 und auf das US-Kapitol 2021.

Besonders gefährlich sind Einzelne, die sich in sozialen Netzwerken austauschen, in ein Selbstbild von Widerstand und Mut hineinsteigern und anschließend Terrorakte begehen. Fälschlicherweise spricht man dabei oft von »einsamen Wölfen«. Missverständlich ist das deshalb, weil solche Einzeltäter oft Teil eines Netzwerks sind, in dem Gewalt legitimiert wird; sowohl online als auch offline.[278] Individuellen und kollektiven Gewaltakten ist gemein, dass diejenigen, die sie begehen, sich als Teil einer unterdrückten Gruppe empfinden und schnell auf ein vermeintlich drohendes Unheil reagieren wollen.

Die Mehrheit reagiert auf solche Ausbrüche in der Regel mit Entsetzen. Menschen mit populistischen Einstellungen hingegen stehen politischer Gewalt oft eher gleichgültig oder gar positiv gegenüber.[279] Wenn solche Personen zusätzlich gesellschaftlichen Wandel als Bedrohung wahrnehmen und sich einen autoritären Führer wünschen, dann neigen sie noch stärker dazu, Gewalt als Mittel der Politik zu befürworten. Wir, das Volk, müssen uns verteidigen, denken sie dann. Notfalls mit allem, was wir haben.

Eines der in jüngerer Zeit bekannt gewordenen Opfer von Gewalt aus dem rechtsextremen Milieu war der CDU-Politiker

Walter Lübcke. Lübcke hatte sich als Kasseler Regierungspräsident einen Namen damit gemacht, sich für Geflüchtete einzusetzen und sich den Gegnern einer humanitären Asylpolitik deutlich entgegenzustellen. Den pöbelnden Demonstranten des Kasseler Pendants zu PEGIDA sagte er einst sinngemäß, dass sie Deutschland verlassen könnten, wenn sie diese Werte nicht teilten.

Lübckes klare Haltung machte ihn zur Hassfigur in einem diffusen Milieu von rechtspopulistisch bis rechtsextrem, das von der AfD über Rechtsaußen-Blogs bis in die PEGIDA-Szene reichte. Der Autor Akif Pirinçci (»Felidae«), der sich immer stärker als Rechtsextremist zu erkennen gab, bedauerte in seiner Rede auf einer PEGIDA-Demonstration im Oktober 2015, dass die Konzentrationslager »ja leider derzeit außer Betrieb« seien. Er hatte sich wohl von den Demonstranten aufgestachelt gefühlt, die ihr typisches »Widerstand, Widerstand!« skandierten.[280]

Der Mann, der Lübcke 2019 erschoss, war ein bekannter Rechtsextremer. Ein Einzeltäter, ermutigt und radikalisiert durch beständiges Diffamieren und Delegitimieren eines Politikers. Lübcke galt als »Volksverräter«. Man wünschte ihm in Online-Kommentaren und auf Demos den Tod.

Am Ende stand seine Ermordung.

Populistische Anführer wie Donald Trump oder Jair Bolsonaro, die sich als Heilsbringer inszenieren, vermitteln eine generelle Bereitschaft zur Gewalt. Besonders dann, wenn sie mit demokratischen Mitteln abgewählt oder abgesetzt werden. Manipulierte Wahlen und die Verfolgung durch die Justiz, so denken die Populisten und ihre Anhänger, sind Verzweiflungstaten der Eliten, die nur durch unlautere Mittel gewinnen können. Das Volk muss daraufhin zum letzten Gefecht blasen; Gewalt-

und Erlösungsphantasien gehen dabei Hand in Hand. Die Populisten, insbesondere jene auf der radikalen Rechten, zeichnen Schreckensszenarien, die für viele gewalttätiges Handeln legitimieren – aus ihrer Sicht der »letzte Ausweg«.

Am Tag des Sturms auf das US-Kapitol am 6. Januar 2021 richtete sich die Wut der Demonstranten gegen Trumps treuen Vizepräsidenten Mike Pence. Der entdeckte in allerletzter Minute seine Loyalität zu Republik und Demokratie für sich. Entgegen dem, was Trump und seine Anhänger forderten, erkannte er die Ergebnisse der Präsidentschaftswahl an. Damit wurde er vom Verbündeten zum Verräter. »Hängt Mike Pence!«, skandierten die Demonstranten.

Zeugen berichten, dass Trump diesen Aufrufen zugestimmt habe.[281]

WIE POPULISTEN DAS SYSTEM VERÄNDERN: WIR ALLEINHERRSCHER

Sie halten, was sie versprechen.
Wer im Namen des Volkes regiert,
braucht keine Kontrolle.

Ruhet in Frieden«, spricht ein jugendlich wirkender Redner auf dem Heldenplatz in Budapest in ein Mikrofon. Es ist der 16. Juni 1989. Seit dem Tod des Mannes und seiner Mitstreiter, die bei der Trauerfeier im Zentrum der Stadt geehrt werden, sind einunddreißig Jahre vergangen. Der Mann, dem die Trauerrede gilt, ist Imre Nagy.

Nagy war ein Held des Ungarischen Volksaufstands von 1956 gegen die stalinistische Regierung. Damals Ministerpräsident, fiel er den Sowjets und ihren Marionetten in die Hände und wurde zwei Jahre später hingerichtet. Der Aufstand der Demokraten scheiterte, aber Nagy wurde zum heimlichen Nationalhelden.

Dass das sozialistische Regime seiner Bevölkerung gestattete, ihn zu ehren, muss als Versuch gedeutet werden, sich Ende der 1980er-Jahre irgendwie an der Macht zu halten. Die Aufgabe der Ehrung kommt jenem Mann mit dem wehenden Haar und dem Dreitagebart zu – einem Studentenführer, noch keine 36 Jahre alt. Vor einer Viertelmillion versammelter Menschen wird er sprechen. Er ist einer der wichtigsten Anführer der demokratischen Opposition und weiß, worum es geht. Die Machthaber lassen die Trauerfeier zu, weil sie den Anschein von Reform erwecken wollen. Autoritäre Herrscher gehen solche Schritte, um an der Macht zu bleiben. Sie werfen ihren Bürgern Krümel hin, um den Kuchen nicht hergeben zu müssen. Dem Mann am Mikrofon ist klar, dass er nicht klein beigeben darf, wenn die Diktatur gestürzt werden soll. Also sagt er:

»Heute, dreiunddreißig Jahre nach der ungarischen Revolution und einunddreißig Jahre nach der Hinrichtung des letzten verantwortlichen ungarischen Ministerpräsidenten, haben wir die Chance, all das auf friedliche Weise zu erreichen, was die Revolutionäre von 1956 in blutigen Kämpfen, wenn auch nur für ein paar Tage, der Nation verschafften. Wenn wir an unsere eigene Kraft glauben, dann sind wir fähig, der kommunistischen Diktatur ein Ende zu bereiten, wenn wir genug entschlossen sind, dann können wir die herrschende Partei dazu drängen, sich freien Wahlen zu unterwerfen.«[282]

Der Mann ahnt es in diesem Moment vermutlich nicht und kann es auch nicht ahnen, denn am Wendepunkt der Geschichte steht man wie im Auge des Sturms. Aber seine letzten Worte – »Ruhet in Frieden« – haben nicht nur die Helden um Nagy verabschiedet, sondern gleich das ganze Regime zu Grabe getragen. Im Herbst desselben Jahres fällt der ungarische Kommunismus endgültig. Eine neue, demokratische Verfassung tritt in Kraft. Und der Mann, der sich mit seiner Rede in die Geschichtsbücher einschrieb, wird vom Revolutionär zum Politiker.

Sein Name ist Viktor Mihály Orbán.

Fast genau ein Vierteljahrhundert später hält Viktor Orbán wieder eine Rede – einer von unzähligen Auftritten, die er in der Zwischenzeit absolvieren durfte. Er ist inzwischen zum zweiten Mal Ministerpräsident seines Landes und steht Fidesz vor, jener rechtspopulistischen Partei, die aus seiner einst liberalen Studentenbewegung hervorgegangen ist. Seine Ansprache hält er diesmal nicht in Ungarn, sondern in der rumänischen Stadt Băile Tuşnad.[283]

Wieder spricht Orbán vom Umbruch. Von Epochenwende. Ohne sich direkt auf seine eigene Rede von damals zu beziehen, vergleicht er die Lage mit dem Ende des Kommunismus. Aber diesmal ist es die liberale Demokratie, die aus seiner Sicht in einer tiefen Krise steckt. Mit der Eurokrise des Jahres 2008, so argumentiert er, ist die geltende Weltordnung in sich zusammengefallen. Nicht nur ökonomisch. »Liberale Werte beinhalten heutzutage Korruption, Sex und Gewalt«, sagt er. Die weiße Arbeiterklasse sei gegenüber den Belangen der Immigranten in Vergessenheit geraten. Nicht seine eigenen Worte, betont er, sondern die namhafter Experten und Politiker aus unterschiedlichen Ländern. Vor sechs Jahren noch sei es unmöglich gewesen, über diese Dinge zu sprechen.

Die Frage, wie Nationen in der Welt wettbewerbsfähig bleiben, müsse neu gestellt werden. Für Orbán geht es angesichts vielfacher Krisen darum, ob liberale Demokratien den Anforderungen der modernen Welt überhaupt gerecht werden. Ökonomisch, gesellschaftlich. Liberalismus, die Freiheit, alles zu tun, was man will, ohne jemandem zu schaden, habe das Recht des Stärkeren befördert und die Schwachen schutzlos zurückgelassen.

Der Mann, der einst gegen den Kommunismus kämpfte, der mit seiner Trauerrede auf dem Heldenplatz selbst zum Helden wurde, rechnet mit dem Liberalismus ab – einer individuellen Freiheit, die er selbst in Ungarn willkommen hieß. Bemerkenswerterweise zieht er dabei keine klare Trennlinie zwischen freiem Markt und einer freiheitlichen Gesellschaft – was für Mittel- und Osteuropa nicht ungewöhnlich ist.[284] Weil nach dem Ende der Sowjetunion beide Prinzipien zusammen eingeführt wurden, werden sie auch fast immer zusammen gedacht, wenn von »Liberalismus« die Rede ist.

Orbán will mit beidem brechen. »Nur weil etwas nicht liberal ist, kann es dennoch eine Demokratie sein«, sagt der

Ministerpräsident. »Wir müssen liberale Methoden und Prinzipien der gesellschaftlichen Organisation und die liberale Sichtweise auf die Welt aufgeben.«

»Die ungarische Nation ist nicht einfach eine Summe von Individuen, sondern eine Gemeinschaft, die organisiert, gestärkt und entwickelt werden muss, und in diesem Sinne ist der neue Staat, den wir aufbauen, ein illiberaler Staat, ein nicht-liberaler Staat. Er leugnet nicht die Grundwerte des Liberalismus, wie Freiheit usw., aber er macht diese Ideologie nicht zu einem zentralen Element der Staatsorganisation (...).«[285]

Wie das in der Praxis aussieht, hat Orbán inzwischen deutlich gezeigt. Das ungarische Verfassungsgericht steht faktisch unter der Kontrolle der Regierung, ebenso die Medien. Die mit übergroßen Parlamentsmehrheiten regierende Fidesz hat keine Diktatur errichtet, die anderen Parteien nicht verboten. Aber sie hat die Gewaltenteilung geschwächt und der Opposition den Großteil der medialen Bühne entzogen, die sie braucht, um die Regierung zu kritisieren und für ihre Positionen zu streiten. Sie hat das Wahlrecht so verändert, dass es die Fidesz bevorzugt. Alles legal, alles auf dem Wege der Parlamentsbeschlüsse. »Dann ist das doch demokratisch!«, würde mancher einwenden. Aber man kann auch mit demokratischen Verfahren undemokratische Institutionen schaffen.

Im April 2011 hatte das ungarische Parlament eine neue Verfassung verabschiedet. Die Regierung verfügte in der Legislative seit der Wahl 2010 über eine Zweidrittelmehrheit, konnte also nach eigenem Gusto schalten und walten. Und so kam es auch, dass man die Verfassungsreform vergleichsweise im Schnellverfahren durchs Parlament peitschte. Diese Reform bildete die Grundlage für die Zähmung des Verfassungsgerichts. Legitimiert wurde das alles durch den Bezug auf das ungarische Volk – verschriftlicht in einem »Nationalen Glaubensbekenntnis«. Mit diesem Bekenntnis wird festgehalten, dass die Volksidentität über der Verfassung steht. Und dass die Verfassung die nationale Identität lediglich verschriftlicht und Politik und Justiz an sie bindet.[286] Mit dem Volk, um das es in dem Bekenntnis geht, sind nicht alle Staatsbürger gemeint, sondern diejenigen, die ethnisch und kulturell ungarischer Herkunft sind. Das unterscheidet dieses neue Dokument von liberalen Verfassungen. Nationale Minderheiten werden nur geduldet: »Die mit uns zusammenlebenden Nationalitäten sind staatsbildender Teil der ungarischen politischen Gemeinschaft«, heißt es in der Präambel. »Eine Verfassung zum Fürchten«, nannte das Maximilian Steinbeis, der Betreiber des Verfassungsblogs.[287]

Die »illiberale Demokratie« nach dem Vorbild Ungarns inspiriert den Rechtspopulismus weltweit. Auch in den USA findet sie Anhänger. »Ein kleines Land mit einer Menge Lehren für uns alle«, sagt der inzwischen geschasste Fox-News-Kommentator Tucker Carlson über Ungarn.[288] Besonders im unerbittlichen Umgang mit Geflüchteten sieht er in Ungarn ein Vorbild für die US-amerikanische Migrationspolitik.

Alle Populisten, linke, rechte und andere, versprechen, die Souveränität des Volkes (wieder-)herzustellen. Aber wie sie dieses Ziel erreichen wollen, darin unterscheiden sie sich teils deutlich. Was sie eint, ist die geringe Achtung für die Institutionen der liberalen Demokratie.

Wenn es aber um die Frage geht, wie viel Schaden die Populisten der liberalen Demokratie in der Praxis zufügen, dann ist die Demarkationslinie die Ideologie, der sie sich jeweils verschrieben haben.[289] Im europäischen Vergleich wird die

Gewaltenteilung geschwächt, wenn Populisten an der Macht sind – linke wie rechte. Allerdings nicht in gleichem Maße, denn Rechtspopulisten strengen Reformen an, die die Checks and Balances auf Dauer aushebeln sollen, während linke Populisten sie eher temporär umgehen wollen.

Besonders auffällig sind die Unterschiede in der Gesellschaftspolitik, im Umgang mit Minderheiten, Migranten, Frauen. Hier setzen die Rechtspopulisten ein Programm durch, das das soziale Gefüge vom Kopf auf die Füße stellen soll.

GESCHLOSSENE GESELLSCHAFT

In jenem Sommer schreiben die Zeitungen Geschichten wie diese:

Am späten Abend hält ein Reisebus an einer Busstation. Menschen steigen aus. Sie tragen Rucksäcke und große Taschen mit ihren Habseligkeiten bei sich. Sie sind müde, aber in ihren erschöpften Gesichtern liegt auch Erleichterung. Sie haben es geschafft – vorerst zumindest, mag mancher denken, denn vor ihnen liegt der Weg durch die Verwaltung, die in langwierigen Verfahren über ihren Aufenthalt entscheiden wird. Aber als sie in der Dunkelheit aus dem Bus in die kalte Abendluft treten, sind diese Gedanken fern.

Sie sind geflohen vor Perspektivlosigkeit und Armut, manche vor Verfolgung. Viel weiter südlich haben sie die Grenze dieses verheißungsvollen Landes das erste Mal übertreten, zusammen mit Tausenden anderen – pro Tag. Dort mussten sie in völlig überfüllten Unterkünften ausharren. Viele reisten freiwillig weiter, manche wurden in Flugzeuge gesetzt und in andere Städte geschickt.

Wer hier aus dem Bus steigt, der will sich niederlassen. Junge Männer sind es zum großen Teil, die Arbeit und ein Dach über dem Kopf suchen. Sie werden von Helfern empfangen, die ihre Ankunft organisieren. Viele Ankömmlinge sprechen die Landessprache nur gebrochen. Aber trotz der Strapazen haben viele ein Lächeln auf dem Gesicht, als sie endlich in der Stadt ankommen, eine ungewisse Zukunft vor Augen.

Doch viele Menschen, die in der Stadt leben, heißen sie längst nicht mehr willkommen.

Sie sind keine Rassisten, sagen sie.[290] Aber genug sei genug. Die Asylsuchenden sind in Turnhallen untergekommen, dann wurden die Proteste der Eltern laut, und weil immer mehr Geflüchtete kamen, musste der Bürgermeister kreativ werden: Zelte, Hotels, sogar Kreuzfahrtschiffe hat er schon in Erwägung gezogen. Die Obdachlosenheime haben schon längst keinen Platz mehr. Inzwischen spricht er von einer »humanitären Krise« und ruft den Notstand aus. Und es sollen noch mehr Menschen ankommen.[291] Die Wut der Anwohner wird das nicht lindern. Die Hilfsbereitschaft schwindet dahin.

Es ist nicht die Schuld der Migranten, dass der Wohnraum in der Stadt knapp und teils unbezahlbar und die Infrastruktur einfach nicht für so viele tagtäglich ankommende Menschen ausgelegt ist. Ebenso sind Sorgen der Menschen, die schon länger in der Stadt wohnen, länger da als die große Zahl Flüchtender. Die Probleme gab es schon vorher, aber die schiere Zahl der Neuankömmlinge wirkt wie ein Brennglas und zeigt deutlich auf, was zu knapp ist, zu schlecht verteilt, schlicht falschläuft.

All das könnte sich in einer deutschen Gemeinde abspielen, 2015 oder 2016 vielleicht, aber diese Szenen spielen in New

York City. Im September 2023 sind fast 120.000 Menschen in der Stadt angekommen, Tendenz weiter steigend.[292] Viele freiwillig, aber manche auch deshalb, weil der republikanische Gouverneur von Texas, Greg Abbott, sie dorthin hat ausfliegen lassen, ebenso nach Chicago und Washington. Er weiß genau, dass er damit soziale Konflikte provoziert. Und das macht Druck auf US-Präsident Joe Biden. Der soll endlich die Grenze zu Mexiko abriegeln, wie es sein Vorgänger, Abbotts Parteifreund Donald Trump, immer versprochen hatte.

Die Migranten sind Schachfiguren in einem politischen Spiel. Abbott spielt es, ebenso sein Amtskollege Ron DeSantis in Florida. Auch er lässt die Einwanderer in liberale Städte transportieren, nach dem Motto: Ihr seid doch so für eine offene Migrationspolitik! Dann seht auch zu, wie ihr damit zurechtkommt.

Die republikanischen Hardliner haben die Migranten und Schutzsuchenden längst als Sündenböcke ausgemacht. Schon Trump begann die Kampagne seiner ersten Präsidentschaftswahl mit Tiraden über mexikanische Einwanderer, die Drogen, Kriminalität und Gewalt in die USA bringen würden. Abbott und DeSantis brauchen an diesen Diskurs nur anzuschließen. Die Ablehnung von Migranten in ihrer Wählerschaft ist stark. 2020 halten 44 Prozent der republikanischen Wähler und Sympathisanten sie für eine Belastung, während 41 Prozent glauben, das Land profitiere von ihnen. Unter jenen, die den Demokraten zugeneigt sind, denken 88 Prozent positiv und nur 8 Prozent negativ über Migranten.[293] 79 Prozent der Republikaner befürworten mehr Deportationen illegal eingereister Menschen. Unter den demokratischen Wählern sind es nur 38 Prozent.[294]

Und so ist es auch kein Wunder, dass beispielsweise DeSantis im Mai 2023 ein Gesetz erließ, das unter anderem das

Budget für die Weiterleitung der Einwanderer aufstockt und Kommunen verbietet, illegalen Migranten Dokumente auszustellen – »to combat Biden's border crisis«, wie die dazugehörige Pressemitteilung verspricht.[295]

Hinter solchen Aktionen steht nicht einfach blanker Zynismus. Wo Rechtspopulisten regieren, wollen sie umsetzen, was sie in ihren Programmen ankündigen: Die, die zuerst hier waren, haben mehr Rechte als die, die später kommen. Und die, die kommen, sind vor allem eine Bedrohung, wirtschaftlich und gesellschaftlich.

Die Rechtspopulisten profitieren dabei von einem medialen Diskurs, in dem Migranten und Asylbewerber als Akteure unterrepräsentiert sind und, wenn sie vorkommen, vor allem als Gefahr dargestellt werden.[296] Entweder erscheinen sie naturgewaltig als »Flüchtlingswelle«, die gesichtslos heranrollt und gegen die man sich zu schützen hat – ein Bild, für das »Grenzen dicht!« die komplementäre Forderung ist. Oder aber sie sind Kriminelle, deren Fälle vor allem in der Boulevardpresse aufgegriffen werden und die dann wieder potenziell für »alle« stehen: Man holt sich eben auch »solche Leute« ins Land.

Eine restriktive Politik gegen Minderheiten erscheint in einem solchen Klima legitim. Und zu gern kündigen die Rechtspopulisten eine Einwanderungspolitik mit »harter Hand« oder ähnlich markigen Worten an. Aber das bedeutet nicht, dass das auch unbedingt passiert, wenn sie an der Macht sind. In manchen Fällen konnten die Rechtspopulisten zwar Erfolge für sich verbuchen. In Dänemark erwirkte die Dänische Volkspartei beispielsweise schon Anfang der 2000er-Jahre restriktivere Regeln bei der Familienzusammenführung und geringere wohlfahrtsstaatliche Leistungen für Einwanderer; in Österreich setzte die FPÖ Änderungen des Aufenthaltsrechts durch.[297] Aber insgesamt ist die Einwanderungspolitik in Europa trotz der erstarkenden Rechtspopulisten nicht restriktiver, sondern offener geworden. Vielmehr wurde die Integrationspolitik, also die Rechte und Pflichten derer, die eingewandert sind, verschärft.[298]

Im Zuge dessen haben die Rechtspopulisten Angehörige von Minderheiten im Visier, die teils seit Generationen in diesen Ländern ansässig sind. Die Schweizer Initiativen gegen Minarette richteten sich nicht gegen Migranten, sondern vor allem gegen muslimische Schweizer. Aber im Denken der Rechtspopulisten macht das keinen Unterschied – weil Muslime kulturell, religiös, für manche auch aufgrund ihrer ethnischen Herkunft nicht zu dem Kern gehören, der die »echte Schweiz« ausmacht.

Vielerorts, vor allem in Teilen Mittel- und Osteuropas, bricht sich auch ein politischer Antisemitismus Bahn, der an Verschwörungsmythen über mächtige, im Hintergrund operierende jüdische Gruppen anschließt. Solche Komplott-Erzählungen existierten bereits im Mittelalter und setzten sich bis in die Neuzeit fort, wo sie Teil rechtsextremer Ideologien wurden. Galten Juden einst als »Brunnenvergifter«, steckten sie nun als einflussreiche Wirtschaftslenker hinter ökonomischen und sozialen Krisen. Im Februar 2019 kann man keinen Spaziergang durch die Budapester Innenstadt machen, ohne an einem Plakat vorbeizukommen, auf dem zwei lachende Männergesichter abgebildet sind: Jean-Claude Juncker, damals Präsident der Europäischen Kommission, und etwas versetzt hinter ihm: der Unternehmer George Soros. Das Plakat gehört zu einer Kampagne, in der die Fidesz-Regierung die EU bezichtigte, in das nationale Einwanderungsrecht eingreifen zu wollen. Die EU sah sich gezwungen, diese Behauptungen mit eigenen Flugblättern zu entkräften.[299] Aber die Verschwörungsgeschichte war in der Welt. Eine von vielen. Und wie so oft wurde George Soros, der in Ungarn geborene und in die USA ausgewanderte Jude, als Strippenzieher im Hintergrund dargestellt. So auch ein Jahr zuvor: Da prangten riesige Plakate im ganzen Land, die einen grinsenden Soros inmitten seiner Komplizen zeigten: Politiker der Oppositionsparteien, in den Händen Bolzenschneider, mit denen sie einen Grenzzaun zerschnitten hatten, dessen Überreste im Hintergrund zu sehen waren. Botschaft: Soros lässt seine Helfer die Grenzen öffnen, damit Ungarn durch Masseneinwanderung destabilisiert wird. Oder 2017, als Soros' Gesicht von Postern grinste: Er solle nicht »das letzte Lachen haben«, hieß es auf dem Plakat. Soros, der Unternehmer und Philanthrop, steuere die Einwanderung, wolle vor allem Muslime in Ungarn ansiedeln, um die Ordnung zu untergraben und die ungarische Kultur auszuhöhlen – »westeuropäische Christen« hingegen seien willkommen.[300]

Migration als Komplott der EU, der demokratischen Opposition und eines mächtigen jüdischen Finanziers. Das folgt dem typischen Muster antisemitischer Verschwörungserzählungen: Soros als Puppenspieler im Hintergrund und die Oppositionsparteien ebenso wie die Europäische Union als willfährige Helfer. Fidesz hingegen präsentiert sich als Verteidigerin der christlich-ungarischen Nation. Indem sie ein praktisch übermächtiges Feindbild schafft, sieht ihre eigene Politik umso mehr nach Widerstand aus. Kann sie sich nicht durchsetzen – etwa, weil das Asylrecht zu einem großen Teil europäisch geregelt ist –, dann steht sie dennoch heroisch da. Der politische Erfolg wird dabei also nebensächlich; was zählt, ist der erbitterte Kampf gegen den Feind. Wenn man verliert, ist der Gegner einfach zu mächtig. Ein guter Grund, diejenigen, die das »wahre Volk« beschützen wollen, noch stärker zu machen – mit einer Stimme bei den nächsten Wahlen.

Soros hatte übrigens die renommierte Central European University (CEU) gegründet und mit Stiftungsgeldern versorgt, die in Budapest ansässig war, bis sie auf Drängen der ungarischen Regierung ihren Standort wechselte. Die Universität emigrierte nach Wien.

Politik gegen die kulturell »Fremden« ist Teil eines umfassenden gesellschaftspolitischen Programms. Dort, wo Rechtspopulisten an der Regierung sind, werden auch die Rechte bestimmter Gruppen zurückgebaut; zumindest aber werden die »Fremden« markiert, sind Schmähkampagnen und Diffamierungen ausgesetzt – alles im Namen des »wahren Volkes«, das sich sein Land »zurückholen« soll. Und das betrifft bei Weitem nicht nur Angehörige religiöser Minderheiten, Migranten und Asylbewerber.

FRAUEN* UND KINDER ZUERST

Wo die rechten Populisten an der Macht sind, folgen sie einer Agenda, mit der die Gesellschaft umgestaltet werden soll. Was für andere gesellschaftlicher Fortschritt ist, sind für sie Verfallserscheinungen eines dekadenten Zeitalters, denen sie sich entgegenstellen. Sie wollen die Wiederherstellung einer guten, alten Zeit, in der die Dinge »normal« waren. Eine Gesellschaft autochthoner Familien mit klaren Rollenverteilungen zwischen zwei Geschlechtern. Was diese Ordnung in Frage stellt, bekämpfen sie: die weibliche Autonomie über den eigenen Körper, die Selbstbestimmung von trans* Personen, die Rechte homosexueller Menschen. Transgeschlechtlichkeit, allgemein Fragen der sexuellen Identität, ziehen sie wahlweise ins Lächerliche oder unterstellen ihnen Zersetzungspotential – so, als ob die familiären Bande zwischen Mann, Frau und Kind(ern) ein knappes Gut wären und zur Neige gingen, wenn man nicht heterosexuellen Menschen dieselben Rechte zugesteht.

In 14 der 27 EU-Länder können schwule oder lesbische Paare heiraten, in 22 Staaten mindestens eine registrierte Partnerschaft eintragen lassen.[301] Ein solches Recht existiert weder in Polen noch in der Slowakei. In Ungarn wurde ein Verbot gleichgeschlechtlicher Partnerschaften sogar in der Verfassung festgelegt. In Ungarn, Polen, der Slowakei und Tschechien können homosexuelle Paare keine Kinder adoptieren. Ebenso werden die Rechte der Frauen beschnitten, über ihren eigenen Körper zu bestimmen. In Ungarn sieht die Verfassung zwar vor, dass das menschliche Leben ab dem Moment der Empfängnis geschützt wird. Zur Aufhebung der seit 1953 immer weiter gelockerten Abtreibungsrechte hat das allerdings bislang noch nicht geführt. Allerdings müssen Frauen in Ungarn vor einer Abtreibung einen Ultraschalltest durchführen lassen – um wenigstens einmal den Herzschlag des Fötus zu hören. In Polen ist Abtreibung seit 2021 nur dann möglich, wenn die Schwangerschaft das Ergebnis eines Verbrechens ist oder das Leben der Mutter gefährdet. Zuletzt war das Abtreibungsrecht in dem Land Mitte der 1950er-Jahre so restriktiv.

Solche Regelungen und Diskurse sind nicht auf Mittel- und Osteuropa beschränkt. Denken wir an die USA, wo der mehrheitlich konservativ besetzte Supreme Court im Juni 2022 das bundesweite Recht auf Abtreibungen kippte und die Entscheidung darüber den einzelnen Bundesstaaten übergab. Damit ist das Thema zurück auf der politischen Agenda, und obwohl sich in Volksabstimmungen in aller Regel die durchsetzen, die für liberalere Abtreibungsrechte eintreten, kann die politische Rechte das Thema nutzen, um ihre eigenen Anhänger zu mobilisieren.

Es geht den Populisten nicht nur um Homosexuelle, sondern um alle, die von der Geschlechternorm abweichen. Sie wettern gegen trans* Personen, non-binäre Menschen, Drags. So der im Oktober 2023 erneut ins Amt des slowakischen Ministerpräsidenten gewählte Populist Robert Fico. Ähnlich wie Wagenknecht kombiniert er ein wirtschaftlich eher linkes mit einem gesellschaftlich eher konservativen Profil. Mobilmachung auf dem Rücken der LGBTQ+-Gemeinde war Fico so wichtig, dass das Thema sogar in einem Wahlkampfvideo auftauchte, wie das Portal »Queer« berichtet.[302] Dort war eine Person zu sehen, die seinem wichtigsten Kontrahenten ähnlich sah und eine Regenbogenflagge trug. Fico kommentierte dies mit den Worten, dass sein Gegner »entscheidet, ob er heute ein Junge, Mädchen oder Helikopter ist«, wohingegen er selbst klar machte: »Gender-Ideologie (ist) in der Schule inakzeptabel und die Ehe eine einmalige Verbindung zwischen Mann und Frau.«

Zurück zu Giorgia Meloni, der Frau, Mutter, Christin, Italienerin. Noch nicht lange im Amt, zeigt sie, was ihre Regierung für Familien bedeutet, die von der gesetzten Norm abweichen. Gleichgeschlechtliche Eltern werden in einigen italienischen Gemeinden vor Gericht erscheinen müssen. Grund: Das Innenministerium hatte verfügt, ihren Kindern, die oft in Leihmutterschaft gezeugt werden, keine Geburtsurkunden mehr auszustellen.[303] Mancherorts müssen gleichgeschlechtliche Paare sogar um ihre Elternschaft bangen. Denn sie genießen keinen offiziellen gesetzlichen Schutz, sondern werden von linken Gemeinden lediglich geduldet – weil es eben auch kein offizielles Verbot gibt.[304]

»Weibliche Anführer bedeuten nicht gleich Geschlechtergerechtigkeit«, stellen die Forscherinnen Laura Montecchio und Marianna Griffini fest.[305] Meloni zeigt, was das bedeutet: eine Rückkehr zur traditionellen Familie und die Abwicklung der erreichten Fortschritte in der Familien- und Gleichstellungspolitik.

IM NAMEN DES VOLKES

Im Sommer 2015 mussten die polnischen Liberal-Konservativen (PO), die gemeinsam mit der Bauernpartei die Regierung bildeten, mit dem Schlimmsten rechnen. Bei den kommenden Wahlen drohte ihnen eine Niederlage und ein Sieg der Rechtspopulisten. Die PiS-Partei, deren Name übersetzt »Recht und Gerechtigkeit« bedeutet, lag in den Umfragen vorn. Unzufriedenheit und die Angst vor Geflüchteten, die in großer Zahl nach Europa kamen, hatte ihr Auftrieb verliehen. Die PiS, die selbst einige Jahre zuvor kurz an der Macht gewesen war, drosch auf die PO-geführte Regierung ein. Und die versuchte wiederum um das Thema Migration, das unter den Bürgern denkbar unpopulär war, einen Bogen zu machen. Die Koalitionsparteien wussten, dass im Migrationsthema ein Sprengstoff lag, der ihnen an der Wahlurne schaden konnte.

Ein möglicher Wahlsieg der PiS bereitete den Regierungsparteien aber noch aus einem anderen Grund Kopfzerbrechen. Mehrere Richter des polnischen Verfassungsgerichts schieden aus; drei noch in dieser Legislaturperiode, zwei weitere nach der Wahl. Um zu verhindern, dass die PiS, sollte sie nach der Wahl die nötige Mehrheit haben, ihre eigenen Kandidaten durchsetzen konnte, griff die PO zu einer Finte. Ihre Regierungsmehrheit beschloss ein Gesetz, mit dem sie direkt alle fünf Richterstellen besetzen konnte. Sie regierte in die Kompetenzen des zukünftigen Parlaments hinein. Anstatt den Ablauf der jeweiligen Wahlperiode der Richter abzuwarten, wollte man den Teufel mit dem Beelzebub austreiben.

Die PiS schäumte. Polens Präsident Duda – der bereits im Mai 2020 als PiS-Kandidat ins Amt gewählt worden war – verweigerte die Vereidigung der neu gewählten Richter.

Im Oktober gewann die PiS die Parlamentswahl deutlich mit 37,6 Prozent. Die PO musste herbe Verluste hinnehmen. Sie verlor satte 15,1 Prozentpunkte gegenüber der vorherigen Wahl. Mit einem solchen Mandat ausgestattet, machte sich die PiS gleich daran, die Richterwahl rückgängig zu machen und ihre eigenen Leute auf die Posten zu hieven. Es kam zu einer langanhaltenden Verfassungskrise; ein Stellungskrieg, der von Regierung (jetzt der PiS), Opposition und Gerichten mit allen Bandagen geführt wurde. Gesetzesnovellen, Richter-Nominierungen und Klagen aus dieser Zeit wirken sich bis auf den heutigen Tag aus.

Die Sorge der früheren PO-Regierung sollte sich als berechtigt erweisen. Am Ende war die PiS in der Lage, ihre Ziele durchzusetzen und die Kontrollmöglichkeiten der Justiz gegenüber der Regierung, die für eine Demokratie elementar sind, empfindlich zu schwächen. In einem langen, zähen Ringen gelang es der neuen Regierungspartei, den Verfassungsgerichtshof schrittweise mit Parteileuten zu besetzen – bis auf einen Richter, der noch von der liberalkonservativen Parlamentsmehrheit vorgeschlagen worden war. Alle anderen Richter kamen nach dem 1. Dezember 2015 ins Amt, also nach den umstrittenen Justizreformen.

Die PiS stellte nicht nur sicher, dass die Verfassungsrichter auf ihrer Seite waren, sondern auch, dass die Juristen an den nachgeordneten Gerichten nicht aus der Reihe tanzten.[306] In Polen gibt es ein Organ, das den Titel »Nationaler Justizrat« trägt. Um die Unabhängigkeit der Justiz zu garantieren, wählten die Richter ihre eigenen Vertreter in dieses Gremium.[307] Die PiS änderte das per Gesetz. Seit 2017 wird der Justizrat durch das Parlament bestellt. Und weil die Rechtspopulisten dort bis zur Wahl 2023 eine Mehrheit hatten, setzten sie ihre Kandidaten durch. Am Obersten Gerichtshof schuf man eine Disziplinarkammer, die direkt dem Justizminister unterstellt ist: Zbigniew Ziobro von der rechtsextremen Partei »Solidarisches Polen«, dem Koalitionspartner der PiS. 2020 wurde ein Gesetz verabschiedet, das es den Richtern verbietet, sich zur Justizpolitik der Regierung zu äußern – vom »Maulkorbgesetz« spricht man in der Opposition.[308]

So abmühen wie ihre polnischen Kollegen musste sich Fidesz in Ungarn nicht, als es um den Umbau der Justiz ging. Das lag vor allem daran, dass die Regierung im Parlament über eine Zweidrittelmehrheit verfügte, mit der sie Verfassungsänderungen durchsetzen konnte. Mit der neuen Verfassung von 2011 regelte Fidesz auch gleich die Besetzung und die Befugnisse des Verfassungsgerichts.

Erster Streich: die Bestellung der Verfassungsrichter.[309] Diese werden mit Zweidrittelmehrheit durch das Parlament gewählt, nachdem sie – ebenfalls mit Zweidrittelmehrheit – durch einen Unterausschuss nominiert wurden. Da die Regierung sowohl im Parlament als auch im Ausschuss diese komfortable Mehrheit hat, sind die Voraussetzungen dafür geschaffen, dass die Regierung ihre Kandidaten sowohl aufstellt als auch wählt. Um genug eigene Kandidaten installieren zu können, wurde im Voraus auch die Gesamtanzahl der Richter durch die Fidesz-Partei erhöht.[310] Dasselbe gilt für die Wahl des Gerichtspräsidenten, der unter der neuen Verfassung nicht durch das Gericht selbst, sondern durch das Parlament gewählt wird – vordergründig eine »Demokratisierung« des Verfahrens, gleichzeitig aber auch die Möglichkeit, den Einfluss der Regierung zu zementieren.[311]

Zweiter Streich: die Befugnisse des Gerichts.[312] In der neuen Verfassung wurden die Möglichkeiten, Gesetze auf ihre Verfassungsmäßigkeit zu prüfen, drastisch beschnitten. Zum einen darf das Verfassungsgericht nicht mehr über Gesetze entscheiden, die die Staatsfinanzen regeln. Und zum anderen darf es Gesetze, die die Verfassung ändern, nicht auf ihre Übereinstimmung mit der ungarischen Verfassung überprüfen. Im Gegenzug ist das Gericht aber dazu verpflichtet, selbst nicht nur im Sinne der Verfassung zu entscheiden, sondern auch noch im Geiste der Präambel des ungarischen Grundgesetzes – dem »Nationalen Glaubensbekenntnis« einer christlichen, ethnisch-ungarischen Nation.

Und ähnlich wie in Polen wurde das Justizwesen unter die direkte Aufsicht der Regierung gestellt – genauer gesagt, unter das »Nationale Amt für das Justizwesen«, dessen Präsident vom Parlament – also der Regierungsmehrheit – bestimmt wird.[313]

Nicht nur rechte Populisten versuchen, die Verfassungsgerichte unter ihre Kontrolle zu bringen. Auch wenn die linkspopulistische Syriza-Regierung in Griechenland die Befugnisse des höchsten Gerichts nicht formal beschnitt, tauschte sie Richter aus, ersetzte sie durch solche, die auf ihrer Linie lagen, und strengte Disziplinarverfahren gegen jene an, die die Regierung offen kritisierten.[314] Aber den konsequenten

Umbau mit dem Ziel, die Kontrolle der Regierung durch die Justiz dauerhaft zu schwächen – das ist eine typische Strategie der Rechtspopulisten.

Es ist kein Zufall, dass die Populisten sich der Verfassungsgerichte annehmen. Sie sind gewissermaßen die letzte und wohl auch die größte Hürde, die es zu nehmen gilt, wenn man die Demokratie nach seinem Willen umgestalten will. Denn die Verfassungsgerichte entscheiden darüber, ob die entsprechenden Maßnahmen eines Parlaments oder einer Regierung rechtens sind. Aber das ist eben immer auch Auslegungssache. Wer »ungestört« regieren will, braucht am besten ein schwaches Gericht, das wenig überprüft – wie in Ungarn. Zumindest aber braucht man Richter, die die gleiche Rechts- und Verfassungsauslegung teilen wie die Regierung – in Ungarn und in Polen ist genau das der Fall.

Die Besetzung von Verfassungsgerichten wird in der Regel nicht durch die Regierungsparteien vorgenommen, sondern durch große Mehrheiten – deshalb braucht es Konsens zwischen Regierung und Opposition. In Deutschland werden die Verfassungsrichter je zur Hälfte von Bundestag und Bundesrat gewählt, und zwar jeweils mit Zweidrittelmehrheit. Regierung und Opposition müssen sich also miteinander verständigen. In den USA werden die Verfassungsrichter durch den Präsidenten nominiert und durch den Senat entweder bestätigt oder abgelehnt. Der Präsident hat in der Regel nicht die Möglichkeit, den gesamten Supreme Court mit seinen Unterstützern zu bemannen. Denn jeder Richter wird auf Lebenszeit gewählt und das Verfassungsgericht daher nie in Gänze neu besetzt. Insofern ist beispielsweise in Ungarn die erforderliche Zweidrittelmehrheit bei der Wahl der Richter nicht das Problem. Sie wird auch nicht deshalb zum Problem, weil die Regierung diese Mehrheit für sich allein hat. Das Problem entsteht, weil mehrere Aspekte zusammenkommen: die Zweidrittelmehrheit der Rechtspopulisten, die Neubesetzung mit regierungsnahen Richtern, ein schwaches Gericht mit zusammengestutzten Kompetenzen und eine Verfassung, die die Richter auf deren ethnisch-nationalen Geist verpflichtet.

Auch die Rechtspopulisten in anderen Ländern nehmen die Verfassungsgerichte ins Visier. So etwa Björn Höcke. In einem Interview mit dem Portal »inSüdthüringen« sagte er im Hinblick auf die Landtagswahl 2024, das Wahlziel der AfD sei eine »Sperrminorität von 33 Prozent«.[315] Denn: »Dann könnte gegen uns nicht mehr die Verfassung geändert werden oder die Wahl von Verfassungsrichtern wäre ohne uns nicht mehr möglich.« Er bezieht sich damit auf die Landesverfassung beziehungsweise den Verfassungsgerichtshof des Landes Thüringen. Denn die Verfassung des Freistaats regelt die Wahl der Richter in Artikel 79: »Sie werden durch den Landtag mit der Mehrheit von zwei Dritteln seiner Mitglieder auf Zeit gewählt.«

Erreicht die AfD also ein Drittel plus einen weiteren Sitz im Parlament, dann kann eine Besetzung von Richterposten nicht mehr ohne ihre Zustimmung erfolgen. Unter den demokratischen Parteien verläuft die Benennung der Richter normalerweise geräuschlos. Dieses eigentlich konsensuale Verfahren würde durch die AfD politisiert. Beispielsweise könnte sie dem Kandidaten der anderen Parteien die Zustimmung verweigern. Umgekehrt würden die wohl zunächst niemanden unterstützen, der durch die AfD aufgestellt wurde. Das würde der AfD die Möglichkeit geben, sich als Außenseiter darzustellen, der gegen ein gemeinsam operierendes Parteienkartell kämpft.

Ein Geduldsspiel – vor allem für die Gegner der AfD. Denn sie haben ein Interesse daran, das Problem irgendwann zu lösen. Die AfD würde darauf setzen, dass im Block der »Altparteien« irgendwann Risse entstehen und die ersten fordern, den AfD-Kandidaten mitzutragen. Die Rechtspopulisten müssten umgekehrt nichts anderes tun als warten. Zieht sich das Verfahren lange hin, könnten sie die anderen Parteien als unfähig und »undemokratisch« an den Pranger stellen. Setzt die AfD sich irgendwann durch, hätte sie einen weiteren entscheidenden Schritt in die Institutionen hineingeschafft.

Aus Sicht ihrer eigenen Wählerschaft hätte sie einen unschlagbaren Trumpf in der Hand: das Wahlergebnis selbst. Denn mit mehr als 33 Prozent der Wählerstimmen, womöglich noch als stärkste Fraktion, verträte sie zweifellos einen bedeutenden Anteil der wahlberechtigten Bürger. Daraus lassen sich natürlich noch keine Ansprüche auf parlamentarische Einbindung ableiten – aber in populistischen Wählermilieus (und teils auch darüber hinaus) denkt man bekanntlich anders über die Demokratie. Und wer ein Drittel der Wähler repräsentiert, will wahrscheinlich auch in den Institutionen – und damit dem Verfassungsgericht – angemessen vertreten sein.

Während die AfD noch in den Startlöchern steht, folgen in Polen und Ungarn die Verfassungsgerichte der Regierungslinie. Die Konsequenzen sind nicht einfach abstrakt. Mittels der höchsten Gerichte verändern die rechtspopulistischen Regierungen die Gesellschaft. Oft in kleinen, aber bedeutenden Schritten, die reale Auswirkungen haben.

»A Fairytale for Everyone« lautet der englischsprachige Titel eines Kinderbuchs, das in einem ungarischen Verlag erschien. Inhalt: eine Sammlung von Märchen, die bewusst eine Vielfalt von Geschlechtsidentitäten zeigen und Kinder zur

Offenheit und (Selbst-)Akzeptanz ermutigen soll. Der homosexuelle Schauspieler Ian McKellen (»Gandalf«) lässt sich auf dem Einband zitieren: »Ich wünschte, ich hätte dieses Buch als Kind gelesen!«

Im Ungarn dieser Tage ist ein LGBTQ+-Kinderbuch nicht gern gesehen. In der Tageszeitung »Magyar Nemzet« wurde das Buch in die Nähe von Pädophilie gerückt[316] – die Gleichsetzung dieser Neigung mit Homosexualität ist ein uraltes, nicht nur in rechten Kreisen gepflegtes Vorurteil. Dagegen klagte die lesbische Vereinigung »Labrisz« und zog bis zur höchsten Instanz.

Das Verfassungsgericht entschied zugunsten der Journalisten. Es vertrat die Ansicht, dass queere Identitäten und Homosexualität nicht gleichgesetzt worden seien, sondern lediglich dieselbe gefährliche Wirkung auf Kinder hätten. Das wiederum sei nicht nur durch die Meinungsfreiheit gedeckt, sondern geradezu wünschenswert:

»Gerade diese Debatten fördern den Pluralismus in der Gesellschaft und das Überleben der Demokratie, und umgekehrt: Es widerspricht dem demokratischen Diskurs, wenn die Gesetzgebung und die Rechtsanwendung den freien Austausch von Meinungen und Überzeugungen nicht zulassen. Das ist auch im Bereich der Homosexualität nicht anders.«[317]

Das Gericht muss sich gar nicht direkt in den Dienst des verfassungsmäßig verankerten Gesellschaftsbilds der rechten Populisten stellen. Es genügt, wenn es auf die Meinungsfreiheit pocht, um deutlich zu machen, was nicht nur sagbar ist, sondern als Beitrag zur Debatte sogar gewollt. Über diese Präferenzordnung, die im Einklang mit dem Recht ist, trägt es die rechtspopulistische Agenda mit.

In Polen trug die Rechtsprechung des Verfassungsgerichts dazu bei, die konservative Gesellschaftspolitik der PiS dauerhaft zu verankern.

Im Oktober 2020 reichten über 100 Abgeordnete der PiS und einer rechtsextremen Kleinpartei Klage vor dem Verfassungsgericht ein. Ihr Ziel: das seit 1993 geltende Abtreibungsrecht weiter zu beschneiden. Bei ihrer Klage sollte es um die Frage gehen, ob unheilbar kranke Föten abgetrieben werden dürfen oder nicht. Die PiS und ihre Mitstreiter argumentierten, dass diese bislang bestehende Regelung gegen den in der Verfassung garantierten Schutz des Lebens verstoße. Schützenhilfe erhielten sie vom polnischen Justizminister selbst.[318]

Das Gericht gab der Klage statt. In Warschau gingen Tausende auf die Straße, um gegen den Entschluss zu protestieren – vergeblich. Von »institutionalisierte[r] Gewalt des Staates gegen Frauen« sprach Krystyna Kacpura, die die Organisation für Frauenrechte und Familienplanung vertrat.[319] Auch wenn Präsident Duda einen milderen Gesetzesentwurf ankündigte, nach dem Abtreibungen legal blieben, »wenn es laut medizinischer Diagnose wahrscheinlich ist, dass das Kind tot zur Welt komme oder wegen seiner Fehlbildungen kurz nach der Geburt sterben werde«,[320] bleibt unterm Strich bestehen: Das Verfassungsgericht war zu einem Instrument geworden, mit dem die PiS-Regierung Schritt für Schritt ihre katholisch-konservative Gesellschaftspolitik durchsetzen konnte.

PROPAGANDAMASCHINEN

In einem Fahnenmeer wehen polnische Flaggen und der Sternenring der Europäischen Union. In Warschau haben sich zehntausende Menschen versammelt. Es ist eine großangelegte Aktion. Die Bürger demonstrieren gegen die PiS-geführte Regierung, gegen ihre Justiz- und Medienreformen.[321] Durch die will die Regierung mehr Kontrolle übernehmen und die Gewaltenteilung einebnen. Zum Beispiel werden die Senderchefs von Radio und Fernsehen künftig direkt durch das Kultusministerium ernannt. Die Regierung hat also direkten Zugriff auf das Programm.[322] Die Demonstranten wissen, was in Polen auf dem Spiel steht. Ohne unabhängige Justiz keine Kontrolle der Regierung; ohne freie Medien keine unabhängige Berichterstattung.

Ähnlich hatte es schon die Fidesz-Regierung in Ungarn gemacht. Man gründete einen Medienrat innerhalb einer neuen »Nationalen Medien- und Kommunikationsbehörde« und besetzte ihn allein mit Regierungstreuen.[323] Nicht nur müssen sich alle Medien dort registrieren, sie verpflichten sich auch zu »ausgewogener« Berichterstattung. Verstöße werden mit drastischen Geldstrafen geahndet. Auch dort gehen die Menschen auf die Straße – letztlich ohne Erfolg. Nach und nach sickert das restriktive Gesellschaftsbild, das Fidesz schon in der Verfassung verankerte, in die Mediengesetze ein. Die Darstellung von Homosexualität und Transgeschlechtlichkeit wird stark zensiert. Regierungskritische Berichterstattung wird willkürlich verboten.[324]

In der internationalen Rangliste der Pressefreiheit von »Reporter ohne Grenzen« liegt Polen inzwischen auf Platz 57, Ungarn auf Rang 72 von 180. Zum Vergleich: Norwegen belegt den ersten Platz, Deutschland rangiert auf Platz 21.[325]

Wenn ein Regime weitestgehend ungestört agieren will, muss es die Gewaltenteilung ausschalten und die Hoheit über die öffentliche Meinung gewinnen. Die Justiz- und Medienpolitik in Ungarn und Polen zielt auf beides ab. Es geht dabei nicht nur darum, Unterstützung für die eigene Politik dauerhaft zu sichern und kritische Stimmen auszublenden, sondern auch darum, sich einen Wettbewerbsvorteil zu bewahren. Der Preis: Bürger werden nicht mehr informiert, sondern mit Propaganda versorgt. Sachverhalte werden so verzerrt, dass die Regierung besonders gut dasteht. Politische Alternativen werden eingeschränkt und kleingeredet. In Ungarn haben die regierungsnahen Medien Orbáns Bild vom starken Anführer übernommen, die populistische Rhetorik vom »wahren Volk« adaptiert und sind längst auf eine antieuropäische Linie eingeschwenkt.[326]

Eine besonders autoritäre Medienpolitik betreibt die Regierung von Präsident Recep Tayyip Erdoğan in der Türkei. Im Ranking von »Reporter ohne Grenzen« liegt das Land auf Platz 165 von 180 – noch hinter Russland. Mehrere Journalisten sitzen dort in Haft, unter anderem wohl auch wegen des 2022 beschlossenen »Desinformationsgesetzes«: Die Verbreitung von »Falschinformationen« – nicht nur durch Journalisten, sondern durch jedermann – wird mit Haft bestraft. Aber was genau mit »Desinformation« gemeint ist, darüber schweigt das Gesetz. Das ist Absicht, denn es geht vor allem darum, Regierungskritiker einzuschüchtern. Sie können für alles belangt werden, das nicht auf Linie mit dem Präsidenten liegt, und sie können nie wissen, wann genau das Regime zuschlägt. Und daran, dass die türkische Justiz das Gesetz im Sinne der Regierung auslegen wird, besteht wenig Zweifel – nach dem Putschversuch von 2016 wurden die Behörden rasch mit regierungstreuen Mitarbeitern besetzt.[327] Auch ein Großteil der türkischen Medien wird de facto von der Regierung kontrolliert. Konsequenz: Der Opposition wurde im Präsidentschaftswahlkampf 2023 viel weniger Zeit on air eingeräumt. Glaubt man den Zahlen der Opposition, dann kam Amtsinhaber Erdoğan allein im April 2023 auf weit über 30 Stunden, sein Gegenkandidat Kemal Kılıçdaroğlu nur auf 32 Minuten.[328]

Staatlich kontrollierte Medien sind die eine Sache; eine andere sind Medien, die von mächtigen Privatpersonen mit politischen Ambitionen geführt werden. Der bekannteste populistische Medienmogul dürfte der ehemalige italienische Ministerpräsident Silvio Berlusconi sein. Er war bereits ein prominenter Medienunternehmer, als er 1994 seine Kandidatur erklärte. Berlusconi besaß drei Viertel der privaten Fernsehsender – und er wusste sie für sich zu nutzen. Er zeichnete das Bild einer drohenden kommunistischen Herrschaft und stellte sich selbst als agilen und vom tatsächlich korrupten italienischen System unbescholtenen Gewinnertypen dar.[329]

Während seiner Regierungszeit nutzte Berlusconi seine Medienmacht weiter aus.[330] Teils entfernte er unbequeme Journalisten von ihren Posten – und rechtfertigte sich dafür sogar noch öffentlich –, teils ließ er Details über seine eigenen Skandale unterdrücken. Unliebsame Medien überzog er, wo es sich anbot, mit Gerichtsverfahren. Seinen politischen Gegnern ließ er Skandale andichten.

An einer vergleichbaren Strategie versuchte sich der tschechische Unternehmer Andrej Babiš. Babiš war im Besitz der Mafra Mediengruppe, die vor allem im Zeitungs- und Online-Bereich erfolgreich war.[331] Ähnlich wie Berlusconi nutzte er diese Vormachtstellung, um sich als Durchstarter darzustellen. Den sozialdemokratischen Ministerpräsidenten, unter dem er selbst seit 2014 als Finanzminister diente, rückte er in ein negatives Licht. Drei Jahre später wurde Babiš, nachdem er aufgrund von Skandalen seines Amtes enthoben worden war, selbst Ministerpräsident und bekleidete diesen Posten bis 2021.

Auf die Berichterstattung der Mafra zugehörigen Zeitungen nahm Babiš immer mehr Einfluss, indem er ihm gewogene Mitarbeiter im höheren und mittleren Management installierte. In seiner Zeit als Ministerpräsident schwand die Autonomie der Redaktionen dahin. Eine Kultur der Selbstzensur machte sich breit. Viele Journalisten warfen entnervt das Handtuch.[332] Schätzungen zufolge verließ rund ein Viertel der Mitarbeiter die Mafra-Zeitungen zwischen 2013 und 2018.[333] Erst im Spätsommer 2023 verkaufte Babiš die Mafra.

Obwohl Babiš in Tschechien keine staatliche Medienaufsicht einrichtete wie in Ungarn oder Polen, versuchte er durch seine eigene Medienmacht die Berichterstattung unter seine Kontrolle zu bringen. Und dort, wo es ging, blockierte er kritische Berichterstattung. Unliebsame Journalisten bekamen die Konsequenzen zu spüren. Im Herbst 2021 gab er ausgerechnet mit Viktor Orbán eine gemeinsame Pressekonferenz. Reportern internationaler Medien, die sich kritisch über die Regierungschefs geäußert hatten, wurde der Zugang verweigert.[334]

Babiš gelang nicht, was Fidesz und – mit einigen Abstrichen – auch die PiS zustande gebracht hatten. In der pluralistischen tschechischen Medienlandschaft hatte er nie einen so starken Wettbewerbsvorteil wie die anderen populistischen Regierungen. Seine Abwahl erfolgte entsprechend geräuschlos.

Aber das ist nicht immer der Fall, wenn die Populisten an der Macht sind.

GEKOMMEN, UM ZU BLEIBEN

Donald Tusk wirkte glücklich. Aber erleichtert konnte er noch nicht sein.

Der Spitzenkandidat des liberalen Bündnisses hatte am 15. Oktober 2023 einen Sieg errungen. Bei der Wahl zum polnischen Parlament hatte seine Partei einen starken zweiten Platz nur wenige Prozentpunkte hinter der regierenden PiS belegt. Was noch viel wichtiger war: Die PiS hatte auch zusammen mit ihren möglichen Koalitionsparteien keine Mehrheit. Tusk würde neuer Ministerpräsident werden. Die Rechtspopulisten waren abgewählt worden. So schien es – aber ganz am Ziel waren er und seine Mitstreiter noch nicht.

»Die Demokratie hat gewonnen«, sagte Tusk an jenem Abend. »Wir haben sie von der Macht entfernt.«[335] Das klingt wie Freude über einen friedlichen Regierungswechsel, aber es schwingt auch ein Unterton mit, von dem man nicht weiß, ob er Erleichterung oder Besorgnis beinhaltet.

Denn die Rechtspopulisten hatten vorgesorgt. Nun sollte sich auszahlen, dass sie das Verfassungsgericht mit ihren eigenen Leuten hatten besetzen können und mit Andrzej Duda ein PiS-Mann im Präsidentenpalast saß. Und: Die Regeln der polnischen Verfassung spielten ihnen in die Hände.

Im Gegensatz zu anderen Ländern – etwa Deutschland – wird der Regierungschef in Polen nicht im ersten Schritt vom Parlament gewählt und dann vom Staatsoberhaupt ernannt, sondern umgekehrt. Der Präsident ernennt einen Premierminister, der dann die Zustimmung des Parlaments einholen muss. Der Präsident wählt in der Regel den Kandidaten der Partei mit den meisten Stimmen aus. Das war auch bislang kein Problem, weil diese Partei meist in der Lage war, eine Koalition zu bilden.

Nach der Wahl 2023 war die PiS zwar stärkste Fraktion im Sejm, dem polnischen Parlament, aber kam auch gemeinsam mit den anderen rechtsradikalen und -extremen Parteien nicht auf eine regierungstragende Mehrheit.

Der Ball lag also im Spielfeld des Präsidenten. Und der handelte, wie von vielen erwartet: Er ernannte Mateusz Morawiecki von der PiS zum Premierminister, obwohl der keine Mehrheit im Parlament hatte. Der stellte ein aus zumeist unbekannten Gesichtern bestehendes Regierungsteam zusammen, das sich kaum zwei Wochen im Amt halten sollte. Der Sejm versagte ihm die Unterstützung und wählte die PO-geführte Koalition ins Amt. Donald Tusk wurde wieder Premierminister des Landes. Die PiS war geschlagen.

Manche, wie der polnische Rechtswissenschaftler Maciej Kisilowski, hatten im Vorfeld befürchtet, dass die PiS in die Trickkiste greifen würde, um sich im Amt zu halten.[336] Präsident Duda hätte seine Kompetenzen sehr weit auslegen und der vom Parlament gewählten Koalition um Donald Tusk die Abnahme des Amtseids verweigern können. Er hätte so tun können, als erfordere die Lage die Auflösung des Parlaments und Neuwahlen. Die PiS wäre bis dahin im Amt geblieben, hätte sich sammeln und sich in einem polarisierten Wahlkampf als Stabilitätsgarant empfehlen können – und hätte am Ende vielleicht sogar gewonnen.

Es wäre eine perfekte Verfassungskrise gewesen – und für alle Beteiligten ein sehr riskantes Spiel. Aber so weit kam es am Ende nicht. Wohl auch deshalb, weil, wie Kisilowski schrieb, die PiS auch nach dem Verlust der Macht ein weiteres Pfund in der Hand hatte: das Verfassungsgericht. Denn dessen Mitglieder sind immer noch größtenteils PiS-Unterstützer. Überhaupt sind Anhänger der PiS fest in den staatlichen Institutionen und der Gesellschaft verankert. Die Partei wurde abgewählt, aber ganz von der Macht verschwunden ist sie nicht.

Kein Wunder, dass sich die neue Regierung gleich daran machte, auch die Justizreformen der PiS per Gesetz abzuwickeln. Nur hat der Präsident ein Vetorecht. Das bedeutet, er kann Gesetze ablehnen, die das Parlament mit Mehrheit beschlossen hat. Um ihn dann zu überstimmen, braucht es eine Mehrheit von drei Fünfteln. Duda hat bereits angekündigt, »die wichtigsten Errungenschaften der letzten acht Jahre aufrechterhalten« zu wollen.[337] Es ist also nicht damit zu rechnen, dass sich die Justizreformen der PiS ohne weiteres zurückdrehen lassen. Die neue, demokratische Regierung muss sich auf lange, zähe Verhandlungen einstellen.

Die Gewaltenteilung begrenzt den Volkswillen. Und ironischerweise profitieren davon diesmal die Populisten.

Man darf sich keinen Illusionen hingeben: Die Besetzung und Beschneidung der Verfassungsgerichte, die Kontrolle über die Medien und das Untergraben des Vertrauens in die Rechtmäßigkeit der Wahl dienen den Rechtspopulisten zur dauerhaften Sicherung der eigenen Macht. Das vollzieht sich schrittweise, in einzelnen Reformen und Reförmchen, Neubesetzungen von Ämtern und unter ständiger Propaganda und Angstmache.

Und nicht zuletzt zieht sich auch hier die Erzählung des gerechten Widerstands vom Wahlkampf durch die Regierungsarbeit bis in die Zeit nach der verlorenen Wahl. Während manche populistische Amtsinhaber die Ergebnisse akzeptieren, spielen andere, wie die PiS, mit dem Gedanken, einen verfassungspolitischen Plan B zu aktivieren, den sie von langer Hand vorbereiten. Wo die Populisten sich die Institutionen noch nicht aneignen konnten, rufen sie oft zum Widerstand auf, wie in Brasilien oder den USA.

Wahlen sind der Lackmustest für die Demokratie. Wo sie noch funktioniert, ist eine friedliche Machtübergabe gewährleistet. Dort, wo Rechtspopulisten abgewählt werden, gehen sie oft nicht sang- und klanglos. Wenn sie es zuvor geschafft haben, die Institutionen auf Linie zu bringen, dann hallt ihr Einfluss noch lange nach.

WER POPULISTEN WÄHLT: WIR HIER UNTEN

5

Wer die Populisten unterstütz und warum. Probleme der Demokratie. Protest und Überzeugung. Macht und Ohnmacht. Die unsichtbare Koalition.

Im Wahlkampf suchen Kandidaten den direkten Austausch mit den Wählern. Und das natürlich nicht hinter verschlossenen Türen. Sie wollen dabei gesehen werden. Wer direkt mit Bürgern kommuniziert, der kann sich volksnah geben, sich als einer darstellen, der sich kümmert und die Sorgen der Leute versteht.

Allerdings sind solche Termine, zumal wenn sie von Kameras begleitet sind, für Politiker riskant. Denn man kann nur begrenzt abschätzen, was die Menschen sagen werden. Vielleicht entwickelt sich eine Dynamik, die man nicht mehr einfangen kann, und dann hat man vor allem eines produziert: Bilder eines Kandidaten, der in der direkten Auseinandersetzung mit dem Bürger versagt.

In einer solch riskanten Situation befindet sich John McCain, der Präsidentschaftskandidat der Republikaner, im Oktober 2008. McCain, ein amerikanischer Kriegsheld und erfahrener Politiker, tritt gegen einen demokratischen Gegenkandidaten an, der seine Anhänger elektrisiert und seine Gegner auf die Barrikaden bringt. Barack Obama, das zeigt sich in diesem Wahlkampf, ist nicht einfach ein Politiker, mit dem die konservativen Wähler nicht übereinstimmen – er ist der Feind.

Und auf vielen Wahlkampfveranstaltungen, auf deren sich McCain den Fragen seiner Anhänger stellt, deutet sich manches an, was im Zuge der Trump-Präsidentschaft zu voller Blüte kommen sollte.[338]

McCain hält einem Mann mittleren Alters das Mikrofon hin. Der sagt: »Wir haben Angst. Wir haben Angst vor einer

Obama-Präsidentschaft. Und ich sage Ihnen, warum: Uns bereitet es Sorgen, wenn jemand sich mit Terroristen einlässt.«

Der Senator winkt ab. Mit ruhiger Stimme gibt er eine Antwort, die angesichts der aktuellen amerikanischen Politik aus der Zeit gefallen zu sein scheint: »Ich muss Ihnen sagen: (Obama) ist ein anständiger Mensch und ein Mensch, den Sie als Präsident der Vereinigten Staaten nicht fürchten müssen.«

Nun entwickelt sich genau die Dynamik, die Kandidaten so fürchten: Auf seine moderierenden Worte hin erntet McCain höhnische Rufe aus dem Publikum – wohlgemerkt von seinen eigenen Unterstützern. Sie sind nicht gekommen, um versöhnliche Töne zu hören. Vielleicht sind manche von ihnen nicht einmal gekommen, weil sie Fans von John McCain sind. Sie hassen, sie fürchten den demokratischen Gegenkandidaten.

Das bekommt McCain auch am Wahlabend selbst zu spüren. In seiner Rede beglückwünscht er, wie es sich gehört, den Kontrahenten zum Sieg.[339] »Ich hatte die Ehre, Senator Obama anzurufen und ihm zu gratulieren ...«, beginnt er. Weiter kommt er nicht. Schon wieder setzen Buhrufe ein, diesmal von einem wesentlich größeren, noch dazu enttäuschten Publikum. Der Republikaner hebt die Hände, als wollte er die johlende Menge von sich wegstoßen. »Bitte«, sagt er und schüttelt den Kopf. Für ihn, den Politiker der alten Schule, ist ein solches Verhalten unanständig.

Aber es geht hier nicht um den aufrechten John McCain, sondern um die Menschen, deren Wut er zu beherrschen versucht. Der Hass auf Barack Obama verraucht nicht. Im Gegenteil. Im Umfeld der Republikanischen Partei bildet sich ein Widerstand aus, der immer schriller daherkommt. Unmittelbar, nachdem der neue Präsident vereidigt wurde, bildet sich die »Tea Party« – eine radikal-libertäre Bewegung, die sich vordergründig gegen Obamas Wirtschaftspolitik richtet. Nicht zuletzt aber ist sie eine Plattform für konservative bis rechtsradikale Bürger und Aktivisten, die von vielen Köpfen der Republikaner kräftig hofiert werden. Was sie, wie alle populistischen Bewegungen, eint, ist der Glaube an den Scheinkonsens: wir, die »echten Amerikaner«, gegen die anderen, gegen Linke, Migranten, Demokraten, auch Nicht-Weiße. Sie stimmt in das Klagelied jener ein, die sich als das »wahre« amerikanische Volk fühlen und die in Obama die Zerstörung ihrer (weißen) Nation sehen: »Wir wollen unser Land zurück!«[340] Das späte Kind der Tea Party ist Donald Trump.

Der Erfolg des Populismus stellt sich nicht über Nacht ein. Er hat eine lange Vorgeschichte. Die USA sind nur ein Beispiel unter vielen.

IN DER VEREINFACHUNGSFALLE

Friedrich Merz hatte sich einen kleinen Shitstorm eingefangen.

Im Februar 2020, kaum einen Monat bevor das öffentliche Leben in Deutschland größtenteils stillstehen würde, sprach der Mann, der damals zwar Hoffnungsträger, aber noch nicht Parteivorsitzender der CDU war, im Berliner Ballhaus über die Rechtspopulisten in Deutschland.

»1989 standen wir vor der Frage: Kommt diese Republikanische Partei, Die Republikaner, kommen die bei der Bundestagswahl 1990 in den Deutschen Bundestag? Wir waren alle heilfroh, dass das nicht stattgefunden hat. (...) So, und jetzt stehen wir wieder da – 20, 30 Jahre später – und haben diese Leute da sitzen. Das ist etwas, was mich wirklich bewegt vor dem Hintergrund auch unserer

Geschichte. Wenn ich dazu beitragen kann, dass dieses Gesindel wieder verschwindet, dann leiste ich diesen Beitrag dazu, dass wir das hinkriegen.«[341]

Merz sprach energisch und gestikulierte zackig mit der freien Hand; man konnte dem Mann glauben, was er sagte. Für die Medien war Merz' Auftritt vor allem im Kontext des Rennens um den CDU-Parteivorsitz interessant. Der Union stand damals noch die Bundestagswahl im kommenden Jahr bevor, eine turbulente Nominierung für die Kanzlerschaft und der Verlust der Regierungsmacht, mit dem die wenigsten gerechnet hatten. Erst im Januar 2022 – die Wahl war längst gelaufen – wurde Merz Parteivorsitzender. Da sprach er übrigens auch wieder über die AfD – aber dazu kommen wir noch.

Im Februar 2020 jedenfalls musste Merz sich rechtfertigen. »Gesindel« hatte er gesagt und eindeutig die AfD gemeint. Die reagierte natürlich empört und konterte mit dem naheliegendsten Spin: Sie warf Merz »Beschimpfungen der Wähler« vor. »Gerade in politisch aufgewühlten Zeiten, in denen sich Angriffe auf Parteibüros und Bedrohungen von Politikern häufen, ist es unverantwortlich und fahrlässig, sich gegenüber der politischen Konkurrenz derart im Ton zu vergreifen«, ließ sich der Fraktionsvorsitzende Alexander Gauland in einer Pressemitteilung zitieren.[342]

Auf der Plattform, die damals noch Twitter hieß, räumte Merz ein, dass er »dieses Wort verwendet« habe. Aber er habe »natürlich keineswegs gewählte Abgeordnete oder Wählerinnen und Wähler irgendeiner Partei gemeint«.[343] Was, wenn man sich das Gesagte anschaut, nicht sonderlich glaubwürdig war.

Der Versuch, die Wogen zu glätten, blieb natürlich nicht ungestraft. Merz konnte es niemandem recht machen. »Aber es

IST doch Gesindel!«, kommentierte ein User.[344] »All die rechten Spacken und der braune Dreck ... nur weil sie ungebildete Menschen gefunden haben die dumm genug sind sich von ihnen lenken zu lassen, macht sie das nicht zu Demokraten!!!!« Ein anderer Nutzer resignierte: »Schade. Sie hätten Größe zeigen und sich entschuldigen können. So aber lügen Sie leider offensichtlich.«[345] Und auch seitens der AfD gab man sich in den Replies nicht nachsichtig. »Erst bösartig hetzen, dann verschleiern«, ätzte der rheinland-pfälzische Landtagsabgeordnete Joachim Paul.[346]

Gauland erinnerte auch an den ehemaligen SPD-Vorsitzenden Sigmar Gabriel, der Menschen, die aggressiv gegen die Asylpolitik der Bundesregierung demonstrierten, als »Pack« (später übrigens auch als »Arschlöcher«[347]) bezeichnet hatte.[348]

Wenn es um die Wähler der Populisten geht, insbesondere um die der Rechtspopulisten, macht man es sich gern leicht. Und zwar in beide Richtungen. »Gesindel« für die einen, nur »Protestwähler« für die anderen. Ein wenig scheint es so, als ob bei diesen Einordnungen manchmal auch die eigene politische Position eine Rolle spielte. Je weiter entfernt man von der (angenommenen) Position der AfD-Wähler steht, für desto extremer hält man sie. Und das wirkt sich dann auch auf den Umgang mit ihnen aus. Mit Nazis redet man nicht, sagen viele, die die AfD-Wähler für Nazis halten. Gesindel. Klappe zu, Affe tot.

Über die Wähler der Populisten nachzudenken, ist inzwischen selbst eine Art Politikum. Man hält den Populisten gern vor, komplexen Fragen mit unterkomplexen Antworten zu begegnen. In der Wähler-Debatte könnte man manch anderen denselben Vorwurf machen. Und wie so oft ist die vermeintlich klare Antwort nicht die, die der Wahrheit am nächsten kommt. Denn die ist kompliziert.

AUFSTAND DER ABGEHÄNGTEN?

Die Diskussion darüber, wer populistische Parteien wählt, steckt voller Klischees. Oft heißt es, es seien die sozial Abgehängten. Weil sie von wirtschaftlichen Härten getroffen sind, wenden sie sich von den etablierten Parteien ab und den Populisten zu, die ihnen einfache Lösungen für ihre Misere versprechen und vorgeben, ihre Sorgen ernst zu nehmen. Vielleicht wählen diese Menschen die Populisten auch nur, um ihrem Ärger an der Wahlurne Luft zu verschaffen. Denn immerhin bieten ihnen Parteien wie die AfD oder der Rassemblement National, aber auch jemand wie Donald Trump Schuldige an, die sie zur Verantwortung ziehen können. Die bürgerfernen, korrupten Politiker, und je nach Couleur kommen noch Migranten hinzu, die ihnen die Jobs wegnehmen, oder wohlhabende Eliten, die sich an ihnen bereichern.

Besorgt fragen Wissenschaftler, Journalisten, Politiker immer wieder: Sind die Populisten die neuen Arbeiterparteien? Schließen sie womöglich eine Lücke, die die Sozialdemokraten hinterlassen haben, nachdem sie in den 1990er-Jahren in vielen Ländern auf eine liberale Wirtschafts- und Sozialpolitik umschwenkten? Der französische Soziologe Didier Eribon beschreibt genau das in seinem autobiografischen Essay »Rückkehr nach Reims«.[349] Das Arbeitermilieu, traditionell die Bastion der französischen Sozialistischen Partei, entzieht dieser nach und nach seine Unterstützung. Nicht nur aufgrund ihrer Politik, sondern auch, weil die Arbeiter mit ihren Repräsentanten immer weniger anfangen können. Politiker besuchen häufig Eliteunis, sprechen nicht wie Arbeiter, kleiden sich nicht wie sie, sind nicht aufgewachsen wie sie, verstehen ihre Sorgen nicht mehr. Nicht nur in Frankreich sind die Sozialisten und Sozialdemokraten inzwischen keine Arbeiter-, sondern großteils Akademikerparteien. In ihnen tummeln sich Juristen, Lehrer, Sozialwissenschaftler. Haben die Populisten ihnen unter den Malochern den Rang abgelaufen?

Wenn man nach Bildung, Einkommen oder sozialem Status geht, dann gibt es »den« populistischen Wähler im internationalen Vergleich nicht.[350] Aber es gibt Umstände, unter denen manche Menschen geneigt sind, den Populisten ihre Stimme zu geben.

Die Wahlerfolge der Populisten sind Spätfolgen großflächiger gesellschaftlicher Veränderungen, die man in der Soziologie als »stille Revolution« bezeichnet.[351] Ab etwa den 1970er-Jahren hatten westliche Industriegesellschaften einen relativ großen Wohlstand erreicht. Materialistische Bedürfnisse nach Sicherheit und Arbeit waren weitestgehend gestillt. Der Wohlfahrtsstaat war in vielen Ländern so ausgebaut, dass er die Lebensrisiken einigermaßen abfedern konnte. Sozialer Aufstieg wurde für viele möglich. Wer beispielsweise in eine Bergarbeiterfamilie hineingeboren worden war, konnte mit viel höherer Wahrscheinlichkeit Anwalt, Arzt oder Ingenieur werden als die Generation vor ihm. Mit dem Studium und dem sozialen Aufstieg kam das Streben nach Selbstverwirklichung.

Westliche Gesellschaften wurden in vielerlei Hinsicht offener und individueller[352]. Lebensstile, die als alternativ, teils als verpönt galten, fanden ihren Weg in den Mainstream. Etwa wenn es um die Frage nach sexuellen Identitäten geht, dann wurden Gesellschaften genau genommen nicht bunter; ihre Buntheit wurde nur sichtbarer. Folglich gewannen Individualität und Identität auch als politische Themen immer mehr an Bedeutung. Beispielsweise forderten immer mehr Homosexuelle ihre Rechte ein, die queere Community wurde und wird bis heute lauter und politischer. Restriktive Gesetze fielen nach und nach. Insgesamt steigt ihre gesellschaftliche Akzeptanz. In den USA haben 72, in Deutschland 86, in den Niederlanden sogar 92 Prozent ein positives Bild von Homosexualität.[353] Heute spricht man in den Medien, den Parteien und am Arbeitsplatz anders über Homosexualität als noch vor 20, 30 oder 50 Jahren – auch wenn homosexuelle Menschen auch in derlei offenen Gesellschaften immer noch Diskriminierung und Marginalisierung ausgesetzt sind.

Hinzu kommen Migrationsbewegungen, die den Charakter der westlichen Gesellschaften verändern[354]. Menschen aus Südeuropa, Westafrika oder dem Nahen Osten lassen sich nieder, werden Kollegen, aber auch Konkurrenten um Jobs und Wohnungen. Sie bringen ihre Kultur und Religion mit. Moscheen werden gebaut, das Kopftuch gehört immer mehr zum Straßenbild in Maastricht, Göteborg und Bochum. Der Anteil der Menschen mit Migrationsgeschichte liegt 2022 in Deutschland bei über 24 Prozent;[355] in Österreich und den Niederlanden bei jeweils rund 26 Prozent.[356] Und auch, wenn es immer unterschiedliche Ansichten über sozialen Wandel und Migration gibt – bis hin zu Milieus, in denen offener Rassismus sagbar geblieben ist –, funktioniert Zuwanderung recht gut, solange die Wirtschaft läuft, ausreichend Arbeitsplätze vorhanden sind und genügend bezahlbarer Wohnraum existiert. Während ökonomischer Krisenzeiten sinkt die Zustimmung zur Migration.[357] In Deutschland etwa hat die Fremdenfeindlichkeit zwischen 2014 und 2022/23 deutlich zugenommen. Hatten damals 7,3 Prozent stark fremdenfeindliche Einstellungen, waren es zuletzt 16,2 Prozent.[358] »Die Konfrontation mit den Fremden wird von Teilen der eingesessenen Bevölkerung als Verlust der hergebrachten Identität empfunden«, schreibt Frank Decker.[359]

Das Wachstum scheint nicht unendlich und der Wohlstand fragiler, als viele dachten. Weder der eigene Status noch der soziale Aufstieg der Kinder ist garantiert. Pessimismus und Zukunftsängste machen sich breit. In Deutschland sehen im Sommer 2023 nur 18 Prozent Anlass zur Zuversicht, 77 Prozent zur Besorgnis.[360] Eine Momentaufnahme natürlich. Aber in einer Umfrage gibt fast die Hälfte der Menschen an, dass es ihnen in zehn Jahren schlechter gehen wird als heute.[361] In den Vereinigten Staaten blicken viele Menschen noch pessimistischer in die Zukunft. Die überwältigende Mehrheit glaubt, dass in rund dreißig Jahren die Wirtschaft schwächer, das Land gespaltener und international weniger einflussreich sein wird.[362] Für 58 Prozent ist das Leben heute schlechter als noch vor 50 Jahren.

Zu diesen Ängsten haben viele Regierungen ihren Teil beigetragen, als sie etwa ab den 1980er-Jahren begannen, ihre Sozialstaaten zu reformieren. Unter dem Druck wirtschaftlicher Krisen wurden die Zeiten in den Niederlanden, in Deutschland, in Großbritannien und den USA rauer: Sozialleistungen wurden gekürzt, der Druck auf die Bezieher erhöhte sich. Die Angst vor dem sozialen Absturz griff um sich. Hinzu kamen internationale Großkrisen, die Lebensstandard und Lebensstil bis heute infrage stellen: Die Eurokrise der späten Nullerjahre, die Coronapandemie, der russische Überfall auf die Ukraine und nicht zuletzt die Klimakrise, deren Folgen immer sichtbarer und trotzdem von so vielen noch geleugnet oder heruntergespielt werden.

Natürlich lassen sich solche gesellschaftlichen Entwicklungen nicht eins zu eins auf das Wahlverhalten übertragen. Menschen wählen nicht plötzlich die Populisten, wenn die Arbeitslosigkeit steigt oder die Wirtschaft stagniert. Menschen der Arbeiterschicht sind in manchen Ländern in der Wählerschaft der Populisten überrepräsentiert, in anderen nicht. Damit, dass es sich bei populistischen Parteien um die »neuen Arbeiterparteien« handelt, sollte man vorsichtig sein, denn mit solchen Sichtweisen verengt man den Blick auf die äußeren Umstände. Aber die machen Menschen nicht automatisch zu Populisten, weder zu linken noch zu rechten.

Es ist eher so: Gesellschaftliche Krisen können Ängste vor dem Verlust des eigenen ökonomischen Status und der kulturellen Hegemonie der eigenen Gruppe schüren. Dabei geht es darum, wie man selbst die eigene (zukünftige) Lebenssituation einschätzt, und nicht unbedingt darum, ob sie auch wirklich bedroht ist.[363] Insbesondere Krisen, die als dauerhaft empfunden werden, fördern persönliche Sorgen. Hinzu tritt das Gefühl, sozial ausgeschlossen und isoliert zu sein.[364] Vor allem diejenigen, die sich einsam fühlen, erleben die Lage als beunruhigend und sich selbst als besonders betroffen. Sie sind viel eher empfänglich für den Populismus als Bürger, die von sich selbst denken, stärker sozial integriert zu sein.[365] Der Populismus erklärt seine Anhänger zu Opfern; er bestärkt sie in dem Gefühl, von den Eliten hintergangen worden zu sein.[366] Dadurch erlöst er sie nicht nur von der Verantwortung für die eigene Lebenssituation, sondern reduziert die komplexe soziale und ökonomische Lage auf Schuldige: die politischen Eliten, die sich auf Kosten des »Volkes« bereichern.

Aber ob diese Mechanismen funktionieren, hängt nicht zuletzt von den politischen Einstellungen der Menschen ab.

DEFIZITE UND DENKZETTEL

Denken wir uns einmal das folgende Szenario.

Sonntagmorgen. Bundestagswahl. Sie treffen eine Nachbarin im Treppenhaus. Natürlich ist sie auch auf dem Weg ins Wahllokal, und natürlich kommen Sie auf das Ereignis zu sprechen, das diesen Tag prägt. Die Nachbarin meint, eigentlich gehe sie schon lange nicht mehr zur Wahl, aber diesmal schon. »Ich wähle AfD«, sagt sie knapp, so als erwartete sie bereits Ihre Gegenrede. »So geht's nicht weiter«, sagt sie. »Die da oben müssen mal den Schuss hören.«

Ein gutes Indiz für eine Protestwahl, oder? So denken viele. Für sie sind die AfD-Unterstützer (so wie Wähler der Rechtspopulisten allgemein) Enttäuschte, die der Regierung einen Denkzettel verpassen wollen. »Die AfD gewinnt an Zustimmung und muss dafür nichts tun«, sagt Kristin Schwietzer, die Hauptstadtkorrespondentin von MDR Aktuell.[367] Sie ist nur eine von vielen Beobachtern, die den Erfolg der Rechtspopulisten in Deutschland so deuten. Für den Politikwissenschaftler Karl-Rudolf Korte ist die AfD eine »Defizitpartei«, die »nur ganz wenig Überzeugungswähler hat«.[368] Den anderen Parteien seinen Unmut über die herrschende Politik entgegenzubringen – darum geht es vor allem. Dass die AfD nebenbei auch noch ein rechtsradikales Programm und Extremisten in ihren Reihen hat, nimmt man dann gewissermaßen in Kauf.

Das Gespräch geht weiter. Vielleicht wollen Sie wissen, was hinter ihrer Entscheidung steckt. Irgendwann kommt die Nachbarin, wie sie sich ausdrückt, auf die »vielen Ausländer« zu sprechen. Der Sozialstaat könne niemanden mehr aufnehmen. »Ich hab nichts gegen die Leute«, sagt ihre Gesprächspartnerin. »Aber das Boot ist voll.« Sie klingt, als wäre sie mit dem Programm der Partei zum Thema Migration einverstanden. Denn die AfD will die Zuwanderung drastisch begrenzen und Menschen mit Migrationsgeschichte abschieben.

Die Wendung, die das Gespräch genommen hat, spricht für eine andere, ebenfalls gängige Interpretation: Wer die Rechtspopulisten wählt, tut dies in der Gewissheit, dass die Partei für das steht, was ihm wichtig ist. Er weiß, was die AfD will. Sie bietet ihm genau die politischen Inhalte, nach denen er sucht. Er stimmt vielleicht mit ihrer Forderung nach einer restriktiveren Migrationspolitik überein. Oder aber er sieht das klassische Familien- und Geschlechterrollenmodell auf dem Rückzug und wünscht sich traditionellere Werte zurück. Oder er hat, wie weite Teile der Partei, ein rechtsextremes Weltbild.

Welche Interpretation ist aber richtig? Die Antwort hierauf lautet: beide.

In den meisten gängigen Umfragen misst man den vermeintlichen Widerspruch zwischen Protest- und Überzeugungswahl mittels einer solchen Frage: »Haben Sie Partei X eher aus Unzufriedenheit mit der Regierung oder aus Übereinstimmung mit dem Programm der Partei gewählt?« Was würde die Person aus Ihrem Freundes- oder Kollegenkreis – oder auch Sie selbst – auf eine solche Frage antworten? Denn beides stimmt: Die Frau in unserem Beispiel ist mit der herrschenden Politik unzufrieden. Aber sie stimmt auch in einem für sie wichtigen Politikfeld mit der AfD überein. Vielleicht würde sie tatsächlich eher »Unzufriedenheit« ankreuzen, weil das jetzt, in der akuten Situation, eben vor allem eine große Rolle spielt. Aber dass sie sich aus inhaltlichen Gründen für die AfD entschieden hat und nicht für die ganze Reihe anderer Parteien, die in Deutschland noch auf dem Wahlzettel stehen, darf man nicht außer Acht lassen.

Schon 2013, als die AfD noch ein ziemlich unbeschriebenes Blatt war und am ehesten als Projektionsfläche für Protest taugte, spielten beide Motive eine Rolle: Unzufriedenheit und Nähe zu ihren Positionen, vor allem in der Migrationspolitik.[369] Diese Motive haben sich über die Zeit gefestigt. Wer Rechtspopulisten wählt, der tut das, weil er sich selbst allgemein eher rechts positioniert, weil er eine negative Haltung zur Einwanderung hat und weil er populistische Einstellungen aufweist – mit anderen Worten: Sein Einstellungsprofil entspricht in wesentlichen Punkten dem Programm der Partei. Das gilt für AfD-Wähler in Deutschland ebenso wie für FPÖ-Wähler in Österreich.[370]

Ähnlich komplex übrigens sieht es in den USA aus. Als Donald Trump zur Überraschung vieler Beobachter die Präsidentschaftswahl 2016 gewann, rätselte man über die Ursachen für seinen Erfolg. Trump, so sagten manche, profitierte von der Wut weißer Industriearbeiter. Die Demokraten, angeführt von der progressiven und als elitär verschrienen Hillary Clinton, konnten diese Schichten nicht erreichen. In Studien zeigte sich: Trumps Wahlerfolg ließ sich vor allem durch Rassismus und Sexismus erklären.[371] Wer ihn unterstützte, war also nicht einfach nur enttäuscht von der Politik. Seine Wähler fanden in ihm jemanden, der ihre eigenen Einstellungen spiegelte. Bedenkt man, wie Trump sich zu Frauen äußerte (»Grab 'em by the p***y!«), dann ist das auch nicht überraschend. Doch es waren eben auch weiße Wähler ohne Universitätsabschluss mit diesen Einstellungen, die Trump unterstützten – sie sind es, die vom ökonomischen Wandel besonders stark betroffen sind, Angst vor Statusverlust und Arbeitslosigkeit haben und sich von der Politik im Stich gelassen fühlen. Trumps Wähler sind den Unterstützern der AfD in wesentlichen Einstellungen zu Migration und Globalisierung ähnlich.[372]

Bei der Wahl rechtspopulistischer Parteien, seien es die Republikaner unter Donald Trump oder die AfD, geht es um beides: Protest *und* Überzeugung. Oder wenn nicht Überzeugung, dann zumindest eine große Offenheit gegenüber ihren Inhalten. Vergleicht man die Wählerschaften rechtspopulistischer Parteien in Europa miteinander, dann gibt es zwei grundlegende Gemeinsamkeiten. Die eine ist die Ablehnung von Migration.[373] Die Rechtspopulisten formulieren hier ein eindeutiges Angebot. Sie stellen sich gegen Zuwanderung, verbinden sie mit Kriminalität, unsicheren Grenzen, Gewalt und dem Zerfall der eigenen nationalen Identität. Das funktioniert, weil dieses kulturelle Krisenszenario nicht für sich steht, sondern im Kontext einer umfassenden Krisenerzählung zu verorten ist. Denn der andere Aspekt, der die Wähler der Rechtspopulisten eint – und mit denen der Linkspopulisten verbindet –, ist die Unzufriedenheit mit der herrschenden Politik.

Es geht um Macht, Ohnmacht und den Wunsch nach »echter« Demokratie – oder dem, was Menschen, die die Populisten wählen, darunter verstehen.

MACHT UND OHNMACHT

Man kann im Leben mit einer ganzen Reihe von Dingen unzufrieden sein. Dem Job, der familiären Situation, seinem Äußeren. Wenn wir von politischer Unzufriedenheit sprechen, dann heißt das oft: Menschen sind mit irgendeinem Teil der Demokratie, in der sie leben, nicht einverstanden.

Es ist das Los der Demokratie, dass sie von allen politischen Systemen das größte Versprechen bereithält: Die Bürger bestimmen frei und gleich über ihr eigenes Schicksal. Dieses Versprechen beinhaltet auch: Was in der Demokratie entschieden wird, soll das Beste für die Menschen sein – man würde ja nicht freiwillig etwas beschließen, das einem zum Nachteil gereicht.

Deshalb sind die Zustimmungswerte zur Demokratie zwar hoch, aber Erwartungen werden häufig enttäuscht. Denn das Versprechen der Demokratie findet man in fast allen Aspekten des politischen Alltagsgeschäfts: den Programmen der Parteien, die alle möglichst schnell das Bestmögliche erreichen wollen, den Parlamentsreden, den Debatten, den Gesetzen. Vielleicht hat man enthusiastisch eine bestimmte Partei gewählt, weil man sich von ihrer Agenda eine Verbesserung der eigenen Lebenssituation versprach: mehr Rente, niedrigere Steuern, höherer Mindestlohn. Und als die Partei an die Regierung kam, hat sie diese Erwartungen nicht erfüllt. Nebensächlich, dass sie an der Macht eben nicht einfach tun kann, was sie will, weil sie beispielsweise an Koalitionsverträge gebunden ist oder weil die Opposition die Mehrheit in der zweiten Parlamentskammer hat. Unterm Strich bleibt oft der Eindruck: viel versprochen, nicht geliefert.

Menschen denken nicht jeden Tag über die Funktionsweise demokratischer Institutionen oder die Tücken der Koalitionspolitik nach. Sie bewerten Politik und politische Entscheidungen oft dann, wenn sie in den Medien gezeigt werden oder sie ihnen im Alltag begegnen und ihre Auswirkungen zu spüren sind. Das können Bescheide des Finanzamts sein, ein unangenehmes Gespräch im Jobcenter, ein Bußgeld für zu schnelles Fahren. Und wer hat sich nicht schon einmal über vermeintliche Verschwendung öffentlicher Gelder aufgeregt, während Projekte, die man selbst für wichtig hält – etwa die Renovierung von Schulen oder der Ausbau des öffentlichen Nahverkehrs –, nicht die nötige Priorisierung erfahren?

Man kann wütend sein, enttäuscht sein, frustriert. Würde das jedes Mal dazu führen, dass man seine gesamte politische

Haltung überdenkt, wäre diese Haltung ziemlich instabil – und unser politisches System insgesamt womöglich auch.

Langfristig betrachtet sind die Menschen in etablierten Demokratien zufrieden damit, wie das System funktioniert. 1991 waren in Deutschland etwa 50 Prozent der Bürger mit der Demokratie »sehr« oder »ziemlich« zufrieden; nur rund 12 Prozent »ziemlich« oder »sehr« unzufrieden. 2021 waren sogar 60 Prozent auf der Seite der (eher) Zufriedenen. Allerdings ist auch der Anteil der (eher) Unzufriedenen gestiegen. Er liegt im selben Jahr bei etwas über neun Prozent.[374]

Damit steht die Bundesrepublik im Vergleich sehr gut da. Andere Studien zeigen, dass der Anteil der Zufriedenen nur in Polen, den Niederlanden und Schweden noch höher liegt.[375] In den Vereinigten Staaten ist das Verhältnis umgekehrt: 2020 sind 59 Prozent unzufrieden mit der Demokratie, nur 39 Prozent zufrieden. Noch niedriger sind die Zufriedenheitswerte unter anderem in Italien, Spanien, Griechenland und dem Vereinigten Königreich.

Aber natürlich sagt das nicht viel aus. Denn viele Aspekte tragen zu dieser (Un-)Zufriedenheit bei.[376] Amerikaner, die eine niedrige Meinung von ihrem Präsidenten haben, werden mit der Demokratie, solange diese Person im Amt ist, nicht so zufrieden sein wie die, die den Staats- und Regierungschef unterstützen. Wenn in Deutschland eine Bundesregierung über einen langen Zeitraum politische Entscheidungen trifft, über die ich mich ärgere, dann wird das auch meine allgemeine Zufriedenheit mit der Demokratie beeinträchtigen. Das kann aber umschlagen, wenn sich die Verhältnisse ändern.

Denken wir daran zurück, dass fast ein Drittel der Bürger glaubt, in einer »Scheindemokratie« zu leben.[377] Während es in Westdeutschland nur etwas mehr als ein Viertel sind, stimmen im Osten ganze 45 Prozent dieser Aussage zu.

Ein Forscherteam um Paulina Fröhlich hat sich mit den Ansichten der Bürger zur Demokratie im Kontext von Transformationsfragen befasst.[378] In ihren Befragungen zeigt sich: Das Vertrauen, dass die Demokratie die großen Fragen lösen kann, ist nach wie vor vorhanden. Aber den Politikern wird misstraut. Da ist die Rede davon, dass sie »das Geld über Jahre in ihre Tasche (stecken) und sagen, sie machen das für uns«. Die Autoren der Studie fassen diese Haltung so zusammen: »Unsere Demokratie ist stark, aber die da oben sind alle unfähig.«

Ein Einfallstor für die Populisten.

Man kann mal mehr und mal weniger zufrieden mit der Politik sein, und vermutlich wenden sich Menschen, die generell eher damit einverstanden sind, wie die Dinge in der Demokratie laufen, auch nicht so leicht von ihr ab. Woher aber kommt diese teils tiefe Unzufriedenheit, die wir in manchen Ländern sehen?

Etwas, das stark zu dieser Unzufriedenheit beiträgt, ist das Gefühl, wenig Einfluss auf die Politik zu haben. In Griechenland sind 77, in Spanien 76, in den USA immerhin noch 70 Prozent derjenigen, die glauben, dass sie politisch nichts bewegen können, auch unzufrieden mit der Demokratie.[379] Deutschland steht mit 43 Prozent noch mit am besten da. Aber in allen Ländern ist das Bild dasselbe: Wer sich machtlos fühlt, der ist unzufriedener als jener, der glaubt, dass die Regierung sich um seine Belange kümmert. Es gibt einige Hinweise darauf, dass diejenigen, die eine solche Machtlosigkeit verspüren, auch tatsächlich Populisten wählen.[380] Denn die versprechen ja gerade, dass sie den Menschen – dem »Volk« – die Macht zurückgeben, die »die da oben« ihnen weggenommen haben.

Die beschriebene Ohnmacht hat nichts damit zu tun, dass die Wähler populistischer Parteien wenig Ahnung von Politik hätten oder glauben, dass sie sich besser nicht einmischen sollten. Ganz im Gegenteil: Diejenigen, die wütend und zugleich davon überzeugt sind, dass sie verstanden haben, wie Politik funktioniert; diejenigen, die glauben, dass ihre Ansichten endlich einmal gehört werden müssten – das sind die Menschen, die oft auch populistische Einstellungen haben und die entsprechenden Parteien wählen.[381]

Populismus ist eine Ideologie der Selbst-Ermächtigung. Er speist sich aus der machtvollen Überzeugung, dass die eigenen Anliegen die Interessen der Mehrheit sind, diese Mehrheit aber von der Politik ignoriert, vielleicht sogar unterdrückt wird.[382] Und genau darin liegt das Besondere an der Unzufriedenheit vieler populistischer Wähler mit der Demokratie. Nicht nur man selbst, sondern man selbst als Teil der »schweigenden Mehrheit« erfährt von Regierung, Parteien und Politikern im Allgemeinen keine oder kaum Beachtung. Mit der Stimme für die Populisten fordert man die Berücksichtigung der eigenen Interessen ein – und damit der Interessen aller. Wer die Populisten wählt und so denkt, der tut dies im Namen dessen, was er selbst für die Demokratie hält. Er fordert das Versprechen der Demokratie ein, die die »Altparteien« nicht einlösen können oder wollen.

In dieser Unzufriedenheit, die oft in Wut kumuliert und teils gar in der Bereitschaft zu politischer Gewalt endet, liegen auch Hinweise darauf verborgen, welche Demokratie viele Menschen, die populistische Parteien wählen, eigentlich wollen.

DIE UNSICHTBARE KOALITION

Menschen mit bestimmten Ansichten zur Demokratie wählen populistische Parteien mit unterschiedlicher ideologischer Färbung. Für sie ist Politik ein Kampf von Gut gegen Böse. Hier unten das gute Volk, da oben das korrupte Establishment. Man nennt das »populistische Einstellungen«.[383] Menschen, die so denken, trifft man sowohl unter den Wählern von rechts- als auch unter denen linkspopulistischer Parteien an[384] – wobei die großen Übereinstimmungen zwischen beiden Wählergruppen dort auch oft schon enden.[385] Die Bedeutung dieser Einstellungen sollte man nicht unterschätzen. Populistische Parteien sprechen nicht einfach Unzufriedene an, sondern Unzufriedene mit einer gewissen, wenn auch vagen Vorstellung davon, was Demokratie ist und wie die Dinge laufen sollen. Anders ausgedrückt: Typisch ist nicht, dass die Wähler der Populisten von deren Strategien »verführt« werden, sondern sie werden von ihnen dort abgeholt, wo sie stehen.

Manche Wähler rechtspopulistischer Parteien sind autokratisch eingestellt.[386] Was sie wollen, ist eine starke Führungspersönlichkeit, die schnell entscheiden kann, und zwar ohne von Parlament, Gerichten oder anderen Institutionen daran gehindert zu werden. »Hart durchgreifen« – das hat für sie keinen bedrohlichen, sondern einen erlösenden Klang. Sie glauben an Hierarchien und Ordnung, und sie wollen eine Politik, die von oben nach unten verläuft. Als »autoritäre Demokraten« werden sie in einer Studie der Bertelsmann-Stiftung bezeichnet.[387] So denken 40 Prozent derjenigen, die auch populistische Einstellungen haben. Im Österreichischen Demokratiemonitor werden 2022 nur 57 Prozent der Bürger als »überzeugte Demokraten« identifiziert; 37 Prozent hingegen haben autoritäre Demokratievorstellungen, sechs Prozent denken geschlossen autoritär.[388]

Menschen, die populistische Einstellungen haben, können auch autoritär sein. Aber sie müssen es nicht.[389] Man kann durchaus der Ansicht sein, dass das »wahre Volk« von »denen da oben« unterdrückt wird; man kann denken, dass die Demokratie nicht funktioniert, solange »wir normalen Leute« nicht das Sagen haben – wer auch immer diese »normalen Leute« sind und wie auch immer dieses »Sagen-Haben« aussehen soll. Die Vorstellung, dass es nur einen Volkswillen gibt und dass dieser Wille umgesetzt werden muss, ist nicht zwingend autoritär. Eine starke Führungspersönlichkeit bräuchte es nicht unbedingt, wenn die Institutionen nur richtig funktionierten – und wenn die Politiker auf den »kleinen Mann« hörten. Viele Menschen mit populistischen Einstellungen sind deshalb gerade starke Befürworter von Meinungsfreiheit, bindenden Gesetzen für die Regierenden sowie der Gleichheit der Bürger vor dem Gesetz – also eher demokratisch als autoritär eingestellt.[390] Aber der Grund dafür könnte eben nicht die selbstlose Unterstützung der Demokratie sein, sondern das Gefühl, auf genau diese Elemente angewiesen zu sein, weil man eben selbst von der Politik unterdrückt, ausgeschlossen oder marginalisiert wird.[391]

Denn immerhin ist es das, was populistische Parteien so oft ins Spiel bringen: Die Demokratie, sagen sie, ist bedroht. Und sie wollen sie retten. Ein Versprechen, das sehr bedeutsam für die Anziehungskraft der Populisten ist.

Die niederländische Partij voor de Vrijheid (PVV) warnt 2010:

»Unsere Demokratie befindet sich in ihrer größten Krise seit den Zeiten Thorbeckes (niederländischer Staatsmann des 19. Jahrhunderts, M. L.). Die Frage, warum Den Haag weiterhin verhängnisvolle

Maßnahmen durchführt, die nicht von unserem Volk getragen werden, drängt sich bei immer mehr Niederländern auf.«[392]

In ihrem Grundsatzprogramm, beschlossen auf dem Bundesparteitag im Mai 2016, gibt sich die AfD alarmistisch:

»Dem Bruch von Recht und Gesetz, der Zerstörung des Rechtsstaats und verantwortungslosem politischen Handeln gegen die Prinzipien wirtschaftlicher Vernunft konnten und wollten wir nicht länger tatenlos zusehen.«[393]

Solche Töne verfangen bei denen, die mit der Demokratie hadern, die ein System wollen, das sie für »wahre Demokratie« halten, oder sich nach einem autoritären Anführer sehnen. Die Krise der Demokratie, die die Populisten beschwören, formt aus Wählern mit ähnlichen, aber nicht gleichen Ansichten zur Demokratie eine unsichtbare Koalition.

Und dann gibt es noch die Gleichgültigen.

STILLE RESERVE

Sarkastisch könnte man sagen: Immerhin beschäftigen sich die Wähler der Populisten irgendwie mit Demokratie. Manche lehnen sie ab, manche wollen die aus ihrer Sicht wahre Demokratie verwirklichen, bei manchen zeigt sich die Haltung zur Demokratie nur in einer unbestimmten Ablehnung der politischen Eliten. Aber irgendwie geht es immer um die Herrschaft und Souveränität des Volkes.

Für viele Menschen ist es jedoch nicht mehr so zentral, in einer Demokratie zu leben. »Demokraten nur dem Namen nach«: Viele, gerade jüngere Menschen befürworten zwar die Demokratie, aber haben kein Problem damit, wenn einige ihrer Prinzipien außer Kraft gesetzt werden.[394] Oder aber sie messen der Demokratie generell keine große Bedeutung bei.[395] 2019 fanden es in einer Studie des Pew Research Centers im Schnitt nur 54 Prozent der in verschiedenen Ländern Befragten wichtig, dass Oppositionsparteien frei agieren können, und kaum zwei Drittel maßen freien Wahlen große Geltung bei.[396] Wenn man davon ausgeht, dass Demokratie Demokraten braucht, um zu überleben, dann sind das ziemlich geringe Werte.

Diese gleichgültige Haltung hat Auswirkungen. Mein Kollege Michael Jankowski und ich führten vor einigen Jahren ein Experiment durch, in dem wir Probanden zwei erfundene Kandidaten für ein politisches Amt zur Auswahl gaben.[397] Beide positionierten sich in jeweils demselben politischen Themenfeld – etwa Umwelt- oder Migrationspolitik – genau entgegengesetzt. Zusätzlich hatten die Kandidaten Haltungen zu den Institutionen der Demokratie. Der eine Kandidat wollte den öffentlich-rechtlichen Rundfunk durch die Regierung beaufsichtigen lassen, die Gerichte durch die Regierung kontrollieren und das Recht zur Gesetzgebung auf die Regierung übertragen. Der andere Kandidat wollte nichts dergleichen tun, stand also im Kontext unseres Experiments auf dem Boden der Verfassung. Wir hatten diese drei Dinge nicht zufällig ausgewählt – einige Maßnahmen werden so oder ähnlich in einigen Staaten, wie Polen oder Ungarn, tatsächlich umgesetzt. Ein modernes Regelbuch des Populismus an der Macht.

Zu den Themen, in denen sich die Kandidaten positionierten, hatten wir auch die Probanden befragt. Dadurch konnten wir sehen, inwiefern sie mit den Politikern im Experiment übereinstimmten. Dann konfrontierten wir die Teilnehmer des Experiments mit der Wahl zwischen den beiden Kandidaten. Das Ergebnis verblüffte uns.

Wir konnten sehen, dass viele Menschen bereit sind, einen Kandidaten zu unterstützen, der die liberale Demokratie offen untergraben will – solange dieser Kandidat ihnen nur thematisch ausreichend nähersteht als sein Kontrahent. Und das alles nahezu unabhängig von der politischen Gesinnung oder der Parteipräferenz. Menschen, die der AfD oder Linken zugeneigt sind, verhalten sich in diesen Fragen ganz ähnlich wie SPD- oder CDU-Sympathisanten. Lediglich, wie sich die Probanden zur Demokratie positionierten, ließ das Ergebnis noch prononcierter ausfallen. Jene mit populistischen oder autoritären Einstellungen waren umso mehr bereit, die Demokratie für den Kandidaten, der ihnen inhaltlich nähersteht, sprichwörtlich über die Klinge springen zu lassen. Etwas Ähnliches zeigten Kollegen zuvor auch in den USA.[398] Aber dort war es vor allem die Treue gegenüber der bevorzugten Partei, für die die Wähler demokratische Prinzipien hintanstellten.

Betrachten wir noch einmal die populistischen Einstellungen, die für die Wahl populistischer Parteien eine so große Rolle spielen. Die Vorstellung also, dass es ein wahres Volk gebe; dass Demokratie heiße, diesen wahren Volkswillen umzusetzen, und dass die politischen Eliten allesamt korrupt und egoistisch seien. Es scheint, als begnügten Beobachter sich oft mit der Vorstellung, dass Menschen diese (oder auch andere) Einstellungen haben oder eben nicht. Aber in Wirklichkeit ist es komplizierter. Während manche Menschen über lange Zeiträume populistische Einstellungen hegen, sind sie bei anderen mal mehr, mal weniger stark ausgeprägt.[399] Ähnlich verhält es sich mit autoritären Einstellungen.[400] Es ist also wahrscheinlich nicht so, dass die populistischen Parteien den Menschen ihr Weltbild »einpflanzen« und sie manipulieren. Eher gelingt es ihnen, populistische Einstellungen zu »aktivieren«.[401] Viele Menschen dachten also schon so über Politik und Demokratie, während sie noch andere Parteien (oder gar nicht) wählten. Wut und Angst,[402] vermutlich begünstigt dadurch, dass die eigene Situation als prekär, die Gesamtlage als krisenhaft wahrgenommen wird, führen dann dazu, dass Menschen sich bewusst für Parteien und Anführer entscheiden, die ihre Vorstellung wahrer Demokratie und ihre Abneigung gegenüber der politischen »Klasse« bedienen.

Es gibt für die Populisten womöglich noch eine stille Reserve. Das Potenzial solcher Parteien, links wie rechts, ist vielleicht noch gar nicht ausgeschöpft. Was sie stark macht, ist eine komplexe Gemengelage aus Unsicherheit, Unzufriedenheit, populistischen oder autoritären Einstellungen und einer schwindenden Bedeutung der Demokratie für viele Menschen. Und ironischerweise gewinnen damit die, die sich als lauteste Fürsprecher der Kritiker und der Wütenden ausgeben – und sich zugleich als die einzig wahren Demokraten präsentieren.

WAS WIR GEGEN POPULISTEN TUN KÖNNEN: DIE STUNDE DER PLURALISTEN

6.

Unangenehme Wahrheiten akzeptieren.
Eine neue Kultur der Auseinandersetzung.
Die richtigen Fragen stellen.

Wir aber, die jetzt die Gefahr kennen
Und solcher gegenwärtig sind, können uns
Auch jetzt nicht entschließen ...
(Einstürzende Neubauten: Headcleaner)

Populisten stellen die Demokratie gleich zweifach auf die Probe. Einerseits durch ihre Ideologie. Vor allem die radikale Rechte will eine geschlossene Gesellschaft; kulturell, teils gar ethnisch homogen, den Rückbau internationaler Zusammenarbeit und in Europa die Abwicklung der EU. Die Welt, die sie will, ist eine Welt der abgeschotteten Nationalstaaten.

Andererseits ist da der Populismus selbst, der die reale zugunsten einer vermeintlich »wahren« Demokratie infrage stellt; der Gewaltenteilung und Rechtsstaatlichkeit über Bord werfen will, damit die eigene Gruppe, die als das »wahre« Volk gilt, endlich »wieder« das Sagen hat, vertreten von einer Partei mit Alleinvertretungsanspruch.

Beides ergibt einen Mix, der für immer mehr Menschen attraktiv zu werden scheint. Der Rechtspopulismus ist eine Rückkehr-Ideologie, eine Politik der sicheren Heimstatt, fernab von Fortschrittsutopien und den Anstrengungen einer pluralistischen Gesellschaft, die sich ständig verändert und in der Traditionen, so scheint es, immer weniger zählen. Der Linkspopulismus wiederum verspricht soziale Gerechtigkeit – und auch er ist bereit, einige demokratische Spielregeln in seinem Sinne anzupassen oder zu umgehen, um die eigenen Ziele zu erreichen.

Die größte Gefahr für die Demokratie geht eindeutig von den Rechtspopulisten aus. Und da, wo sie an den Schalthebeln sitzen, demonstrieren sie vor den Augen der Welt, was das bedeutet.

Sind die Populisten an der Macht, wird jede Wahl zur Schicksalsfrage. Dort, wo sie die Institutionen entmachtet und mit Günstlingen besetzt haben, hastet die Opposition in einem Wettlauf gegen die Zeit. Ist das Wahlrecht angepasst, das Verfassungsgericht auf Linie und die Medien unter Kontrolle, dann schwinden die Chancen auf einen Machtwechsel. In Ungarn hat die gesamte vereinigte Opposition Fidesz im Jahr 2022 nicht schlagen können.

Aber es gibt auch Erfolgsmeldungen zu verzeichnen. In den USA, in Brasilien und in Polen wurden die Populisten abgelöst. In Griechenland und Tschechien, wo die Populisten ideologisch gemäßigt auftraten, gelangen friedliche und geordnete Machtwechsel. In Washington und in Brasilia klammerten sich die radikalen Rechtspopulisten mit Gewalt an ihren Regierungssitz – und mussten ihn am Ende räumen.

Klar sollte allerdings sein, dass Anstrengungen gegen die Populisten nicht erst dann beginnen können, wenn das sprichwörtliche Kind bereits in den Brunnen gefallen ist. Gegenstrategien müssen frühzeitig ansetzen. Nicht nur, weil die Populisten irgendwann an die Macht kommen, sondern weil sie schon Einfluss ausüben, bevor sie überhaupt Regierungsämter bekleiden.

Man kann den Parteien ebenso wie den Medien nicht vorwerfen, dass sie die Lage nicht erkannt hätten. Kommunikationsstrategen, Politikwissenschaftler, Historiker, die sich mit Populismus und Extremismus befassen, sind Gäste in Talkshows, beraten die Führungsetagen von Parteien und sprechen bei Kirchen, Gewerkschaften und Institutionen der politischen Bildung. Auch am Ende solcher Veranstaltungen steht häufig die Frage: Was können wir gegen die Populisten tun?

Den Populisten beizukommen, ist eine Mammutaufgabe. Weil der Erfolg dieser Parteien so vielschichtige und teils tief verwurzelte Gründe hat. Und weil Populisten nicht automatisch demokratiefeindlich wirken, sondern sie sich im Gegenteil eben als wahre Demokraten präsentieren.

Mammutaufgabe bedeutet deshalb: Kurzfristige parteipolitische Taktiken sind nicht die alleinige Lösung. Die eigene Strategie ein bisschen anpassen und darauf hoffen, dass die Wähler schon zurückkommen – dieses Vorgehen ist wahrscheinlich nicht von Erfolg gesegnet. Denn die Populisten werden von vielen Menschen nicht aus einer Laune heraus gewählt, sondern aus Überzeugung. Eine bittere Wahrheit: Viele Unterstützer der Populisten wird man nicht ad hoc zurückgewinnen können.

Natürlich haben nicht alle Wähler der Rechtspopulisten dieselben Einstellungen. Manche sind moderater, andere radikaler. Viele sehen sich als überzeugte Demokraten, einige machen aus ihrer autoritären Gesinnung keinen Hehl. Es ist für die politischen Parteien generell schwer, um die Unterstützer ihrer Konkurrenten zu buhlen. Je stärker jemand von einer Partei überzeugt ist, je loyaler diese Person gegenüber der Partei ist, desto schwerer ist sie für die anderen zu erreichen.

Man muss sich die Wählerschaft einer Partei wie eine Zwiebel vorstellen. Eine Zwiebel besteht aus mehreren Schichten. Übertragen auf Wählerschichten einer Partei bedeutet das: Ganz innen sind die, die von einer Partei völlig überzeugt und ihr gegenüber deshalb sehr loyal sind. Je weiter man nach außen kommt, desto geringer ist die Übereinstimmung mit der Partei und desto eher sind die Wähler bereit, sich auch einmal anders zu entscheiden. Es geht also weniger darum, *ob* die anderen Parteien noch Wähler von den Rechtspopulisten zurückgewinnen können, sondern *welche* sie noch erreichen.

Für politische Parteien gibt es – sieht man von Nichtwählern ab – zwei unterschiedliche Typen von Wählern: einerseits ihre eigenen Anhänger, die sie mobilisieren, also dazu bewegen müssen, sich an der Wahl zu beteiligen. Andererseits sind da die Wähler der anderen Parteien, und zwar jeweils diejenigen, die die äußeren Ringe der Zwiebel bilden. Sie sind wesentlich leichter zu erreichen als die Kernwähler. Es ergibt für die Parteien also keinen Sinn, um die loyalsten Anhänger ihrer Konkurrenten zu buhlen. Das gilt besonders für Parteien, die ideologisch weit voneinander entfernt stehen. Die FDP wird sich in aller Regel nicht um die Stammwähler der Linken bemühen – und umgekehrt. Thematisch wie auch habituell sind die Unterschiede oft zu groß.

Im Vergleich zu den Wählern aller anderen Parteien sind die Wähler der AfD am wenigsten bereit, einer anderen Partei ihre Stimme zu geben. Aiko Wagner spricht schon bei der Bundestagswahl 2017 von der »Schließung« des AfD-Wählermilieus.[403] Mit anderen Worten: Die AfD-Wähler haben sich abgeschottet. Der »innere Kern« der Wählerzwiebel, der aus den loyalsten Anhängern besteht, ist bei der AfD besonders groß. Das macht es für die anderen Parteien so schwer, um ihre Wähler zu werben.

Für AfD-Unterstützer sind die anderen Parteien Verbrecher, Diktatoren, Lumpen, Umerzieher. »Denen da oben« misstrauen sie nicht nur; häufig begegnen sie ihnen mit Wut und Verachtung. So unterschiedlich die Beweggründe, AfD zu wählen, auch sein mögen: In ihrer Abneigung gegenüber der »politischen Klasse« sind sich ihre Anhänger einig. Und im Moment bedient nur die AfD dieses Gefühl. Inwiefern das Bündnis Sahra Wagenknecht dieselben Ressentiments abrufen kann, bleibt abzuwarten.

Deshalb ist es nicht überraschend, dass sich gerade konservative Parteien mit Gegenstrategien schwertun. Denn Populisten sind keine Parteien, keine Politiker wie alle anderen. Wenn man sich auf der medialen Bühne oder im Parlament mit ihnen einlässt, gelten teils andere Gesetze. Das gilt für die politische Konkurrenz ebenso wie für die Medien.

Mammutaufgabe bedeutet auch: Parteien und Medien muss bewusst sein, dass der Erfolg der Populisten nicht für sich steht, sondern ein Warnsignal zum Zustand der Demokratie ist. Es gibt Menschen, die wollen eine andere Demokratie; manche wollen gar keine, anderen ist die Demokratie egal. Das hat Ursachen, die die Politik nicht von heute auf morgen beseitigen kann. Aber sie muss anerkennen, dass der Erfolg der Rechtspopulisten nur die Spitze des Eisbergs ist.

Im Grunde geht es nicht um eine einzige, sondern um eine ganze Reihe von Strategien. Kurzfristig sollte das Ziel sein, Taktiken zu vermeiden, die den Rechtspopulisten eher nützen als schaden. Mittelfristig braucht es eine erneuerte politische Kultur unter den Parteien, aber auch im Umgang mit der populistischen Rechten. Und langfristig muss die Politik darauf hinarbeiten, das Vertrauen und die Zuversicht der Bürger zu stärken – auch in Krisenzeiten.

All diese Schritte sind schwer. Denn vordergründig erscheint es einfacher, schlicht die Themen der rechten Populisten zu besetzen. Eine neue politische Kultur zu entwickeln, langfristig zu denken – das heißt für die Parteien hingegen, eine Ratio zu befolgen, die über der kurzfristigen Konkurrenz um Wählerstimmen steht. Aber auch die Medien, besonders die öffentlich-rechtlichen, sind gefragt und sollten ihren Umgang mit den Rechtspopulisten teilweise überdenken. Für sie heißt es, ihren demokratischen Auftrag auf eine bestimmte Weise zu deuten und daraus neue Werkzeuge im Umgang mit den Rechtspopulisten zu entwickeln. Das ist anstrengend und womöglich ressourcenintensiv.

Bei allen Unterschieden muss man sich dessen vergewissern, was man von Mitte-links bis Mitte-rechts gemeinsam hat: die Bejahung der liberalen Demokratie. Angesichts der rechtspopulistischen Wahlerfolge gilt es, diese essentielle Gemeinsamkeit zu betonen und zur Grundlage von Gegenstrategien zu machen.

Es ist die Stunde der Pluralisten.

UND FÜHRE UNS NICHT IN VERSUCHUNG

»Wir müssen endlich im großen Stil abschieben.«

Egal, wie man selbst zu dieser Aussage steht – wenn man nicht weiß, von wem sie stammt, denkt man womöglich an einen konservativen Hardliner oder gar an einen eingefleischten Rechtspopulisten. Weit gefehlt. Sie stammt von einem Sozialdemokraten: Bundeskanzler Olaf Scholz, der es mit diesem Zitat Mitte Oktober 2023 auf das Titelblatt des »Spiegel« schaffte. Scholz hatte seine Migrationspolitik im Gespräch noch weiter ausdifferenziert. Aber der Satz war in der Welt und prangte mit dem Gesicht des Kanzlers auf dem Titel des größten deutschen Nachrichtenmagazins. In den sozialen ebenso wie den analogen Medien diskutierte man das Für und Wider einer Strategie, in der Migrationspolitik vor allem eines ist: abschieben. Nicht Chance, nicht Gestaltung. Ob intendiert oder nicht: Eigentlich war es eine Bankrotterklärung für die Bemühungen, Deutschland hin zu einer Einwanderungsgesellschaft zu entwickeln.

Daher ist »diskutieren« noch ein wohlmeinendes Wort für

die Wut, die Scholz teilweise entgegenschlug. Der stellvertretende Vorsitzende der Jusos, immerhin die Jugendorganisation der SPD, schrieb auf X: »Ich könnte kotzen bei diesem Zitat. Es bringt gar nichts, ins Lied der Rechten einzustimmen.«[404]

Auch der CDU-Vorsitzende Friedrich Merz reagierte prompt, wenngleich natürlich mit einer anderen Stoßrichtung. Immerhin ist Migration eher ein Thema für die Union. Dem ZDF sagte er in der Sendung Berlin Direkt, Thilo Sarrazin – der Autor des Buches »Deutschland schafft sich ab«[405], der aus der SPD ausgeschlossen wurde – habe auf das Problem des »politischen Islam« hingewiesen.[406] Zu Sarrazin kommen wir übrigens noch. In der Neuen Zürcher Zeitung war zwei Tage zuvor bereits ein langes Interview mit Friedrich Merz erschienen, in dem er ein restriktiveres Asylrecht forderte und das unter anderem mit den jüngsten, gegen Israel gerichteten Ausschreitungen in Berlin begründete: »Deutschland kann nicht noch mehr Flüchtlinge aufnehmen. Wir haben genug antisemitische junge Männer im Land.«[407]

Das wiederum löste natürlich ebenfalls einen Aufschrei in den sozialen Medien aus. »Unfassbar« befand der User »Nurder Koch«, immerhin rund 55.000 Follower stark, der Merz' Video auf X teilte.[408] Unter dem Post fanden sich viele, die die Dinge ähnlich kritisch sahen wie er. Andere hingegen unterstützten den CDU-Vorsitzenden: »Merz hat recht! Die SPD hat alle ihre Politiker mundtot gemacht, die vor der jetzigen Situation gewarnt haben. Jetzt sitzen wir tiefer in der Scheiße wie jemals zuvor. Die SPD ist am Ende.«[409]

Die x-te deutsche Integrationsdebatte hatte sich schon länger angedeutet; der jüngste Terror der Hamas gegen Israel hatte sie nochmals befeuert. Angesichts riesiger propalästinensischer Demonstrationen, Drohungen und Drangsal gegen

Juden und Davidsterne, die an Hauswände geschmiert wurden, kamen, je nach Perspektive, Scholz' und Merz' Vorstöße zur rechten Zeit – oder eben zur Unzeit. Denn aus der Antisemitismusdebatte wurde eine Migrationsdebatte und Judenfeindlichkeit auf ein rein muslimisches Phänomen reduziert.

Wenn die Rechtspopulisten bei Wahlen gewinnen – oder auch nur in Umfragen gut dastehen –, sehen sich die anderen Parteien unter Druck gesetzt. Es ist nachvollziehbar, wenn sie dann versuchen, den Herausforderern die Themen abzuluchsen. Im schlimmsten Fall dann, wenn sie sogar mit ihnen zusammenarbeiten. Wie etwa im Dezember 2023, als der französische Präsident Emmanuel Macron sein restriktives Einwanderungsgesetz nur deshalb durch das Parlament bekam, weil er die Stimmen der konservativen Republikaner erhielt – und die des rechtspopulistischen Rassemblement National unter Marine Le Pen. Entgegen dem, was man vielleicht annehmen möchte, sind solche Strategien bei den Wählern meist nicht erfolgreich.[410]

Denn was dabei oft übersehen wird: Die Rechtspopulisten werden nicht nur deshalb gewählt, weil sie für eine restriktive Migrationspolitik stehen, sondern auch wegen ihres populistischen Profils.[411] Das ist eine Hürde, über die die etablierten Parteien nicht einfach so springen können. Sie sind schon jahrzehntelang im Geschäft; ihre führenden Köpfe haben meist eine lange politische Karriere hinter sich. Sich einfach so als Stimme des Volkes zu geben und Vertrauen bei den Wählern der Populisten zurückzugewinnen, funktioniert nicht.

Trotzdem versuchen sie es. Vor allem konservative Parteien in Europa rücken in gesellschaftspolitischen Fragen nach rechts, weil sie dadurch die Wähler wieder ansprechen wollen, von denen sie denken, dass sie ihnen eigentlich zugeneigt sind.[412] Eben auch in Deutschland: »Halbieren« wollte Friedrich Merz einst die AfD. Ein hehres Ziel, das er vor allem dadurch erreichen wollte, indem er in dasselbe Horn blies wie sie.

Zuerst beschwor er den Kampf um die Meinungsfreiheit:

»Die größte Bedrohung für die Meinungsfreiheit ist aus meiner Sicht inzwischen die Zensurkultur, die man im angelsächsischen Sprachgebrauch auch ›Cancel Culture‹ nennt.«[413]

Dann bezeichnete er arabischstämmige Schüler als »kleine Paschas«.[414]

Später beklagte der CDU-Vorsitzende die – in der Realität so nicht existente[415] – Bevorzugung von Asylbewerbern bei Arztterminen:

»Auch die Bevölkerung, die werden doch wahnsinnig, die Leute. Wenn die sehen, dass 300.000 Asylbewerber abgelehnt sind, nicht ausreisen, die vollen Leistungen bekommen, die volle Heilfürsorge bekommen. Die sitzen beim Arzt und lassen sich die Zähne neu machen, und die deutschen Bürger nebendran kriegen keine Termine.«[416]

Es geht nicht darum, ob man die Positionen von Merz teilt oder nicht. Es geht nicht einmal darum, ob manches tatsächlich der Realität entspricht. Es geht darum, dass die Versuche, sich den Positionen und der Sprache der AfD anzunähern, nicht den gewünschten Erfolg gehabt haben. Im Winter 2023 lag die AfD mit über 20 Prozent in bundesweiten Umfragen auf dem zweiten Platz hinter der Union; in einigen ostdeutschen Bundesländern sogar weit vor ihr. Erst nach der Gründung des BSW, dem Bekanntwerden eines rechtsextremen Netzwerktreffens und wochenlangen Großdemonstrationen begann die AfD in Umfragen zu schwächeln.

Man kann andererseits auch nicht ohne Weiteres behaupten, dass Merz' Strategie sie direkt gestärkt habe. Doch sowohl in Deutschland als auch international lässt sich feststellen, dass durch eine rechtsgerichtete Strategie der Konservativen, wenn überhaupt, vor allem die Rechtspopulisten mehr Wähler hinzugewinnen.[417]

Zwar gibt es Hinweise darauf, dass es wirkt, wenn man die Positionen der Außenseiterparteien einnimmt – aber nur dann, wenn diese Partei auch tatsächlich vollständig isoliert ist.[418] Es braucht dann wirklich eine »Brandmauer«, die auch jede Kooperation im Parlament ausschließt. Haben die Rechtspopulisten den Fuß in der Tür, führen »Imitationsstrategien« nicht dazu, ihnen wieder Wähler abspenstig zu machen. Und außerdem: Wer wie die Populisten spricht, der bereitet ihnen den Diskurs. Auf diese langfristige Veränderung, wie wir über Migration und Menschen mit Migrationsgeschichte sprechen, setzt vor allem die extreme Rechte, die in den rechtspopulistischen Parteien Kooperationspartner und Resonanzraum für ihre Positionen gefunden hat.

DEMOKRATISCHE POLARISIERUNG STATT KULTURKAMPF

2016 war die AfD gerade einmal drei Jahre alt und hatte einen weiteren Skandal am Hals. Beatrix von Storch, damals Europaabgeordnete, beantwortete auf Facebook die Fragen von Nutzern. Seinerzeit war gerade die Asylpolitik der Bundesregierung das dominierende Thema, und die AfD hatte von Anfang an eine andere Position als alle anderen Parteien. Sie wollte die »Welle« der Geflüchteten zurückdrängen. »Wollt ihr etwa Frauen mit Kindern an der grünen Wiese den Zutritt mit Waffengewalt verhindern?«, fragte ein User. Und von Storch antwortete klar und deutlich: »Ja.«[419]

Der Aufschrei war vorprogrammiert. Selbst Politiker, die für eine Einschränkung des Asylrechts waren, brachten ihre Erschütterung zum Ausdruck. Von Storch redete sich mit einer absurden Begründung heraus: Sie sei mit der Maus ausgerutscht.

Es sollte einer von vielen »Mausrutschern« sein, die die AfD mit der Zeit produzierte. Sei es der »Vogelschiss der Geschichte«, als den Alexander Gauland die Nazi-Herrschaft herabspielte, oder das Holocaust-Mahnmal als »Denkmal der Schande«, dessen Existenz im »Herzen der Hauptstadt« Björn Höcke beklagte. Die Liste ließe sich fortsetzen. Das Anfang 2024 bekannt gewordene Treffen zwischen Vertretern von AfD, der rechtsextremen Identitären Bewegung sowie einzelnen Mitgliedern der WerteUnion, auf dem man die großangelegte »Remigration« von Menschen mit Migrationsgeschichte skizzierte, wurde von AfD-Politikern nur noch halbherzig als »privates Treffen« heruntergespielt.

Im Jahr 2023 gibt der ehemalige Gesundheitsminister und stellvertretende CDU-Vorsitzende Jens Spahn dem Magazin »The Pioneer« ein Interview.[420] Er kann nicht umhin, sich in die abermals schwelende Asyldebatte einzuschalten. Und er findet klare Worte. »Irreguläre« Migration, so Spahn, wolle er »notfalls mit Gewalt« aufhalten.

Natürlich erfolgte auch hier ein Aufschrei. Über Spahns strategische Motive kann man nur mutmaßen. Aber vermutlich erhoffte er sich von seiner Äußerung ein klares Profil für seine Partei. Denn nur wenige Tage zuvor war der sozialdemokratische Kanzler auf dem schon erwähnten Spiegel-Cover mit den Worten zitiert worden, man müsse »im großen Stil« abschieben.

Auch wenn hinter solchen markigen Zuspitzungen komplexe politische Vorhaben stehen, sind es solche Slogans, die verfangen, über die diskutiert wird und die den Diskurs in den Medien prägen. Und Profi-Politiker wissen das. Nach außen hin also lieferten sich die beiden ehemaligen Volksparteien einen Wettbewerb darum, wer in der Asyl- und Migrationspolitik die härtere Gangart hatte.

Angenommen, Sie hätten Angst vor Masseneinwanderung und wären dafür, das Asylrecht abzuschaffen. Angenommen, Sie wählten deshalb eine rechtspopulistische Partei, die sich genau das zum Ziel gesetzt hat. Nun wird diese Partei in den Umfragen immer stärker. Und plötzlich fangen die etablierten Parteien an, über »Asylmissbrauch« und »radikalisierte junge Männer« zu sprechen, und geloben, mehr Abschiebungen durchführen zu wollen. Wäre es für Sie da rational, die etablierten Parteien zu wählen und nicht weiterhin die Rechtspopulisten, auf deren Erfolge hin die anderen diese Themen überhaupt erst wiederentdeckt haben?

»Die Bürger wählen das Original« ist ein Klischee, aber es stimmt. Am Ende gewinnen in einem solchen Wettbewerb die Rechtspopulisten.

Auf der anderen Seite können Politiker und Parteien Themen nicht aussparen, nur weil sie den Rechtspopulisten nützen könnten. Alles, was in der Welt passiert, kann ein Thema für den politischen Wettbewerb sein. Wenn selbst die Grünen, die bei Asyl und Migration immer für eine liberale Politik standen, die Schwierigkeiten der Kommunen bei der Unterbringung von Geflüchteten thematisieren, zeigt das, wie Probleme ihren Weg in die politische Debatte finden. Und dass Probleme »politisiert« werden, ist im Zweifel etwas Gutes.

Denn das bedeutet, dass wir in den Arenen der öffentlichen Meinungsfindung – dem Parlament, den Medien, den Talkshows und auch den sozialen Netzwerken – um die besten Lösungen ringen. Genau darum geht es letztlich in der Politik: um gemeinsame Regeln für unser Zusammenleben.

Die Frage ist allerdings, wie wir um die richtigen Regeln streiten.

Die Konservativen erliegen einer Versuchung: Sie verwechseln Polarisierung, also die Abgrenzung vom politischen Gegner, mit Kulturkampf. Friedrich Merz warnt vor »Cancel Culture« als »größte(r) Gefahr für die Demokratie«. Kurze Zeit später erklärt er die Grünen zum »Hauptgegner«. Aus Sicht einer konservativen Partei ist dieser Schritt nachvollziehbar. Aber es gibt gute Gründe anzunehmen, dass eine solche Strategie nach hinten losgeht:

Zum einen ist der sprachliche Unterschied zu den Rechtspopulisten relativ gering. Natürlich gibt es ihn, denn die Union spricht nicht vom »links-grün versifften Mainstream« und deutet auch nicht an, wir lebten in einer Diktatur. Aber ihre Worte haben eine ähnliche Stoßrichtung. Eine bedrohliche Feindesgruppe, von der eine Gefahr für das Gemeinwohl ausgeht und die eindeutig der politischen Linken zugeordnet werden kann.

Für viele Konservative oder auch Liberale mag das die gewohnte Abgrenzung gegenüber dem politischen Gegner sein. Und natürlich: Solche Feindbilder gab es immer. »Alle Wege des Marxismus führen nach Moskau« war ein Plakat der CDU im ersten Bundestagswahlkampf 1949 – Adressat war die SPD.

Aber dabei ging es um Polarisierung zwischen Politikalternativen. Es war nicht die Rede davon, dass »die anderen« die Gesellschaft bereits unterlaufen hätten. Die Warnung vor »Woke« und »Cancel Culture« spielt den Populisten deshalb in die Hände, weil der Feind entgrenzt ist – also längst da.

Eine Lösung könnte sein, vom Kulturkampf-Narrativ Abstand zu nehmen und stattdessen eine Art demokratischer Polarisierung zu betreiben.

Demokratische Polarisierung bedeutet: herausarbeiten, worin die jeweiligen Unterschiede liegen, ohne die demokratischen politischen Gegner als Gefahr für die Demokratie zu brandmarken. Deutliche Abgrenzung in der Sache, aber Abrüstung in der Sprache. Und vermeiden, die Rhetorik der Rechtspopulisten in der Gesellschaftspolitik zu imitieren.

Mancher wird sofort einwenden, dass der politische Wettbewerb damit zu einer reinen Kulisse wird. Vordergründig bekämpft man sich, im Hintergrund gluckt man doch zusammen. Eine »Postdemokratie«, wie sie der Soziologe und Politikwissenschaftler Colin Crouch beschrieben hat, in der inhaltliche Unterschiede zwischen den Parteien allein der Inszenierung im Wahlkampf und der Mobilisierung der Wähler dienen.[421]

Das erscheint mir weit gefehlt. Demokratische Polarisierung bedeutet, die Kontroverse zwischen den Parteien als Disput zu verstehen, der nach bestimmten Regeln ausgetragen wird. Als demokratische Parteienlandschaft von konservativ bis links sollte der Konsens betont werden, auf derselben Seite zu stehen – nämlich der der liberalen Verfassung. Und zwar nicht nur im eigenen Auftrag, sondern auch als Aussage über die Mitbewerber. Das wäre mehr als nur ein Lippenbekenntnis. Und würde nicht beschränkend wirken, sondern dem Streit über Inhalte Raum geben. Parteien und auch Aktivisten sollten auf die Dämonisierung des jeweils anderen weitgehend verzichten – auch bei großen Meinungsunterschieden.

Die Konservativen sollen konservativ sein. Auch gesellschaftspolitisch, also mit Blick auf Fragen von Migration, Integration, Familienpolitik oder Geschlechteridentität. Es ist für konservative Parteien wichtig, ihren Wählern ein Angebot zu machen, das sich von dem der Progressiven unterscheidet.

Ein Beispiel dafür, wie das gelingen kann, ist eine Bundestags-Rede des CDU-Abgeordneten Philipp Amthor aus dem Jahr 2018. Im Plenum wurde ein Lieblingsthema der Rechtspopulisten debattiert: das Burkaverbot. Amthor beginnt mit markigen Worten gegen das, was er den »politischen Islam« nennt, und spricht sich gegen »Vollverschleierung« aus. Im nächsten Moment jedoch nimmt er den Antrag der AfD zu diesem Thema auseinander, indem er sich als Verteidiger des Rechtsstaats gibt: »Wenn wir von den Moslems verlangen, dass sie sich an unsere Regeln halten, tun wir selbst gut daran, uns auch an unsere Regeln zu halten«, ruft er der AfD-Fraktion zu.[422]

»Ein Viertel Ihrer Fraktion sind Juristen. Diese Expertise findet sich in dem Antrag in keiner Weise wieder«, stichelt Amthor.

Er zählt die sachlichen Fehler des AfD-Antrags auf. Das erste Beispiel, das er vorbringt, ist auch gleich das eindrücklichste: Er entkräftet die Behauptung der Rechtspopulisten, das Tragen einer Burka sei nicht durch die Religionsfreiheit geschützt. Gleichzeitig bekennt er zur Burka: »Ich finde eine Burka ziemlich unwürdig, und ich finde es unwürdig, dass die Frauen sich dadurch auch zum Objekt machen lassen.«[423] So geht es weiter. Amthor trifft den Ton zwischen konservativen Positionen und einem Bekenntnis zur Verfassung – und es gelingt ihm, die AfD mit einem sachlich unsauber ausgearbeiteten Antrag vorzuführen.

Natürlich muss man im Lichte der Forschung auch sagen: Es ist ein sehr schmaler Grat zwischen Positionen, die die Thesen der Rechtspopulisten bestärken, und der sprichwörtlichen »klaren Kante«. Aber die inzwischen schon einige Zeit zurückliegende Episode zeigt vielleicht auch, wie es gehen kann.

Christdemokraten können Rechtspopulisten mit zwei Waffen stellen: einer konservativen Gesellschaftspolitik und einem Bekenntnis zur liberalen Verfassung.

Die Progressiven müssen und sollten die Positionen der Konservativen nicht unterstützen, aber sie sollten auch vermeiden, ihren Gegner mit den Rechtspopulisten gleichzusetzen. Denn auch das ist eine Strategie, die den Kontrahenten delegitimiert und Zusammenarbeit erschwert. Und Zusammenarbeit und Kompromiss sind gefordert, wenn die großen Parteien schwächer und die ehemals kleinen stärker werden.

Denn der zweite Grund dafür, warum die bisherige Strategie problembehaftet ist, ist, dass maximale Abgrenzung und Kulturkampf Zusammenarbeit mit dem politischen Gegner verhindern. Und gerade da braucht es Willen und Kreativität für neue Konstellationen.

REGIEREN MIT AUSGESTRECKTER HAND

Sonntag, 18:00 Uhr. Landtagswahl in einem ostdeutschen Bundesland. Die ersten Projektionen flimmern über die Bildschirme. Der schwarze Balken schießt nach oben: 25 Prozent. Fernsehbilder zeigen besorgte Gesichter auf der Wahlparty. Die Anwesenden scheinen kollektiv auszuatmen. Fünf Prozentpunkte weniger als bei der letzten Landtagswahl. Irgendwohin müssen die Stimmen geflossen sein. Die Anhänger der Partei ahnen Schlimmes.

Als Nächstes wird der blaue Balken eingeblendet. Er wächst. Und wächst. Und wächst sogar höher als der schwarze Balken zuvor. 33 Prozent. Mehr als zwölf Prozentpunkte mehr als vor fünf Jahren. Die Partei, zu der der blaue Balken gehört, gilt als rechtspopulistisch. Sie wird, wenn sich die Projektionen bestätigen, stärkste Partei im kommenden Parlament. Und selbst, wenn nicht: Wenn es um die Bildung einer Regierung geht, führt an ihr kaum ein Weg vorbei.

Die Anhänger der blauen Rechtspopulisten jubeln. »Wir haben einen deutlichen Regierungsauftrag«, sagt ihre Vorsitzende. Jetzt stehen die anderen Parteien unter Druck – allen voran die schwarzen Christdemokraten, die auf dem zweiten Platz gelandet sind.

Während der Niederschrift dieses Buches handelt es sich hierbei um ein hypothetisches Szenario. Aber es ist keinesfalls unrealistisch. Im Winter 2023/24 sagten Umfragen in einigen deutschen Ländern komplizierte Verhältnisse voraus. Für Thüringen verortete man die AfD teils bei 34 Prozent – mit Abstand der höchste Wert aller Parteien. Die CDU und die regierende Linke kämpften mit jeweils rund 20 Prozent um den zweiten Platz. Die SPD lag bei zehn, die Grünen bei fünf Prozent. Bei den Landtagswahlen in Hessen landete die AfD im Oktober 2023 auf dem zweiten, in Bayern auf dem dritten Platz.

Die Debatte darüber, ob man mit den Rechtspopulisten zusammenarbeiten kann, darf oder soll, ist längst im Gange. In Deutschland findet sie mit einiger Verspätung statt. In Österreich, den Niederlanden, Italien, Dänemark, Schweden, Norwegen und Finnland waren oder sind Rechtsaußenparteien an Koalitionen beteiligt oder stützten Minderheitsregierungen. Die Diskussionen darüber, ob sich das verbietet oder nicht, wurden dort geführt und entschieden. Mancherorts löste die erste Regierungsbeteiligung der Rechtspopulisten heftige Gegenwehr und zivilen Protest aus, etwa in Österreich um das Jahr 2000. Anderswo ging das Ganze geräuschloser über die Bühne. In Dänemark unterstützte die rechtspopulistische

Folkeparti zwischen 2001 und 2011 eine konservativ-liberale Regierung. Es gab Diskussionen über die Seriosität ihrer Politik, aber der große Aufschrei blieb aus – wohl auch, weil die Folkeparti nicht im Verdacht stand, demokratiefeindliche Ziele zu verfolgen. Dabei tönte sie im Wahlkampf von einer »Schlacht um Dänemark«[424]. Sie warnte, dass die Linken »dir jeden Schilling nehmen werden«, und versprach, die dänische Kultur vor Immigranten zu schützen. Aber weder der Diktatur noch dem Widerstand wurde das Wort geredet.

In Deutschland fällt die Diskussion besonders heftig aus, weil es ein starkes Bewusstsein um die Gefahren der radikalen Rechten gibt. Das ist historisch begründet. Aber es ist mehr als nur eine Befindlichkeit, und es ist auch keine rein deutsche Debatte. Was die Rechtspopulisten tun, wenn sie an der Regierung sind und die Gelegenheit dazu haben, ist bekannt. Die geschichtliche Erfahrung in Deutschland ist eine zusätzliche Ebene im Diskurs, aber die Frage, die sich stellt, ist überall dieselbe: Kann, darf, soll man mit den Rechtspopulisten regieren?

Eine Regierungsbildung mit der AfD ist für keine Partei in der Bundesrepublik sonderlich attraktiv. Auch für die Christdemokraten nicht. Aber die Rechtspopulisten werden in Umfragen immer stärker, und die Frage lautet am Ende vielleicht: Muss man mit den Rechtspopulisten regieren?

Zuerst wird diese Frage voraussichtlich zu einem Problem für die Christdemokraten. Nicht nur deshalb, weil sie als konservative Partei den Rechtspopulisten in manchen Fragen näher steht als die SPD oder die Grünen. Sondern auch, weil sie in vielen Szenarien entweder als stärkste Kraft kurz vor der AfD liegt oder ihr als zweitstärkste Partei folgt. In beiden Fällen müsste die Union sich entscheiden, ob sie mit der AfD koaliert oder sich mit anderen Parteien zusammentut – einschließlich der Linken oder, was jetzt noch nicht abzusehen ist, sogar dem Bündnis Sahra Wagenknecht.

Eine Eigenschaft der deutschen Politik ist das Denken in Lagern. Lange gab es ein rot-grünes (»progressives«) und ein schwarz-gelbes (»bürgerliches«) Lager. Diese Front ist in den letzten 20 Jahren deutlich erodiert, vor allem links der Mitte. Aber auch bei Konservativen und Liberalen reicht es oft nicht mehr für eine gemeinsame Mehrheit.

Das alles wäre kein Problem, wenn es nicht auch ein negatives Lagerdenken gäbe: Parteien, mit denen man partout nicht zusammenarbeiten will. Für die CDU/CSU ist das vor allem Die Linke. Die Christdemokraten haben sich auch nach dem Ende der DDR einen strengen Anti-Kommunismus bewahrt. Das ist historisch nachvollziehbar. Aber die Wähler der Union sind teils pragmatischer als ihre Partei. Bei der Thüringen-Wahl 2019 wechselten einige CDU-Wähler zur Linken, was nicht zuletzt an der Popularität des landesväterlich auftretenden Spitzenkandidaten Bodo Ramelow lag.[425]

Hinzu kommt, dass im Lagerdenken auch der Wunsch nach einer Koalition steckt, die sich während der laufenden Legislaturperiode nicht verändert. Man fängt mit einer schwarz-gelben Mehrheit an und vier oder fünf Jahre später stellt sich dieselbe Farbkombination wieder zur Wahl mit dem Wunsch, genauso weiterzumachen.

Warum eigentlich? Wenn die Konstellationen ohnehin immer bunter werden, was spricht dagegen, auch dieses statische Denken zu überholen und zu einer anderen Verhandlungskultur zwischen Parlament und Regierung zu kommen?

Nicht mehr drei oder vier, sondern fünf oder sechs Parteien ziehen in den Bundestag ein. In den Ländern kommt es teils zu eigentümlichen Konstellationen. In Thüringen war

2021 bis 2024 Die Linke stärkste Partei, gefolgt von AfD und Union; in Sachsen vereinten bei der Landtagswahl 2019 CDU und AfD fast 60 Prozent der Stimmen auf sich. In Bayern regiert die CSU mit den Freien Wählern, in Rheinland-Pfalz die Ampel, in Nordrhein-Westfalen Schwarz-Grün, in Berlin Schwarz-Rot.

In einigen ostdeutschen Bundesländern könnte es sich bald ergeben, dass die CDU nur zwei Möglichkeiten hat: Entweder sie geht mit der AfD zusammen oder aber sie lässt sich auf eine ungewöhnliche Konstellation ein. In Sachsen und Brandenburg regiert jeweils eine »Kenia-Koalition« aus CDU, Grünen und SPD; in Sachsen-Anhalt eine »Deutschland-Koalition« aus Union, SPD und FDP. Aber wenn die AfD sehr stark und die Union relativ schwach dasteht, dann kann es sein, dass die CDU eine komplizierte Koalition mit FDP, Grünen, SPD, vielleicht gar der Linken oder dem Bündnis Sahra Wagenknecht schmieden muss.

Für die AfD wäre das eine willkommene Gelegenheit. Jeder Streit in einer solchen Koalition wäre Wasser auf ihre Mühlen. Sie selbst, wenn sie dann stärkste oder zweitstärkste Partei geworden wäre, könnte sich bei jeder Regierungskrise selbst als vergiftetes Geschenk anbieten. Die Union, die das Angebot ausschlagen müsste, stünde als Verweigerin einer funktionierenden Koalition da – aus »ideologischen« Gründen, wie mancher sagen würde. Auch in der CDU selbst würde die Diskussion über eine Zusammenarbeit mit der AfD wieder aufbrechen.

Ein Einwand, der in solchen Diskussionen gerne kommt, ist der Hinweis auf einen »Regierungsauftrag«. Entweder abgeleitet daraus, dass eine Partei die größte Fraktion im Parlament stellt und den Vorzug bei der Koalitionsbildung genießt.

Oder aber daraus, dass zwei Parteien rechnerisch zusammengehen könnten. In manchen Ländern kommt der Regierungsauftrag qua Verfassung der stärksten Fraktion im Parlament zu. Aber in Deutschland existiert eine solche Regel nicht.

Die Herrschaft des Volkes kommt in Wahlen zum Ausdruck. Sie entscheiden über die Sitzverteilung im Parlament. Und nur diese Verteilung kann man aus dem Wahlergebnis eindeutig ablesen. Meist erreicht keine Partei die absolute Mehrheit. Es müssen also Koalitionen gebildet werden. Das liegt in der Hand der Legislative. Die Parlamentarier haben dabei ein freies Mandat. Der Charakter des »Volksentscheids«, den die Wahl hat, erstreckt sich nicht auf die Entscheidungen, die das Parlament trifft. Wie könnte sie auch? Welche Koalition gebildet werden soll, lässt sich aus dem Wahlakt gar nicht ablesen.

Stellen wir uns ein Wahlergebnis vor, in dem eine konservative Partei und eine sozialdemokratische Partei je 40 Prozent der Sitze erhalten. Die restlichen 20 Prozent gehen an eine liberale Partei. Die Liberalen könnten grundsätzlich mit jeder der anderen beiden Parteien eine Koalition bilden. Und sowohl Sozialdemokraten als auch Konservative brauchen entweder einander oder die Liberalen, um zu regieren.

Welche Koalition repräsentiert den »Volkswillen« besser? Sozialdemokraten/Liberale, Christdemokraten/Liberale oder gar Sozialdemokraten/Christdemokraten? Je nachdem, zu welcher Partei man selbst neigt, würde man wahrscheinlich zu einer anderen Antwort kommen. Die tatsächliche Antwort aber ist: Alle Konstellationen repräsentieren den »Volkswillen« in gleicher Weise, weil das Wahlergebnis nichts anderes produziert als die Sitzverteilung. Und wenn man Glück hat, klare Mehrheitsverhältnisse. Das aber passiert inzwischen immer seltener.

Es gibt also keinen Zwang zur Zusammenarbeit. Ebenso, wie Parteien sich dafür entscheiden, eine Regierung zu bilden, können sie die Kooperation auch verweigern. Das gilt nicht nur für Koalitionen, sondern für alles, was im Parlament geschieht, also etwa auch die Besetzung von Ausschüssen. Dabei kommen Verfahren, die man traditionell geräuschlos im Einverständnis aller Parteien regelt, an ihre Grenzen. Die Besetzung von Ausschüssen, eigentlich ein Routinevorgang, wird angesichts radikaler Fraktionen zum Politikum.

Die Politikwissenschaftlerin Anna-Sophie Heinze hat mit Vertretern der Parteien in einigen Landtagen in West- und Ostdeutschland Interviews geführt und ausgewertet. Sie kommt zu dem Schluss, dass die etablierte Politik auf die Ankunft der AfD in den Parlamenten und damit auch den Ausschüssen schlecht vorbereitet war. Eine gemeinsame Strategie gab es nicht. Wie man mit der Partei umging, entschied man von Fall zu Fall.[426]

Aber zurück zur Koalitionsbildung. Es spricht in komplizierten Konstellationen nichts dagegen, sich auf eine Minderheitsregierung einzulassen. In Skandinavien sind solche Formate an der Tagesordnung. Deutschland hat dafür etwa auf der Bundesebene sogar ideale Voraussetzungen. Kommt beispielsweise im dritten Wahlgang des Kanzlers keine absolute Mehrheit zustande, kann er mit relativer Mehrheit gewählt werden. Und wäre damit Kopf einer Minderheitsregierung. Da er sich aber nicht auf eine parlamentarische Mehrheit stützen könnte, müsste er für Gesetzesvorhaben von Fall zu Fall nach Unterstützung jenseits seiner eigenen Partei suchen.

Minderheitsregierungen sind auch in den Bundesländern eine Möglichkeit, das starre Gegeneinander von Regierung und Opposition aufzubrechen. Für die Opposition läge darin eine Chance: Sie könnte sich bei manchen Projekten als treibende Kraft beweisen. Bei anderen könnte die Regierung mit kleineren Partnern zusammenarbeiten. Agiert ein Kanzler in solch einem Szenario geschickt, bliebe das Heft in seiner Hand und die Gefahr, dass sich andere Parteien zu einer Koalition gegen ihn zusammenfinden, wäre gering.

Man kann natürlich nicht verschweigen, dass auch die Populisten besonders profitieren könnten. Etwa dann, wenn es zu einem langen und zähen Ringen bei der Regierungsbildung kommt oder sich bei Gesetzesvorhaben Regierung und unterstützende Opposition nicht einigen können. Der Regierungschef stünde als »Lame Duck« da. Umso wichtiger wäre es, dass die demokratischen Parteien sich an den oben beschriebenen Konsens halten und nicht in Kulturkampf-Narrative verfallen.

ARENA STATT BÜHNE

Nicht nur die Politik muss einen Umgang mit den Rechtspopulisten finden, sondern auch die Medien.

In vielen Ländern wird den Politikern der radikalen Rechten eher eine Bühne geboten – sei es, indem man ihre Inhalte verbreitet oder sie direkt zu Wort kommen lässt.[427] In Deutschland hingegen war man zwar lange zurückhaltend, wenn es darum ging, den Rechtspopulisten selbst ein Forum zu geben. Aber die Berichterstattung spielte ihrer Agenda teils dennoch in die Hände.

Die Darstellung von Migranten in den Medien ist beispielsweise oft verzerrt, fokussiert auf Probleme, etwa Kriminalität, oder Konkurrenz um Ressourcen, vor allem den Sozialstaat. Migranten, das sind die, die zu »uns« kommen und über die »wir« sprechen.[428] Das hat Auswirkungen darauf, wie wir

Menschen mit Migrationsgeschichte wahrnehmen – und dafür braucht es nicht einmal die reißerischen Schlagzeilen des Boulevards über »Migrantenkriminalität« und »Missbrauch von Sozialleistungen«. Es genügt, dass Medien allgemein über Migration und Probleme der Integration sprechen, aber die Menschen, um die es geht, darin die Rolle von Statisten einnehmen und ihre Interessen, wenn überhaupt, nur im Kontrast zu den Interessen derer dargestellt werden, die man sich als »Mehrheitsgesellschaft« denkt.

Wie das aussieht, lässt sich am Umgang mit Thilo Sarrazins Buch »Deutschland schafft sich ab« zeigen, das 2010 erschienen ist. Sein Autor war bereits ein Politstar, der als staubtrockener Berliner Finanzsenator von sich reden machte, indem er sich als »Tabubrecher« inszenierte. Er sprach beispielsweise davon, dass türkisch- und arabischstämmige Menschen in Deutschland »immer neue Kopftuchmädchen produzieren«.[429] Sein Buch gab seinen Sticheleien einen Unterbau. Auf rund 500 Seiten entwickelte er seine Thesen zur genetischen Begründung von Intelligenz und Kultur und fabulierte unter anderem von einem »Juden-Gen«.

Die Resonanz darauf war überwältigend. Der Politiker und Autor wurde durch die Talkshows gereicht. Sarrazin, der Provokateur, der Außenseiter; Sozialdemokrat auch noch obendrein. Origineller Typ, harter Hund, Tabubrecher. Sarrazin entsprach den Auswahlkriterien der Medien, sorgte für Skandale. Und Skandale bedeuten Quote.

Natürlich: Viele Artikel, Kommentare, Talksendungen befassten sich damit, dass Sarrazin falschlag; viele skandalisierten, dass es ein eugenisch orientiertes Buch auf die Bestsellerlisten schaffte. Und obwohl Psychologen und Genforscher ihm teils vehement widersprachen, wurde Sarrazin weiterhin eingeladen und durfte seine Ansichten auf den Bühnen der Republik darlegen. Menschen mit Migrationshintergrund, Muslime und Juden waren in dieser Debatte lediglich Komparsen.

Sarrazin, dessen Bestseller das erste populäre eugenische Werk auf dem deutschen Buchmarkt nach dem Zweiten Weltkrieg war, wurde nach Einschätzung mancher Beobachter zum medialen Türöffner für die AfD.[430] Zumindest steht es als besonders krasses Beispiel für einen Migrations- und Integrationsdiskurs, in dessen Windschatten die rechten Populisten auch in Deutschland in die Parlamente einzogen.

Auch deren Wahlerfolge hatten für die Gesellschaft Konsequenzen, nicht nur in der Bundesrepublik. Menschen, die mit ihren Einstellungen vorher hinterm Berg hielten, hatten und haben bis heute eine Repräsentanz ihrer Positionen und ihrer Sprache auf der Hauptbühne der Demokratie. Sie bringen ihre Ansichten auch selbst öffentlich deutlicher zum Ausdruck.[431] Sie haben weniger Angst, sich verstecken zu müssen, geächtet zu werden. Darin liegt das Gift, das auch über soziale Medien langsam wieder in den Diskurs einsickert.

Wenn dann noch die Medien über »kriminelle Migranten« und »Wirtschaftsflüchtlinge« berichten; wenn Politiker der großen Parteien davon sprechen, »im großen Stil abschieben« zu wollen und dass linke »Cancel Culture« die größte Gefahr für die Demokratie sei; wenn man in den sozialen Medien auf so viele Gleichgesinnte trifft, dass man glaubt, man gehöre wirklich zur »schweigenden Mehrheit« – dann bestätigt all das die populistische Rechte, ermutigt ihre Wähler, sie weiter zu unterstützen, und treibt ihr neue Sympathisanten zu.

Man kann nicht sagen, dass die Medien – gemeint ist hier vor allem das Fernsehen – den Rechtspopulisten bedenkenlos den roten Teppich ausgerollt haben. Eher gibt es, von einigen Abweichungen abgesehen, eine recht typisch verlaufende »Lernkurve«.[432] Zuerst werden die Rechtspopulisten ignoriert und als Außenseiter behandelt. Dann weicht dieser Ansatz einem neuen. Die Rechtspopulisten werden eingeladen, aber besonders kritisch befragt und teils dämonisiert. Anschließend kommt es aber dazu, dass ihre Themen und ihre Rhetorik langsam übernommen werden. Und zuletzt haben sich die ehemaligen enfants térribles weitgehend etabliert.

Wie aber sollen die Medien mit den Rechtspopulisten umgehen?

Es scheint mir, als würde dieses Problem oft auf eine Wahl zwischen zwei Möglichkeiten reduziert: Entweder man lädt sie in die gängigen Formate ein und behandelt sie wie die Vertreter aller anderen Parteien. Oder man lädt sie nicht ein und entzieht ihnen die Bühne.

Die Antwort müsste jedoch wesentlich komplexer ausfallen.

Zunächst einmal wäre es ratsam, dass sich manche Medienvertreter von der Vorstellung trennen, die Rechtspopulisten und ihre Positionen müssten auf die gleiche Weise dargestellt werden wie alle anderen und als gebe es keinen Grund, die Besonderheiten der Rechtspopulisten klar zu thematisieren. Es existiert die Vorstellung, dass zu einem Thema alle Meinungen gehört werden müssen, egal, wie absurd oder extrem sie sind. Leugner wissenschaftlicher Fakten saßen während der Coronapandemie (und auch danach) teils in Talkshows und wurden als gleichwertige Experten befragt. Rechtspopulisten sitzen in TV-Sommerinterviews und dürfen Rede und Antwort stehen, so als repräsentierten sie ganz normale Parteien. Das hat Konsequenzen. Wissenschaftlich konnte gezeigt werden, dass die unkritische Befragung, also eine, die die Populisten nicht spezifisch mit ihrem populistischen Programm konfrontiert, dazu führt, dass die Zustimmung zu ihren Positionen in der Bevölkerung steigt.[433]

Während die Privaten in der Gestaltung ihrer Programme recht frei sind, haben die öffentlich-rechtlichen Anstalten einen Programmauftrag. Dort, wo sie Politik und Politiker zeigen, sollen sie ein öffentliches Forum für unterschiedliche Ansichten bieten, Austausch ermöglichen und unterschiedliche gesellschaftliche Positionen abbilden und integrieren.[434] Gerade weil sie in einem landläufigen Sinne dem Anspruch nach »neutral« sein sollen, tragen sie zur Stabilität und Legitimität der Demokratie bei.

Das bedeutet aber auch: Rechtspopulisten und Rechtsextremisten sollten als das dargestellt werden, was sie sind. Denn das, was sie von allen anderen Parteien unterscheidet, kann man nicht einfach ignorieren, indem man vermeintlichen »Sachthemen« im Gespräch den Vorrang gibt, um »Neutralität« zu wahren. Die Positionen dieser Parteien in den besagten Themen fußen ja auf ihrer Ideologie, und in ihrer Rhetorik wird sie offenbar. Das muss gezeigt werden.

Die Fallstricke im Umgang mit den Rechtsaußenparteien zeigt das bereits an vielen Stellen kritisierte Sommerinterview, das der Mitteldeutsche Rundfunk am 9. August 2023 mit dem thüringischen Landesvorsitzenden Björn Höcke führte.

Lars Sänger ist als Interviewer ein verbindlicher Typ und wirkt eher zurückhaltend. Kein Michel Friedman, der nachbohrt, bis die Widersprüche und Ungereimtheiten des Gegenübers entlarvt sind. Seine Gesprächsführung scheint eher so abzulaufen: Thema einleiten, Antwort abwarten, kurz nachhaken, nächstes Thema. Es ist ein Sommerinterview, und das soll möglichst alle relevanten Fragen abdecken, zumal ja im nächsten Jahr Landtagswahlen stattfinden.

Man kann Sänger nicht vorwerfen, dass er Höcke einen Persilschein ausstellt. Schon ganz am Anfang des Gesprächs ordnet er dessen Partei als »autoritär, national, radikal« ein.[435]

Höcke grinst süffisant und bleibt gelassen. »Das war ja schon 'ne krasse Einleitung«, sagt er ruhig. »Autoritär, national, radikal war, glaube ich, der Dreiklang, den Sie gebracht haben. Können wir vielleicht mal drüber reden. Aber ich will Sie jetzt erst mal nicht in Ihrem Redefluss unterbrechen.«

»Hat der Soziologe Heitmeyer vorgeschlagen vor wenigen Tagen«, antwortet Sänger. »Interessant, weil's natürlich abweicht von dem, was wir ansonsten lesen. Sie möchten nicht extremistisch genannt werden, nicht rechtsextrem. Und es gibt hinreichend Begründungen dafür, warum man über Begrifflichkeiten nachdenkt. Können wir gern drüber reden. Heitmeyer, anerkannter Soziologe.«

Kaum holte Höcke zum Gegenschlag aus, zieht sich Sänger auf die Autorität seiner Quelle zurück. Eine defensive Taktik. Im besten Fall ist sie der Überlegung geschuldet, weiterzumüssen im Programm; im schlechtesten der Befürchtung, der direkten Konfrontation mit dem thüringischen AfD-Vorsitzenden zu unterliegen.

Höcke agiert so, wie er in solchen Medienkontexten oft agiert. Ruhig lässt er Sänger kommen und streut seine Provokationen dann geschickt ein, nur um zu beobachten, wie sein Gegenüber sich daran versucht, ihm zu widersprechen.

Am Anfang des Gesprächs geht es um die Bildungspolitik. Höcke führt aus: »Leider ist Kultuspolitik und Bildungspolitik keine reine Ländersache mehr. Das ist mittlerweile schon aufgeweicht worden. Ich erinnere an die Existenz der Kultusministerkonferenz und anderer Gremien, die versucht, die Länder-Bildungspolitiken in gewisser Weise auch gleichzuschalten.«

Gleichschaltung – das war die totale Unterordnung des Staates und aller Bereiche der Gesellschaft unter die nationalsozialistische Ideologie. Höcke, dem vorgeworfen wird, Faschist zu sein, verwendet ihn hier, um sich als Mahner vor einem quasidiktatorisch agierenden Regime zu inszenieren. Und Sänger lässt ihn bis zum Ende seiner Ausführungen zum Thema gewähren. Erst dann greift er ein.

»Gleichschaltung ist ein Begriff, mit dem ich mich schwertue. Es ist keine Gleichschaltung«, sagt Sänger in verbindlichem Tonfall, nur um sofort wieder die Kurve zu kriegen: »Gleichzeitig ist es so, dass Bildungspolitik dann noch das Feld ist, wo man am meisten machen kann.«

Höcke kommt auch noch auf die Inklusion von Kindern mit Behinderungen an Regelschulen zu sprechen. Er tut das als »Ideologieprojekt« ab. Er berücksichtigt dabei nicht, dass von völliger Inklusion ohnehin kaum die Rede sein kann, denn die meisten Kinder mit Behinderungen gehen nach wie vor auf Förderschulen.[436]

Sein Gegenüber geht darauf gar nicht erst ein.

Man kann dem Journalisten kaum einen Vorwurf machen. Er war gefesselt an ein Format, das er einzuhalten und wenigstens ab und zu durch kritisches Nachhaken und Einordnung zu durchbrechen versuchte. Das Problem: Es war jedes Mal nicht konsequent genug.

Schon beim Einstieg: Wenn man den Interviewpartner damit konfrontiert, dass er einer »autoritären, nationalen, radikalen« Partei angehört, dann funktioniert das nur, wenn dieses Framing das gesamte Interview nicht nur ein-, sondern anleitet. Worte wie »Gleichschaltung« müssten dann sofort als das entlarvt werden, was sie sind: bewusste Diffamierungen der Demokratie durch NS-Jargon. Es müsste danach gefragt werden, warum diese Begriffe verwendet werden. Es müsste den Zuschauern klargemacht werden, was sie bedeuten und wie sie im Verhältnis zu der Ideologie des Gegenübers stehen. Und von dort aus müsste gezeigt werden, was diese Ideologie im Sinn hat. Was sie mit der Demokratie und der Gesellschaft machen will, wenn sie einmal an der Macht ist.

Wie eine solche Interviewführung im Einzelnen gestaltet werden würde, ist von Fall zu Fall sicher unterschiedlich. Aber Offenlegen und Einordnen, was hinter all den vermeintlich sachbezogenen Äußerungen zur Kultus- oder Bildungspolitik steckt, ist keine Diffamierung einer Partei, sondern sorgfältiger Journalismus in der Demokratie.

Natürlich verlangt das von den beteiligten Journalisten eine spezifische Recherche, die sich nicht nur im Erlernen der politischen Forderungen erschöpft. Man muss die Partei selbst verstehen: ihre Herkunft und Entwicklung, ihre Techniken und Strategien. Man muss kontextualisieren, was gesagt wird. Und das im Zweifel blitzschnell, während des Gesprächs. Das ist nicht einfach Recherche. Das bedeutet Training.

Man muss den Unterschied ernst nehmen, der zwischen den Rechtspopulisten und den anderen Parteien besteht. Die Rechtspopulisten wollen eine andere, eine illiberale Demokratie, und manche in ihren Reihen wollen ein autoritäres System. Der Politikberater Johannes Hillje beobachtet, dass die Medien mit der AfD zwischenzeitlich wesentlich kritischer umgingen, als sie es heute tun. Teils versagen sie ganz darin, ihre Aussagen und Methoden einzuordnen und im Gespräch mit ihren Akteuren kritisch zu hinterfragen.[437]

Es geht nicht darum, Vertreter rechtspopulistischer Parteien nicht einzuladen. Eher geht es darum, sie einzuladen, aber sie dann als das zu zeigen und als das zu befragen, was sie sind.

Das gilt nicht nur für Journalisten, sondern auch für die Politik. Die Radikalität der Rechtspopulisten lädt dazu ein, ihr mit moralischen Gegenargumenten zu begegnen und sie vor laufender Kamera zu verdammen. Nur dürfte der Effekt gering sein. Denn diejenigen, die der AfD zuneigen, lassen sich dadurch nicht beeindrucken. Und die, die solchen Argumenten zustimmen, hat man ohnehin eher auf der eigenen Seite. Mit Empörung zu reagieren, verkommt zum Ritual.

Aber auch Rechtspopulisten lassen sich stellen. Eine Studie des Deutschen Instituts für Wirtschaftsforschung, die im Sommer 2023 die Runde machte,[438] konnte nachweisen: Die AfD hat ein wirtschaftsliberales Programm, mit dem sie sozialstaatliche Leistungen abbauen will. Sie ist gegen stärkere Rechte für Mieter und gegen einen höheren Mindestlohn. Damit widerspricht sie aber, so die Studie, genau den sozialen Interessen ihrer Wähler.

Für die anderen Parteien ist das eine Möglichkeit, die Bühne zur Arena zu machen und sich nicht von der AfD stellen zu lassen, sondern sie umgekehrt selbst zu stellen. Nur setzt das auch voraus, dass den Wählern der AfD ihre eigenen sozialen Interessen auch wichtig sind – doch die stehen oft hinter Migration und populistischen Demokratievorstellungen zurück.

DER HAMMER FÄLLT

Im Kontext des Rechtspopulismus gibt es kaum eine müßigere Debatte als die um ein mögliches Parteiverbot. Sie wird in aller Regel entlang zweier Fragestellungen geführt: Ist ein solches Verfahren juristisch aussichtsreich? Und was wären politische Konsequenzen eines Verbots? Müßig ist die Debatte deshalb, weil sie in gewohnter Regelmäßigkeit auftaucht, aber beide Fragen nur hypothetisch zu beantworten sind. Man kann schlecht vorhersagen, wie das Bundesverfassungsgericht entscheiden wird, und man kann nur darüber mutmaßen, was mit den Netzwerken und Wählern der AfD passiert, falls es zu einem Verbot käme.

Auch hier handelt es sich um eine deutsche Debatte. Denn in vielen anderen etablierten Demokratien gibt es dieses Rechtsmittel nicht in derselben Form. In Österreich umfasst es nur die Wiederbetätigung der NSDAP. Selbst die FPÖ, in ihren Anfangsjahren ein Auffangbecken für ehemalige Nationalsozialisten, war von einem solchen Gerichtsverfahren nie betroffen. In den USA ist ein Parteiverbot aus verschiedenen Gründen undenkbar.

Das 1949 in Kraft getretene Grundgesetz betont die Bedeutung der Parteien für die Demokratie. »Die Parteien wirken bei der politischen Willensbildung des Volkes mit«, heißt es in Artikel 21, Absatz 1. Aber gerade weil die Parteien eine herausgehobene Stellung genießen, müssen sie auch demokratisch organisiert sein. Mehr noch: »Parteien, die nach ihren Zielen oder nach dem Verhalten ihrer Anhänger darauf ausgehen, die freiheitliche demokratische Grundordnung zu beeinträchtigen oder zu beseitigen oder den Bestand der Bundesrepublik Deutschland zu gefährden, sind verfassungswidrig«, heißt es in Absatz 2.

Das Verbot einer Partei kann von Bundesrat, Bundestag oder Bundesregierung beantragt werden. Entscheiden kann darüber nur das Bundesverfassungsgericht. In den Anfangsjahren der Bundesrepublik gingen die Richter mit dieser Befugnis etwas laxer um. Sie verboten 1952 die Sozialistische Reichspartei (SRP), eine NS-Nachfolgeorganisation. 1956 folgte die Kommunistische Partei Deutschlands (KPD).

Große Aufmerksamkeit erlangten die beiden NPD-Verbotsverfahren, die 2001 und 2013 auf die Tagesordnung kamen. Beide scheiterten, aber aus unterschiedlichen Gründen. 2001 befand das Gericht, dass man die Verfassungsfeindlichkeit der Partei nicht prüfen konnte, weil zu viele Verbindungsleute des Verfassungsschutzes (»V-Leute«) in der Führungsspitze der Partei tätig waren. Sechzehn Jahre später stellte das Gericht fest, dass die Partei tatsächlich verfassungsfeindlich ist – aber zu klein und bei Wahlen inzwischen zu unbedeutend, als dass sie tatsächlich eine Gefahr für die freiheitlich-demokratische Grundordnung darstellen würde. Deshalb kam es abermals nicht zu einem Verbot.

Mit ihrer zunehmenden Radikalisierung ist nun die AfD ins Visier eines möglichen Parteiverbots geraten. Angesichts der steigenden Wahl- und Umfrageergebnisse der AfD haben Teile der Bevölkerung die Sache selbst in die Hand genommen. Der Blog »Volksverpetzer« startete mit Unterstützung des Punk-Musikers Bela B. eine Petition, um Druck auf die Politik zu machen. Über 200.000 Menschen und zahlreiche Prominente unterstützten die Kampagne und verliehen ihr Stimme und Gesicht.[439]

Es ist ein von nachvollziehbarem Eifer getriebenes Unterfangen. Die Sache scheint klar: In der AfD gibt es verfassungsfeindliche Strukturen und Akteure in herausgehobener Stellung. Die AfD ist, wenn man das letzte NPD-Urteil zugrunde legt, auch ihrer Größe nach eine relevante Kraft, weshalb von ihr auch eine reale Gefahr für die Demokratie ausgehen könnte. Warum noch zögern?

Manche Verfassungsrechtler sind skeptisch.[440] Das liegt daran, dass das Verfassungsgericht mit Parteiverboten sehr zurückhaltend ist. Es muss von der Partei tatsächlich eine Gefahr für den Fortbestand der Demokratie ausgehen. Und zwar von der Partei als Ganzes. Dass sie Extremisten beherbergt, reicht nicht aus, solange die AfD nicht in ihrer Gesamtheit auf den Sturz des demokratischen Systems hinarbeitet. Gerade deshalb erhielten die Unterstützer eines Verbots nochmals Auftrieb, nachdem die Recherche von »Correctiv« die »Remigrationspläne« im Umfeld der Partei aufgedeckt hatte. Trotzdem ist nicht ausgemacht, dass das Bundesverfassungsgericht auch tatsächlich zu der Entscheidung gelangt, die Partei zu verbieten. Und einen ganz unverblümten Umsturzgedanken, also die Abschaffung der Demokratie und der freiheitlich-demokratischen Grundordnung, würde wohl keine Partei so offen äußern, gerade weil ihre Funktionäre um das Instrument des Parteiverbots wissen. Die AfD, die insgesamt zwar rechtsradikal ist, könnte also glimpflich davonkommen. Es braucht nicht viel Fantasie, um sich vorzustellen, dass sie diesen Sieg voll auskosten würde und vielleicht sogar noch gestärkt aus dem Verfahren hervorgehen könnte.

Aber das bedeutet nicht, dass die Justiz der Partei ganz zahnlos gegenübersteht. Die Jura-Professorin Gertrude Lübbe-Wolff argumentiert auf dem Verfassungsblog, dass die extremsten Landesverbände quasi »isoliert« verboten werden könnten.[441] So könnte verhindert werden, dass nicht für die ganze Partei ein Verbotsverfahren eröffnet werden müsste, sondern nur für die Teile, die schon als rechtsextrem gelten. Das garantiert noch kein Verbot, aber ein Erfolg der Antragsteller wäre womöglich wahrscheinlicher, als wenn gleich die Bundespartei ins Visier genommen würde.

Ein Problem wird von den Befürwortern eines Parteiverbots oft übersehen: Die Vorbereitung eines solchen Antrags und erst recht das Verfahren dauern lange. Das erste NPD-Verbotsverfahren dauerte ab Einreichung des Antrags zwei, das zweite rund drei Jahre. Lange Zeiträume, in denen die AfD ihre Opferrolle voll ausspielen kann und womöglich bei Wahlen sogar noch profitiert. Denn die AfD wird nicht nur immer radikaler, sie findet auch in der Bevölkerung immer breitere Akzeptanz.[442] Das könnte der Nährboden sein, aus dem sie in einem heftig umstrittenen Verbotsverfahren noch mehr Wähler rekrutiert.

Wenn man sich jedoch für einen Verbotsantrag entscheidet, dann sollte es schnell gehen. Lässt man sich bis unmittelbar nach Wahlen Zeit, erweckt es den Eindruck, als wollten die schlechten Verlierer nach dem letzten Strohhalm greifen. Und: Das Verbotsverfahren sollte im besten Fall vom Bundesrat angestrengt werden, nicht von der Bundesregierung oder dem Bundestag. Denn als Vertreter der Länder kann der Bundesrat am ehesten als parteiübergreifendes Organ agieren.

Eine andere Variante, die Lübbe-Wolff ins Spiel bringt, ist der Entzug bestimmter Grundrechte für einzelne, offen verfassungsfeindlich auftretende Politiker der AfD.[443] Beispielsweise die Freiheit der öffentlichen Meinungsäußerung oder die Versammlungsfreiheit können aufgehoben werden, wenn eine Person sie »zum Kampfe gegen die freiheitliche demokratische Grundordnung missbraucht«, wie es in Artikel 18 GG heißt. Das richtet sich vor allem gegen den als Faschisten geltenden Björn Höcke. Das Vorgehen erscheint vielen auf den ersten Blick verlockend, gleicht aber dem Versuch, der Hydra einen ihrer Köpfe abzuschlagen. Höcke ist auch unter den AfD-Wählern in Thüringen nicht unangefochten. Nur etwas mehr als ein Viertel hält ihn als möglichen Ministerpräsidenten für geeigneter als den Amtsinhaber Bodo Ramelow.[444] Anders ausgedrückt: Man sollte seine Bedeutung für die AfD-Unterstützer nicht überschätzen. Auch würde die Partei wohl kaum kollabieren, wenn Höcke die politische Bühne verlassen müsste – zumal er intern vermutlich weiterhin über enormen

Einfluss verfügen würde. Mehr noch: Der Entzug der Grundrechte würde ihm den Status eines politischen Märtyrers verleihen, der vermutlich enorme Mobilisierungswirkung auf die Partei und ihre Anhänger ausüben würde.

Übrigens geht es aus verfassungsrechtlicher Sicht nicht in erster Linie darum, die AfD politisch zu schwächen. Verfassungsgerichte sind keine politischen Akteure – das unterscheidet sie in der Demokratie davon, wie die Populisten sie haben wollen. Weil das so ist, könnte es lohnender sein, anstelle des großen Wurfs zielgerichtete Verfahren gegen einzelne Landesverbände anzustrengen. Aber das Zeitfenster schließt sich auch hier.

All diese Überlegungen sind strategischer Natur. Könnte man absehen, dass das Bundesverfassungsgericht die AfD mit hoher Wahrscheinlichkeit verbietet, dann wäre es ratsam, von diesem scharfen Schwert der wehrhaften Demokratie Gebrauch zu machen – denn dafür wurde es geschmiedet. Aber solange gewichtige Zweifel daran bestehen, könnte ein solches Verbotsverfahren seinen Befürwortern am Ende einen Bärendienst erweisen. Und in der Zwischenzeit würde jede der genannten Alternativen die AfD vermutlich geradezu elektrisieren. Ihre Mitglieder könnten argumentieren, dass sie zur Zielscheibe der politischen Eliten geworden wären – und hätten damit ja nicht einmal unrecht. Insofern ist jedes juristische Vorgehen auch mit einem hohen Risiko behaftet.

POPULISTISCHE EINSTELLUNGEN DEAKTIVIEREN

Kurzfristige Strategien, das muss man sich eingestehen, dienen vor allem dazu, die Rechtspopulisten aus Regierungen und parlamentarischen Schaltstellen herauszuhalten. Sie reichen jedoch in der Regel nicht aus, um Wähler langfristig zurückzugewinnen. Dazu muss man an die Wurzeln des Problems.

Nach wie vor unterstützt ein großer Teil der Bevölkerung die Demokratie; sowohl in Deutschland als auch in den meisten westlichen Industriestaaten. Aber die Populisten erreichen diejenigen, die ihr skeptisch gegenüberstehen, die sie offen ablehnen – und auch die, denen sie im Zweifel nicht viel bedeutet. Dass man in einer Demokratie lebt, hat in den Wahlkämpfen der Vergangenheit so gut wie nie eine Rolle gespielt. Wenn überhaupt, dann war Demokratie ein Valenz-Thema – also eines, bei dem es zwischen den Parteien keinen Dissens gab und die deshalb auch nicht um unterschiedliche Lösungen konkurrierten. Die einzige Ausnahme war die in Deutschland immer wieder aufflammende Diskussion um die Einführung direkter Demokratie. Aber nur selten entfachte sich daran eine grundsätzliche Debatte darüber, was die Demokratie leistet, wo ihre Probleme liegen und wie sie verändert, vielleicht gar erneuert werden muss. Mit dem Hinzutreten der Populisten ist das anders geworden.

Deswegen ist heute besonders wichtig, das Vertrauen in die Demokratie zu stärken. Es gibt Hinweise darauf, dass es sich für die Politik lohnen kann, über Demokratie zu sprechen. »Democratic persuasion« – demokratische Überzeugung – nennen das die Forscher Alexander Wuttke und Florian Foos.[445] Politiker sollen beispielsweise in Townhall-Meetings das direkte Gespräch mit den Bürgern suchen – und mit ihnen konkret über Demokratie sprechen. Durch den direkten

Austausch und die Thematisierung der Mängel, die sie in der Demokratie sehen, steigt am Ende möglicherweise die Zufriedenheit. Und die Politik tritt als direkte Gesprächspartnerin auf, die sich um Lösungen bemüht – und nicht die Augen vor den Problemen der Bürger verschließt.

Man kann vermuten, dass der unmittelbare Dialog hier eine wichtige Rolle spielt. Solange es sich bei den rechtspopulistischen Wählern nicht um überzeugte Faschisten handelt, sind die Parteien gut beraten, weiterhin den Austausch zu suchen.

Natürlich genügt es nicht, einfach nur über die Demokratie zu sprechen. Wenn die Parteien wirksame Strategien entwickeln wollen, sollten sie sich eines bewusst machen: Menschen mit rechtsradikalen oder populistischen Einstellungen haben häufig irgendwann in ihrem Leben eine andere Partei gewählt als die rechten Populisten. Die genannten Einstellungen hatten sie aber schon damals. Sie werden ihnen von den Populisten nicht einfach eingepflanzt. Sie werden, wie beschrieben, »aktiviert«.[446]

In der Debatte darüber, wie und mit welchen Themen die Wähler der Rechtspopulisten angesprochen werden können, wird zuweilen versucht, den Kampf um die Demokratie in den Köpfen ihrer Bürger zu führen. Jedem neuen wissenschaftlichen Befund darüber, dass ein großer Teil rechtspopulistischer Wähler gegen Migranten, queer- oder frauenfeindlich ist, dass er populistische, teils gar autoritäre Einstellungen hat, dass ihm der zum Teil rechtsextreme Charakter seiner präferierten Partei egal ist, begegnen viele Politiker und Journalisten mit Empörung. Das ist nachvollziehbar, aber aus solchen Befunden lässt sich nicht ableiten, dass man diese internalisierten Einstellungen kurzfristig ändern kann, indem man die Leute vom Gegenteil dessen überzeugt, an das sie glauben. Aller Voraussicht nach wird das nicht funktionieren. Ein Ziel könnte allerdings sein, Einstellungen zu »deaktivieren«, also darauf hinzuwirken, dass sie für die eigene Wahlentscheidung keine Rolle mehr spielen.

Man kann sich das in etwa so vorstellen: Ein Bürger hat die meiste Zeit seines Lebens eine sozial- oder christdemokratische Partei gewählt. Er hatte immer ziemlich konservative Einstellungen zu vielen Fragen der Gesellschaft, vor allem, wenn es um das Thema »Ausländer« ging. Nur wählte er trotzdem Christdemokraten oder Sozialdemokraten, und zwar deshalb, weil sie ihm in den Themen nahestanden, die ihm besonders wichtig waren. Bei den Sozialdemokraten der Wohlfahrtsstaat, bei den Christdemokraten vielleicht die Wirtschaftspolitik.

Irgendwann jedoch hat er sich von seiner ursprünglichen Partei entfremdet. Er vertraut ihr nicht mehr. Die Sozialdemokraten haben den Sozialstaat zurückgestutzt, die Christdemokraten das Steuersystem nicht ausreichend reformiert. Vielleicht wird er zum Nichtwähler. Vielleicht gibt er aber auch irgendwann den Rechtspopulisten seine Stimme.

Das Beispiel ist nicht weit hergeholt. In Schweden beispielsweise rekrutierten die rechtspopulistischen Schwedendemokraten ihre Wähler zu einem großen Teil aus dem Milieu der moderaten und Mitte-links-Parteien.[447] Und beide Wählergruppen sahen in der Einwanderung eine Bedrohung und forderten deren Begrenzung.[448]

Die Forscher Kirk Hawkins und Cristóbal Rovira Kaltwasser argumentieren, dass populistische Einstellungen dann aktiviert werden, wenn der politische Kontext dafür günstig ist: Ein versagendes politisches System und schlechte ökonomische Rahmenbedingungen können dazu führen, dass populistisch eingestellte Wähler auch populistisch wählen.[449] Man muss hinzufügen, dass es wohl auch hier darauf ankommt, wie

Menschen die Situation wahrnehmen. Das betrifft zum einen sie selbst, also die Frage, inwiefern sie sich als Verlierer der gegenwärtigen politischen und wirtschaftlichen Lage wahrnehmen. Und zum anderen geht es darum, wie sie die Lage insgesamt deuten.

Anstatt zu versuchen, die Position ihrer Wähler zu bestimmten Themen wie Demokratie oder Migration zu verändern (oder sich ihnen anzunähern), wäre es für die politischen Akteure zielführender, die Wichtigkeit bestimmter Themen für die Wahlentscheidung zu verringern. Vereinfacht ausgedrückt: Anstatt sie belehren zu wollen oder ihnen nachzulaufen, müssen sie versuchen, andere Themen in den Vordergrund zu stellen. Themen, von denen sie wissen, dass sie ihren (ehemaligen oder potenziellen) Wählern ebenfalls wichtig, aber momentan in den Hintergrund gerückt sind. Wenn Menschen, die keine eingefleischten Rassisten sind, ein Problem mit Migration haben, dann stellt sich die Frage, was dahintersteckt und warum das Thema für sie inzwischen so stark im Vordergrund steht, dass sie den Rechtspopulisten ihre Stimme geben. Oft geht es um Wohnungsmangel, Arbeitsplatzsuche oder Sozialleistungen. Daran könnten Parteien tatsächlich anschließen und mit der Wirtschafts- und Sozialpolitik ein Themenfeld bespielen, das nicht zum Spezialgebiet der Rechtspopulisten gehört. Natürlich: Aus progressiver Sicht ist es unangenehm, wenn Menschen Zuwanderer fälschlicherweise dafür verantwortlich machen, dass es im eigenen Land schlecht läuft. Wenn es irgendwann aber wieder besser läuft, haben die Menschen wahrscheinlich immer noch die gleichen zugrundeliegenden Einstellungen – nur wählen sie womöglich nicht mehr die Rechtspopulisten.

Man darf sich nichts vormachen. Die Parteien haben nur sehr begrenzte Möglichkeiten, auch tatsächlich auf die wahrgenommene Wichtigkeit von Einstellungen einzuwirken. Sie müssen das zum einen dadurch tun, dass sie ihre Themen immer wieder auf die Tagesordnung setzen, anstatt nur Konjunkturen hinterherzulaufen – auch wenn sich das nicht immer verhindern lässt.

Aber es geht eben auch um etwas, das für die Parteien immer schwieriger wird. Nicht aus Ignoranz, sondern weil ihnen schlicht das Personal abhandenkommt: der direkte Dialog mit Menschen vor Ort. Tapfere Ortsvereine bemühen sich mit samstäglichen Ständen vor dem Supermarkt, die Aufmerksamkeit der Bürger zu gewinnen und das Gespräch zu suchen. Aber das sind punktuelle Kontakte mit der Klientel. Es geht um Verankerung in der Zivilgesellschaft. Politisch engagierte Menschen, die als Bindeglieder zwischen Gesellschaft und Parteien wirken können – so, wie es einst der Fall war –, müssen in Sport- und Bürgervereinen, in der Nachbarschaft erkennbar und präsent sein. Und dort dem Credo der Deaktivierung folgen: Zuhören. Widersprechen. Richtigstellen. Sich-Einsetzen. Nachfragen, worum es bei all den Sorgen um »die da oben« und um Migration eigentlich geht. Ein solcher Dialog setzt Vertrauen voraus. Deshalb ist ein langfristiges Engagement vor Ort so wichtig und nicht zuletzt auch eine Schulung der eigenen Mitglieder durch die Parteien.

Die Parteien müssen mehr noch als bisher nach Wegen suchen, ihre strukturellen Defizite aufzufangen. Eine langfristige Aufgabe, die ohnehin knappen Ressourcen binden wird und deren Ausgang ungewiss ist. Leichter gesagt als getan. Teils sind Strukturen demokratischer Parteien weit und breit nicht zu sehen. Das gilt vor allem da, wo es am nötigsten ist zum Beispiel in weiten Teilen Ostdeutschlands.

Letztlich kann man nicht genug betonen, dass die Erfahrung von sozialer Ausgrenzung, von Abstieg und Statusverlust mit den bedeutendsten Einfluss darauf hat, wie zufrieden Menschen mit der Demokratie sind und wie groß ihr Vertrauen in Politiker und Institutionen ist. Je ärmer Menschen sind, desto weniger vertrauen sie den demokratischen Institutionen und desto mehr haben sie das Gefühl, dass andere auf sie herabsehen.[450] Das Gefühl, »abgehängt« zu sein, ist sowohl ein ökonomisches als auch ein soziales Problem. Erinnern wir uns: Soziale Ausgrenzung und Einsamkeit befördern antidemokratische und populistische Einstellungen sowie den Glauben an Verschwörungstheorien. Das ideale Einfallstor, insbesondere für die Populisten von Rechtsaußen.

Es sind nicht einfach die Abgehängten, die die Rechtspopulisten wählen, sondern oft die Abgehängten mit bestimmten Einstellungen. Diese Einstellungen für das Wahlverhalten weniger wichtig werden zu lassen und Krisenresilienz zu stärken, sollte das langfristige Ziel sein. Und das ist tatsächlich eine Mammutaufgabe. Denn eine ganz bestimmte Sozialpolitik etwa lässt sich daraus nicht folgern. Es ist nicht einfach damit getan, die eine oder andere Sozialleistung hochzudrehen und zu hoffen, dass die Menschen dann schon wieder zufriedener werden. Es geht darum, ökonomische, ökologische, soziale Transformation als Krisenmanagement zu begreifen. Die Umbrüche, in denen wir uns befinden, können am Ende auch die Demokratie selbst ins Wanken bringen. Schafft die Politik es, ein individuelles und kollektives Gefühl von Sicherheit in Krisenzeiten zu vermitteln, könnte die Abwehr der populistischen Versuchung gelingen.

DANK

Zu Dank verpflichtet bin ich zuerst dem Team des Verlags Kiepenheuer & Witsch. Martin Breitfeld dafür, dass er mit der Idee zu diesem Buch auf mich zukam und meinen Gedanken ein so offenes Ohr schenkte; Ilene Houben dafür, dass sie mir während des Lektorats eine so enorme Hilfe und ein kritischer Geist war. Ein Buch wie dieses profitiert von dem Wissen und den Erkenntnissen, die zahllose forschende Kollegen angehäuft haben. Ich kann ihnen nicht allen danken, stellvertretend aber jenen, die sich bereiterklärten, meine Überlegungen mit mir zu diskutieren, und mir wertvolle Hinweise gaben. Namentlich nennen möchte ich Petra Guasti, Anna-Sophie Heinze und Susanne Pickel; allesamt ausgezeichnete Forscherinnen, deren Ratschläge für meine Arbeit von unschätzbarem Wert waren. Nicht zuletzt möchte ich Menschen danken, die mir nahestehen. Sie haben das Buch aus ihren ganz eigenen Blickwinkeln betrachtet. Manche Idee wäre ohne sie nicht entstanden, manch andere ohne sie nicht ausgereift. Danke an zwei meiner engsten Freunde, René und Schwartz, und nicht zuletzt an die Messaging-Dienste, die es uns erlaubten, unsere Überlegungen in langen, sehr langen Voicememos auszutauschen. Vor allem jedoch gilt mein Dank dir, Kristyn: deinem immerzu engagierten Herzen, deinem immerzu nüchternen Blick; deinen klugen, radikalen, pointierten Gedanken. Ohne dich wäre es ein anderes Buch.

ANMERKUNGEN

1 Political Polarization in the American Public. *Pew Research Center*, 12. Juni 2014, https://www.pewresearch.org/politics/2014/06/12/political-polarization-in-the-american-public/.

2 Political Parties & Polarization. *Pew Research Center* (o. J.), https://www.pewresearch.org/topic/politics-policy/political-parties-polarization/.

3 https://www.youtube.com/watch?v=vZsMCO6zsQ4.

4 https://www.youtube.com/watch?v=iM6arNsMfpg.

5 Daten: GESIS – Leibniz-Institut für Sozialwissenschaften: *German General Social Survey (ALLBUS) – Cumulation 1980–2018.* GESIS Datenarchiv, Köln 2021. ZA5276 Datenfile Version 1.1.0, https://doi.org/10.4232/1.13774.

6 Robert Vehrkamp: *Rechtsextreme Einstellungen der Wähler:innen vor der Bundestagswahl 2021.* Bertelsmann-Stiftung: Gütersloh.

7 Innenministerin Faeser wirft Ex-SPD-Chef Gabriel Populismus vor. *SPIEGEL ONLINE*, 23. August 2023, https://www.spiegel.de/politik/deutschland/debatte-ueber-das-asylrecht-nancy-faeser-kritisiert-sigmar-gabriel-scharf-a-f5ffoeeb-4e69-4692-869e-b108ecd2402f.

8 Ferdinand Otto: Die populistische Versuchung. *ZEIT ONLINE*, 26. Juni 2018, https://www.zeit.de/politik/deutschland/2018-06/csu-populismus-mehrheit-fluechtlinge-islam-volkspartei.

9 Bspw. Jens Rydgren: Radical right-wing parties in Europe. What's populism got to do with it? Journal of Language and Politics 16 (4) 2017, S. 485–496.

10 Michael Zürn: How Non-Majoritarian Institutions Make Silent Majorities Vocal: A Political Explanation of Authoritarian Populism. *Perspective on Politics* 20 (3) 2022, S. 788–807, hier: S. 789.

11 Ben Stanley: The thin ideology of populism. *Journal of Political Ideologies* 13 (1) 2008, S. 95–110, hier: S. 95 f.

12 Giovanni de Ghantuz Cubbe: Lega und Fünf-Sterne-Bewegung: Rechts- und Linkspopulismus? *Totalitarismus und Demokratie* 17, 2020, S. 45–66.

13 Cas Mudde: The Populist Zeitgeist. *Government and Opposition* 39 (4) 2004, S. 541–563.

14 Michael Goodwin: Donald Trump's ›they're after you‹ tweet says it all. *New York Post*, 21. Dezember 2019, https://nypost.com/2019/12/21/donald-trumps-theyre-after-you-tweet-says-it-all-goodwin/.

15 Daniele Albertazzi und Duncan McDonnell: Introduction: The Sceptre and the Spectre. In: Dies. (Hrsg.): *Twenty-First Century Populism.*

The Spectre of Western European Democracy. Palgrave MacMillan: Basingstoke/New York 2008, S. 1–11, hier: S. 3.

16 Robert R. Barr: Populists, Outsiders, and Anti-Establishment-Politics. *Party Politics* 15 (1) 2011, S. 29–48, hier: S. 38.

17 Armin Schäfer und Michael Zürn: *Die demokratische Regression.* Suhrkamp: Berlin 2021, S. 59 ff.

18 Ruprecht Polenz: AfD: Protest gegen die Demokratie. *Mission Lifeline,* 2. Juli 2023, https://mission-lifeline.de/afd-protest-gegen-die-demokratie/.

19 Bspw. Frederico Finchelstein: *From Fascism to Populism in History.* University of California Press: Oakland, CA 2019.

20 Public Religion Research Institute (PRRI): *Threats to American Democracy Ahead of an Unprecedented Presidential Election.* Washington, D. C. 2023.

21 Statement from President Joe Biden on International Day of Democracy. *The White House,* 15. September 2023, https://www.whitehouse.gov/briefing-room/statements-releases/2023/09/15/statement-from-president-joe-biden-on-international-day-of-democracy/. Übersetzung durch M. L.

22 Full transcript: Read Kristen Welker's interview with Trump. *NBC News,* 17. September 2023, https://www.nbcnews.com/meet-the-press/transcripts/full-transcript-read-meet-the-press-kristen-welker-interview-trump-rcna104778. Übersetzungen durch M. L.

23 Doris Simon: Wie Donald Trump die USA radikal umbauen will. *Deutschlandfunk,* 10. Januar 2024, https://www.deutschlandfunk.de/us-project-2025-wie-eine-2-amtszeit-von-donaldtrump-vorbereitet-wird-dlf-130db253-100.html.

24 Ebd.

25 David Norman Smith und Eric Hanley: The Anger Games: Who Voted for Donald Trump in the 2016 Election, and Why? *Critical Sociology* 44 (2) 2018, S. 195–212, hier: S. 197.

26 https://twitter.com/Beatrix_vStorch/status/1690316859969544192.

27 Marcel Lewandowsky: Populism in Western Europe: Profiteers or Victims of Crises? In: Europa Publications (Hrsg.): *Western Europe 2022.* Routledge: London 2023, S. 33–37.

28 Abrufbar unter: https://kay-uwe-ziegler.de/aktuelles/2023/06/sie-bekaempfen-die-freiheit/.

29 Fabio Wolkenstein: Populismus und Volkssouveränität. In: Ralf Mayer und Alfred Schäfer (Hrsg.): *Populismus – Aufklärung – Demokratie.* Nomos: Baden-Baden 2019, S. 45–65.

30 Jan-Werner Müller: Was ist Populismus? *Zeitschrift für Politische Theorie* 7 (2) 2016, S. 187–201, hier: S. 188.

31 https://www.youtube.com/watch?v=-szoKY-3PbQ. Übersetzung durch M. L.

32 John Wagner: Trump: I'll take »common sense« travel ban to the Supreme Court, if necessary. *The Washington Post*, 7. Februar 2017, https://www.washingtonpost.com/news/post-politics/wp/2017/02/07/trump-ill-take-common-sense-travel-ban-to-the-supreme-court-if-necessary/.

33 Trump-Regierung legt Berufung ein. *Neue Zürcher Zeitung*, 5. Februar 2017, https://www.nzz.ch/international/aufhebung-der-visa-sperren-trump-beschimpft-richter-nach-schlappe-bei-einreise-bann-ld.143721.

34 Zitiert nach Marcus Höreth: *Verfassungsgerichtsbarkeit in der Bundesrepublik Deutschland.* Kohlhammer: Stuttgart 2014, S. 16.

35 Ich beziehe mich hier auf die zusammenfassenden Erläuterungen bei Robert Dahl: *A Preface to Democratic Theory.* The University of Chicago Press: Chicago/London 2006, S. 4–33. Übersetzung durch M. L.

36 Wolfgang Merkel: Embedded and Defective Democracies. *Democratization* 11 (5) 2004, S. 33–58.

37 Bartek Pytlas: From mainstream to power: The Law and Justice party in Poland. In: Frank Decker, Bernd Henningsen, Marcel Lewandowsky und Philipp Adorf (Hrsg.): *Aufstand der Außenseiter. Die Herausforderung der europäischen Politik durch den neuen Populismus.* Nomos: Baden-Baden 2020, S. 408.

38 Margaret Canovan: Taking Politics to the People: Populism as the Ideology of Democracy. In: Yves Mény und Yves Surel (Hrsg.), *Democracies and the Populist Challenge.* Palgrave: Basingstoke/New York 2002, S. 25–36.

39 https://twitter.com/MileiJuego/status/1699845129601794296, Übersetzung der englischen Untertitel durch M. L.

40 Argentinien unter Milei: die Hürde des Staatsapparates. Argentinisches Tageblatt, 30. November 2023, https://tageblatt.com.ar/argentinien-unter-milei-die-hurde-des-staatsapparates/.

41 Klaus Ehringfeld: Javier Milei: Früherer Tantra-Sex-Lehrer erobert Argentinien. Berliner *Morgenpost*, 17. August 2023, https://www.morgenpost.de/politik/article239212583/argentinien-praesident-wahl-tantra-sex-lehrer-javier-milei.html.

42 Cas Mudde und Cristóbal Rovira Kaltwasser: Populism and (Liberal) Democracy. A Framework for Analysis. In: Dies (Hrsg.): *Populism in Europe and the Americas. Threat or Corrective for Democracy?* Cambridge: Cambridge University Press 2012, S. 1–28, hier: S. 8 f.

43 AfD: Programm für Deutschland. Das Grundsatzprogramm der Alternative für Deutschland. Beschlossen auf dem Bundesparteitag in Stuttgart, 30. April bis 1. Mai 2016, S. 12.

44 Miguel Arndt: Konservative Opposition in Argentinien zerfällt nach Wahlniederlage. *amerika21*, 31. Oktober 2023, https://amerika21.de/2023/10/266598/konservative-argentinien-zerfall.
45 Tjerk Brühwiller: Argentinien geht mitten im Wahlkampf der Sprit aus. *FAZ.net*, 31. Oktober 2023, https://www.faz.net/aktuell/politik/ausland/benzinmangel-argentinien-geht-mitten-im-wahlkampf-der-sprit-aus-19281598.html.
46 Trust in government. *OECD Library*, https://www.oecd-ilibrary.org/sites/50c07fc2-en/index.html?itemId=/content/component/50c07fc2-en.
47 Statista: Wie sehr vertrauen Sie den politischen Parteien? Juli 2023, https://de.statista.com/statistik/daten/studie/153820/umfrage/allgemeines-vertrauen-in-die-parteien/.
48 Troels Bøggild: Politicians as Party Hacks: Party Loyalty and Public Distrust in Politicians. *Journal of Politics* 82 (4) 2020, S. 1516–1529.
49 Vertrauen der Deutschen in den Staat sinkt auf neuen Tiefstand. *SPIEGEL ONLINE*, 15. August 2023, https://www.spiegel.de/politik/deutschland/vertrauen-der-deutschen-in-den-staat-sinkt-auf-neuen-tiefstand-a-b34dd1be-fd75-4425-a58d-a2592a018127.
50 Public Trust in Government: 1958–2023. *Pew Research Center*, 19. September 2023, https://www.pewresearch.org/politics/2023/09/19/public-trust-in-government-1958-2023/.
51 https://www.youtube.com/watch?v=e4MwQ1tXi4Q.
52 René Findenig: Denkzettel von FPÖ-Kickl – »Das Volk ist der Chef!« *Heute.at*, 9. Juli 2023, https://www.heute.at/s/denkzettel-von-fpoe-kickl-das-volk-ist-der-chef-100280781.
53 AfD: Programm für Deutschland. Das Grundsatzprogramm der Alternative für Deutschland. Beschlossen auf dem Bundesparteitag in Stuttgart, 30. April bis 1. Mai 2016, S. 8.
54 Agnes Akkerman, Cas Mudde und Andrej Zaslove: How Populist Are the People? Measuring Populist Attitudes in Voters. *Comparative Political Studies* 47 (9) 2014, S. 1324–1353, hier: S. 1330 f.
55 Müller: Was ist Populismus?, S. 188.
56 Mudde: The Populist Zeitgeist, S. 546.
57 Jan-Werner Müller: *Was ist Populismus? Ein Essay*. Suhrkamp: Berlin 2016, S. 63.
58 Albertazzi und McDonnell: Introduction, S. 6.
59 Siehe auch Müller: *Was ist Populismus? Ein Essay*, S. 19.
60 Jakob Schwörer und Michael Koß: ›Void‹ democrats? The populist notion of ‹democracy› in action. *Party Politics*, 2023 (online first), S. 1–14.
61 https://www.youtube.com/watch?v=mq8pLLvoFCQ.
62 Mudde: The Populist Zeitgeist, S. 550.
63 William Alfred Peffer: The Mission of the Populist Party. *The North American Review* 157 (445) 1893, S. 665–678, hier: S. 678. Der Autor

spricht hier vom »average man«, meint damit aber nicht den »Durchschnittsmenschen« in einem heutigen Sinne, sondern den »einfachen« oder auch »gewöhnlichen Mann« (der US-amerikanischen Landbevölkerung beziehungsweise Arbeiterschicht) in Abgrenzung zu den ökonomischen und intellektuellen Eliten.

64 Paul Taggart: Populism and representative politics in contemporary Europe. *Journal of Political Ideologies* 9 (3) 2004, S. 278–280, hier: S. 274.

65 Zitiert nach Jan-Werner Müller: Donald Trump's use of the term »the people« is a warning sign. *The Guardian*, 24. Januar 2017, https://www.theguardian.com/commentisfree/2017/jan/24/donald-trumps-warning-sign-populism-authoritarianism-inauguration.

66 Frank Decker: *Der neue Rechtspopulismus.* Leske + Budrich: Opladen 2004, S. 22.

67 Verkiezingsprogramm 2012–2017. *Hún Brussel, óns Nederland,* S. 19. Alle nicht deutsch- oder englischsprachigen Wahlprogramme wurden im Rahmen eines Forschungsprojekts übersetzt. Mehr Informationen: Simon Franzmann und Marcel Lewandowsky: *Populismus? Populismen! Programmatische Heterogenität rechtspopulistischer Parteien in Westeuropa.* BAPP: Bonn 2020.

68 Zitiert nach Susi Meret: *The Danish People's Party, the Italian Northern League and the Austrian Freedom Party in a Comparative Perspective: Party Ideology and Electoral Support.* Institut for Historie, Internationale Studier og Samfundsforhold, Aalborg Universitet: Aalborg 2010, S. 97. Übersetzung durch M. L. Der Begriff »Haushaltshilfe« ist eine wörtliche Übersetzung des dänischen »hjemmehjælper«, was sich auf ihre Tätigkeit in der häuslichen Pflege alter Menschen bezieht.

69 Giorgia Meloni: »Italy standing tall:« Giorgia Meloni's program speech, 26. Oktober 2022, https://www.centromachiavelli.com/en/2022/10/26/giorgia-meloni-discorso-programmatico-integrale/. Übersetzung durch M. L.

70 Alessandro Nai, Ferran Martínez i Coma und Jürgen Maier: Donald Trump, Populism, and the Age of Extremes: Comparing the Personality Traits and Campaigning Styles of Trump and Other Leaders Worldwide. *Presidential Studies Quarterly* 49 (3) 2019, S. 491–476.

71 Daniele Caramani: Will vs. Reason: The Populist and Technocratic Forms of Political Representation and Their Critique to Party Government. *American Political Science Review* 111 (1) 2017, S. 54–67, hier: S. 62.

72 Frank Decker, Marcel Lewandowsky und Marcel Solar: *Demokratie ohne Wähler? Neue Herausforderungen der politischen Partizipation.* Dietz: Bonn 2013, S. 55.

73 Todd Donovan und Jeffrey A. Karp: Popular Support for Direct Democracy. *Party Politics* 12 (5) 2006, S. 671–688.
74 Bürgerrat Demokratie: *Umfrage zur Demokratieentwicklung: Bürgerbeteiligung, direkte Demokratie und Lobbyismus.* Civey, 30./31. Oktober 2019, S. 2.
75 Max Haller und Gert Freistritzer: Direkte Demokratie in Österreich. Ergebnisse einer repräsentativen Bevölkerungsumfrage. In: Peter Bußjäger, Alexander Balthasar und Niklas Sonntag (Hrsg.): *Direkte Demokratie im Diskurs Beiträge zur Reform der Demokratie in Österreich.* nap: Wien 2014, S. 95–115, hier: S. 105.
76 FPÖ-Chef Kickl will Volksbefragung zu Flüchtlingen. *Vienna.at*, 6. November 2022, https://www.vienna.at/fpoe-chef-kickl-will-volksbefragung-zu-fluechtlingen/7728940.
77 Steffen Mohrenberg, Robert A. Huber und Tina Freyburg: Love at first sight? Populist attitudes and support for direct democracy. *Party Politics* 27 (3) 2021, S. 528–539.
78 Florian Grotz und Marcel Lewandowsky: Promoting or Controlling Political Decisions? Citizen Preferences for Direct-Democratic Institutions in Germany. *German Politics* 29 (2) 2020, S. 180–200.
79 Frank Decker: Die populistische Herausforderung. Theoretische und ländervergleichende Perspektiven. In: Ders. (Hrsg.): *Populismus. Gefahr für die Demokratie oder nützliches Korrektiv?* Springer VS: Wiesbaden, 9–32, hier: S. 27.
80 Statista: Anzahl der angenommenen und verworfenen Abstimmungsvorlagen bei eidgenössischen Volksabstimmungen in der Schweiz nach Typ im Zeitraum 1848 bis 18. Juni 2023, Juni 2023, https://de.statista.com/statistik/daten/studie/976132/umfrage/erfolg-von-volksabstimmungen-in-der-schweiz-nach-typ/.
81 Direct Democracy. *The Constitution Society*, https://consoc.org.uk/the-constitution-explained/direct-democracy/#uk-referendums.
82 Jean-François Mayer: A country without minarets: analysis of the background and meaning of the Swiss vote of 29 November 2009. *Religion* 41 (1) 2011, S. 11–28.
83 Klaus Bonanomi: Erfolg des Populismus. *DER STANDARD*, 30. November 2009, https://www.derstandard.at/story/1259280795953/schweizer-minarettverbot-erfolg-des-populismus.
84 Zehn Jahre Minarettverbot: Rückblick auf eine hart umkämpfte Debatte. swissinfo.ch, 29. November 2019, https://www.swissinfo.ch/ger/gesellschaft/islam-in-der-schweiz_10-jahre-minarett-verbot-rueckblick-auf-eine-hart-umkaempfte-debatte/45393798.
85 SVP: Schweizer wählen SVP. Wahlplattform 2011, S. 10.
86 Ebd., S. 15.
87 Balance von Freiheit und Sicherheit: Was Ausgangssperre für Demo-

kratie bedeuten würde. *Focus Online*, 26. März 2020, https://www.focus.de/perspektiven/ehemaliger-praesident-des-bundesverfassungsgerichts-balance-von-freiheit-und-sicherheit-was-ausgangssperre-fuer-demokratie-bedeuten-wuerde_id_11815272.html.

88 Florida Voters Give Governor DeSantis Mixed Grades, Quinnipiac University Poll Finds; Nearly 6 In 10 Don't Want DeSantis To Run For President In 2024. *Quinnipiac University Poll*, 25. August 2021, https://poll.qu.edu/poll-release?releaseid=3818.

89 Rogers Brubaker: Paradoxes of populism during the pandemic. *Thesis Eleven* 164 (1) 2021, S. 73–87, hier: S. 74.

90 Schweizerische Volkspartei: Grundsätze zur Corona-Politik und die Haltung der SVP. Januar 2022, https://www.svp.ch/wp-content/uploads/Positionspapier-Corona-SVP-Schweiz.pdf.

91 Zitiert nach Sarah Leah de Lange: The Netherlands: Divergent Paths for the Populist Radical Right. In: Nils Ringe und Lucio Rennó (Hrsg.): Populists and the Pandemic. How Populists around the World responded to COVID-19. Routledge: London und New York, 2023, S. 262–272, hier: S. 265. Übersetzung durch M. L.

92 https://twitter.com/Alice_Weidel/status/1238038595983814656. Statt der Landesbezeichnung nutzte Weidel ein Flaggen-Emoji. Hashtags (#) wurden zur leichteren Lesbarkeit entfernt.

93 Michael Schlieben: Der große Corona-Konsens. ZEIT ONLINE, 25. März 2020, https://www.zeit.de/politik/deutschland/2020-03/bundestag-coronavirus-scholz-gauland-lindner-kipping.

94 https://twitter.com/Alice_Weidel/status/1255776848853831682. Zur leichteren Lesbarkeit wurden die Hashtags (#) entfernt.

95 Zitiert nach: Marcel Lewandowsky, Christoph Leonhardt and Andreas Blätte: Germany: The Alternative for Germany in the COVID-19 Pandemic. In: Ringe und Rennó (Hrsg.), *Populists and the Pandemic*, S. 237–249, hier: S. 242.

96 Zitiert nach: Chris Cillizza: Ron DeSantis just yelled at high school students for wearing masks. *CNN*, 2. März 2022, https://edition.cnn.com/2022/03/02/politics/ron-desantis-florida-student-masks/index.html. Übersetzung durch M. L.

97 Jan Skudlarek: *Wenn jeder an sich denkt, ist nicht an alle gedacht. Streitschrift für ein neues Wir.* Tropen: Stuttgart 2023, S. 183.

98 Isaiah Berlin: *Freiheit. Vier Versuche.* S. Fischer: Berlin 2006.

99 Oliver Harvey: Do your schoolwoke: How ›political correctness on steroids‹ and woke-weaning betrays and brainwashes children. *The Sun*, 24. Juni 2021, https://www.thesun.co.uk/news/15377593/how-political-correctness-woke-weaning-betrays-brainwashes-children/.

100 Lee Greenwood: Cancel culture mob attacked Jason Aldean. They came for ›God Bless the USA‹. But they can't cancel all of us. *Fox News*, 30. Juli

2023, https://www.foxnews.com/opinion/cancel-culture-mob-attacked-jason-aldean-they-came-god-bless-usa-they-cant-cancel-all-us.

101 Siehe dazu ausführlich die Studie von Carolin Amlinger und Oliver Nachtwey: *Gekränkte Freiheit. Aspekte des libertären Autoritarismus.* Suhrkamp: Berlin 2022, S. 16.

102 UKIP Nigel Farage on EU elections: »Things will never be quite the same again«, *Euractiv*, 22. Mai 2014, https://www.euractiv.com/section/uk-europe/video/ukip-nigel-farage-on-eu-elections-things-will-never-be-quite-the-same-again/. Übersetzung durch M. L.

103 Rowena Mason: Nigel Farage says Ukip will ›win‹ in European elections. *The Guardian*, 21. Mai 2014, https://www.theguardian.com/politics/2014/may/21/nigel-farage-ukip-victory-european-elections.

104 Paul Lewis: Rage, rapture and pure populism: on the road with Nigel Farage. *The Guardian*, 19. Mai 2019, https://www.theguardian.com/politics/2019/may/19/nigel-farage-brexit-party-on-the-road-populism.

105 Ebd., Übersetzung durch M. L.

106 Jörn Ketelhut, Angelika Kretschmer, Marcel Lewandowsky und Léa Roger: Facetten des deutschen Euroskeptizismus: Eine qualitative Analyse der deutschen Wahlprogramme zur Europawahl 2014. *Zeitschrift für Parlamentsfragen* 47 (2) 2016, S. 285–304.

107 FPÖ – Kickl zum Europatag: »Die Zukunft der EU ist die Gemeinschaft souveräner Staaten und kein zentralistischer Superstaat«. *OTS*, 9. Mai 2023, https://www.ots.at/presseaussendung/OTS_20230509_OTS0132/fpoe-kickl-zum-europatag-die-zukunft-der-eu-ist-die-gemeinschaft-souveraener-staaten-und-kein-zentralistischer-superstaat.

108 Leonie Feuerbach und Friederike Haupt: Sie beschwören den »Großen Austausch«. FAZ.net, 7. August 2023, https://www.faz.net/aktuell/politik/inland/wie-die-afd-kandidaten-fuer-europa-den-grossen-austausch-beschwoeren-19086881/kein-platz-mehr-fuer-19086879.html.

109 Marine Le Pen: Congrès de Perpignan: Discours de Marine Le Pen. *Rassemblement National*, 5. Juli 2021, https://rassemblementnational.fr/discours/congres-de-perpignan-discours-de-marine-le-pen. Übersetzung durch M. L.

110 Dinah Leschzyk: Corona-Kommunikation. Wie Jair Bolsonaro die Wissenschaft diskreditiert und Verschwörungstheorien befeuert. *promptus* 6, 2020, S. 107–129, hier: S. 115.

111 https://twitter.com/sbaprolife/status/1704926593355792719. Übersetzung durch M. L.

112 Lindsay Kornick: Leaked Veterans Affairs training video promotes abortion, suggests men can get pregnant. *Fox News*, 20. September 2023,

https://www.foxnews.com/media/leaked-veterans-affairs-training-video-promotes-abortion-suggests-men-pregnant.

113 Shannon Najmabadi: Lubbock votes to become the state's largest »sanctuary city for the unborn«. *The Texas Tribune*, 1. Mai 2021, https://www.texastribune.org/2021/05/01/lubbock-abortion-vote-sanctuary-unborn.

114 Daten: History of Abortion Measures. *Ballotpedia*, https://ballotpedia.org/History_of_abortion_ballot_measures.

115 Public Opinion on Abortion, *Pew Research Center*, 17. Mai 2022, https://www.pewresearch.org/religion/fact-sheet/public-opinion-on-abortion/

116 https://twitter.com/Perowinger94/status/1693682025394250133.

117 Nadia Urbinati: *Me the People. How Populism Transforms Democracy*. Harvard University Press: Cambridge; MA/London 2019, S. 78 f.

118 Zitiert nach: Óscar García Augustín: *Left-Wing Populism: The Politics of the People*. Emerald Publishing: Bingley 2020, S. 78. Übersetzung durch M. L.

119 Urbinati: *Me the People*, S. 77 f.

120 Cas Mudde und Cristóbal Rovira Kaltwasser: Exclusionary vs. Inclusionary Populism: Comparing Contemporary Europe and Latin America. *Government and Opposition* 48 (2) 2013, S. 147–174.

121 AfD: Programm für Deutschland, S. 6.

122 Mudde: The Populist Zeitgeist, S. 544.

123 Schulz et al.: We Are the People and You Are Fake News, S. 207 f.

124 Kimball Shinkoskey: Silent Majority Still Has A Responsibility. *The Newtown Bee*, 26. Januar 2023, https://www.newtownbee.com/01262023/silent-majority-still-has-a-responsibility/. Übersetzung durch M. L.

125 Zitiert nach: Ian Traynor: ›I don't hate Muslims. I hate Islam‹, says Holland's rising political star. *The Guardian*, 17. Februar 2008, https://www.theguardian.com/world/2008/feb/17/netherlands.islam.

126 https://twitter.com/geertwilderspvv/status/1536462042433048576. Übersetzung durch M. L.

127 Andreas Ross: Der gar nicht einsame Kämpfer. *FAZ.net*, 6. März 2010, https://www.faz.net/aktuell/politik/europaeische-union/islam-gegner-wilders-der-gar-nicht-einsame-kaempfer-1955456.html.

128 Anna C. Korteweg und Gökçe Yurdakul: *Kopftuchdebatten in Europa. Konflikte um Zugehörigkeit in nationalen Narrativen*. Transcript: Bielefeld 2016.

129 https://www.youtube.com/watch?v=KME7pAhl5wo. Übersetzung der Untertitel durch M. L.

130 Kai Arzheimer: Explaining Electoral Support for the Radical Right. In: Jens Rydgren (Hrsg.): *The Oxford Handbook of the Radical Right*. Oxford University Press: Oxford 2018, S. 143–165.

131 Zitiert nach: Dale Hurd: Exclusive Interview: Wilders Could Take Netherlands out of the EU. *CBN*, 9. Februar 2017, https://www2.cbn.com/news/world/exclusive-interview-wilders-could-take-netherlands-out-eu. Übersetzung durch M. L.

132 Cas Mudde: *Populist radical right parties in Europe*. Cambridge University Press: Cambridge 2007, S. 63 ff.

133 AfD: Programm für Deutschland, S. 65.

134 Bartek Pytlas: Radical right politics in East and West: Distinctive yet equivalent. *Sociology Compass* 12, 2018, S. 1–15, hier: S. 5.

135 Michael Butter: Verschwörungstheorien: Eine Einführung. In: Klaus Müller und Christopher Kirchberg (Hrsg.): *Verschwörungstheorien*. Gegen Vergessen – Für Demokratie e. V: Berlin 2022, S. 12–27, hier: S. 17.

136 Matthijs Rooduijn: What unites the voter bases of populist parties? Comparing the electorates of 15 populist parties. *European Political Science Review* 10 (3) 2018, S. 351–368.

137 Marcel Lewandowsky und Aiko Wagner: Fighting for a Lost Cause? Availability of Populist Radical Right Voters for Established Parties. The Case of Germany. *Representation* 59 (3) 2023, S. 485–512, hier: S. 494.

138 Hannah M. Ridge: Just like the others: Party differences, perception, and satisfaction with democracy. *Party Politics* 28 (3) 2022, S. 419–430.

139 Karin Pfündel, Anja Stichs und Kerstin Tanis: *Muslimisches Leben in Deutschland*. Studie im Auftrag der Deutschen Islam Konferenz. Bundesamt für Migration und Flüchtlinge: Nürnberg 2021, S. 37.

140 Sachverständigenrat für Integration und Migration: *Wie viele Muslime leben in Deutschland? Einschätzungsmuster von Personen mit und ohne Migrationshintergrund*. Forschungsbereich beim Sachverständigenrat deutscher Stiftungen für Integration und Migration (SVR): Berlin 2014, S. 2.

141 FPÖ-Höbart: Jeder vierte Jugendliche fühlt sich fremd im eigenen Land. *OTS*, 15. Dezember 2011, https://www.ots.at/presseaussendung/OTS_20111215_OTS0167/fpoe-hoebart-jeder-vierte-jugendliche-fuehlt-sich-fremd-im-eigenen-land.

142 Statista: Welches sind Ihrer Meinung nach die wichtigsten Probleme, denen Österreich derzeit gegenübersteht? Juli 2023, https://de.statista.com/statistik/daten/studie/284477/umfrage/umfrage-zu-den-wichtigsten-problemen-fuer-oesterreich/.

143 Volker Best, Frank Decker, Sandra Fischer und Anne Küppers: Demokratievertrauen in Krisenzeiten. Wie blicken die Menschen in Deutschland auf Politik, Institutionen und Gesellschaft? Friedrich-Ebert-Stiftung: Bonn 2023, S. 16.

144 Helmer Stoel: Geert Wilders konnte nur gewinnen, weil das Establish-

ment ihn ließ. *Jacobin*, 28. November 2023, https://jacobin.de/artikel/niederlande-wahlen-geert-wilders-rechtspopulismuus-establishment.

145 Dominik Straub: Giorgia Meloni und ihr Problem mit den Frauen. *DER STANDARD*, 12. September 2022, https://www.derstandard.de/story/2000139009968/giorgia-meloni-und-ihr-problem-mit-den-frauen.

146 https://www.youtube.com/watch?v=FEovvFeyWis. Übersetzung durch M. L.

147 Bill Press: It's even worse than COVID-19: The ›woke‹ pandemic. *The Hill*, 21. März 2023, https://thehill.com/opinion/3909513-press-its-even-worse-than-covid-19-the-woke-pandemic/. Übersetzung durch M. L.

148 Marlen Schubert: AfD: Interner Chat aufgetaucht – AfD-Vize teilt gegen Bundeswehr aus »verdorbenes und vollpolitisiertes woke System«. *Der Westen*, 16. März 2023, https://www.derwesten.de/politik/afd-bundeswehr-peter-boehringer-sondervermoegen-chatgruppe-id300456548.html.

149 Huw C. Davies und Sheena A. MacRae: An anatomy of the British war on woke. *Race & Class* 65 (2) 2023, S. 3–54.

150 Ebd., S. 38.

151 Ulrich Reitz: Der Höhenflug der AfD endet, wann immer es Sahra Wagenknecht will. *FOCUS ONLINE*, 18. Oktober 2023, https://www.focus.de/politik/deutschland/analyse-von-ulrich-reitz-nur-sahra-wagenknecht-kann-die-afd-jetzt-noch-stoppen_id_197555951.html.

152 Sarah Wagner, L. Constantin Wurthmann und Jan Philipp Thomeczek: Bridging Left and Right? How Sahra Wagenknecht Could Change the German Party Landscape. *Politische Vierteljahresschrift* 2023 (online first).

153 AfD Landesverband Schleswig-Holstein: Bündnis Sahra Wagenknecht: Eine woke Scheinopposition braucht keiner! 27. Oktober 2023, https://afd-sh.de/2023/10/27/buendnis-sarah-wagenknecht-eine-woke-scheinopposition-braucht-keiner/.

154 Kiara Alfonseca: What does ›woke‹ mean and why are some conservatives using it? *ABC News*, 20. Januar 2023, https://abcnews.go.com/Politics/woke-conservatives/story?id=93051138.

155 Beispiele aus: Nicole Berbuir, Marcel Lewandowsky und Jasmin Siri: The AfD and its Sympathisers: Finally a Right-Wing Populist Movement in Germany? *German Politics* 24 (2) 2015, S. 154–178.

156 Ebd., S. 170 ff.

157 Marcel Lewandowsky, Heiko Giebler und Aiko Wagner: Rechtspopulismus in Deutschland: Eine empirische Einordnung der Parteien zur Bundestagswahl 2013 unter besonderer Berücksichtigung der AfD. *Politische Vierteljahresschrift* 57 (2) 2016, S. 247–275.

158 Hajo Funke: Höcke will den Bürgerkrieg. *ZEIT ONLINE*, 24. Oktober 2019, https://www.zeit.de/politik/deutschland/2019-10/rechtsextremismus-bjoern-hoecke-afd-fluegel-rechte-gewalt-faschismus.
159 AfD-Stadträtin Freia Lippold-Eggen kündigt Austritt an und zieht NSDAP-Vergleich. *Deutschlandfunk*, 16. August 2023, https://www.deutschlandfunk.de/afd-stadtraetin-freia-lippold-eggen-kuendigt-austritt-an-und-zieht-nsdap-vergleich-100.html.
160 Maria Fiedler: Götz Kubitschek – der Stratege der Neuen Rechten. *Der Tagesspiegel*, 8. September 2018, https://www.tagesspiegel.de/politik/gotz-kubitschek--der-stratege-der-neuen-rechten-5530186.html.
161 Norbert Elias: *Über den Prozess der Zivilisation*. Suhrkamp: Frankfurt am Main 1997, S. 333.
162 Frank Decker: *Der neue Rechtspopulismus*. Leske + Budrich: Opladen 2004, S. 36.
163 Thomas Fischermann: Der Urwald soll brennen! *ZEIT ONLINE*, 23. August 2019, https://www.zeit.de/politik/ausland/2019-08/brasilien-urwald-waldbrand-jair-bolsonaro.
164 Isabel Knippel: Förderte die Bundesregierung Pro-Putin-Propaganda ohne jegliche Quellen? Der Volksverpetzer, 16. Juni 2022, https://www.volksverpetzer.de/analyse/propaganda-ohne-quellen/.
165 A. M. Berger: Totalitaristische Klima-Ideologie. *Publikum*, 13. April 2023, https://publikum.net/totalitaristische-klima-ideologie/.
166 https://www.facebook.com/photo.php?fbid=711703116990594.
167 FPÖ-Chef Herbert Kickl in der »ZiB 2«: »Die Klimapolitik ist völlig überbordend«. *DER STANDARD*, 18. Januar 2023, https://www.derstandard.de/story/2000142714764/fpoe-chef-herbert-kickl-in-der-zib-2-die-klimapolitik.
168 Julia Löhr: Das Debakel mit den Wärmepumpen. *FAZ.net*, 8. August 2023, https://www.faz.net/aktuell/politik/robert-habeck-und-die-waermewende-das-debakel-mit-den-waermepumpen-19089428.html.
169 https://www.youtube.com/watch?v=ldIxVhdDDr4.
170 Deutscher Bundestag, Drucksache 20/8417.
171 Johanna Hanson: Looking beyond climate contrarianism: nationalism and the reterritorialization of climate discourse in Spain's Vox party. *Nordia Geographical Publications* 2023, S. 1–26 (online first).
172 https://www.afd.de/umwelt/.
173 Cyril Otteni und Manès Weisskircher: Global warming and polarization. Wind turbines and the electoral success of the greens and the populist radical right. *European Journal of Political Research* 61 (4) 2020, S. 1102–1122.
174 https://twitter.com/benshapiro/status/1682468998607171584.
175 https://www.youtube.com/watch?v=ynU-wVdesro.
176 https://www.youtube.com/watch?v=a7rJ1ObJN5w.

177 Die Freiheit verteidigen – Nein zur absurden Gender-Politik der Luxuslinken, 30. August 2022, https://www.svp.ch/aktuell/parteizeitung/2022-2/svp-klartext-september-2022/die-freiheit-verteidigen-nein-zur-absurden-gender-politik-der-luxuslinken/.

178 Eszter Kováts: Questioning Consensuses: Right-Wing Populism, Anti-Populism, and the Threat of ›Gender Ideology‹. *Sociological Research Online* 23 (2) 2018, S. 528–538, hier: S. 536.

179 Schweizerische Volkspartei: *Das gescheiterte Asylsystem gefährdet die Sicherheit der Frauen!* 31. Januar 2023, https://www.svp.ch/aktuell/publikationen/referate/das-gescheiterte-asylsystem-gefaehrdet-die-sicherheit-der-frauen/.

180 Schweizerisches Bundesamt für Statistik: *Sexualisierte Gewalt: Straftaten und beschuldigte Personen,* 14. November 2023, https://www.bfs.admin.ch/bfs/de/home/statistiken/kriminalitaet-strafrecht/polizei/sexualisierte-gewalt.assetdetail.29065841.html.

181 Statista: Anzahl der anerkannten Flüchtlinge in der Schweiz von 2012 bis 2023, November 2023, https://de.statista.com/statistik/daten/studie/462131/umfrage/anerkannte-fluechtlinge-in-der-schweiz/.

182 Schweizerische Volkspartei: *Die Schweizer Migrationspolitik ist ein Fiasko – es kommen zu viele und die falschen Ausländer. Positionspapier der Schweizerischen Volkspartei für eine Neuausrichtung der Asylpolitik,* Januar 2023, S. 18.

183 Dirk Baier: *Kriminalität in der Migrationsgesellschaft: Wie wird sie wahrgenommen und was sagen die Zahlen?* Vortrag auf dem 16. Kongress zur urbanen Sicherheit. Migration: Gesellschaft und Polizei im Wandel, 2018.

184 Hubertus Volmer: Björn Höcke in sieben Szenen. *ntv.de,* 13. Februar 2017, https://www.n-tv.de/politik/Bjoern-Hoecke-in-sieben-Szenen-article19700681.html.

185 Claudia Neu, Beate Küpper, Maike Luhmann: *»Extrem einsam?« Die demokratische Relevanz von Einsamkeitserfahrungen unter Jugendlichen in Deutschland.* Das Progressive Zentrum: Berlin 2023.

186 https://www.tiktok.com/@maximilian_krah/video/7246324156394933530.

187 Marc Pitzke: Pitbull mit Lippenstift. *Spiegel Online,* 4. September 2008, https://www.spiegel.de/politik/ausland/mccains-vize-kandidatin-pitbull-mit-lippenstift-a-576168.html.

188 Statista: Griechenland: Arbeitslosenquote von 1981 bis 2022 und Prognosen bis 2028, Oktober 2023, https://de.statista.com/statistik/daten/studie/17312/umfrage/arbeitslosenquote-in-griechenland/.

189 Arbeitslosigkeit in Griechenland steigt auf neuen Rekordwert. *Süddeutsche Zeitung,* 8. August 2013, https://www.sueddeutsche.de/wirtschaft/schuldenkrise-arbeitslosigkeit-in-griechenland-steigt-auf-neuen-rekordwert-1.1741918.

190 Zitiert nach: https://australiagreecesolidarity.wordpress.com/2014/05/22/syriza-leader-alexis-tsipras-addresses-thessaloniki/. Übersetzung durch M. L.

191 Philip Manow: Welche Rolle spielen Wohlfahrtsstaatlichkeit und Globalisierung für die Ausprägungen des Populismus? *Totalitarismus und Demokratie* 17, 2020, S. 35–44, hier: S. 39 ff.

192 Kommafehler im Original.

193 https://en.wikipedia.org/wiki/Eat_the_Rich.

194 Lucas Chancel, Thomas Piketty, Emmanuel Saez und Gabriel Zucman: *Bericht zur weltweiten Ungleichheit 2022*. World Inequality Lab, 2021, S. 9.

195 Ebd., S. 12 f.

196 Michael Fratzscher: Milliardäre sind die Pandemiegewinner. *ZEIT ONLINE*, 20. Mai 2021, https://www.zeit.de/wirtschaft/2021-05/vermoegenskonzentration-corona-pandemie-ungleichheit-milliardaere-zunahme-reichtum-aktienmarkt.

197 Fabian Lindner: Bedrohliche Vermögenskonzentration. *BöcklerImpuls* 13/2014.

198 Alexandra Killewald, Fabian T. Pfeffer und Jared N. Schachner: Wealth Inequality and Accumulation. *Annual Review of Sociology* 43, 2017, S. 379–404, hier: S. 395 f.

199 Richard Rubinson und Dan Quinlan: Democracy and Social Inequality: A Reanalysis. *American Sociological Review* 42 (4) 1977, S. 611–623.

200 Armin Schäfer: Consequences of social inequality for democracy in Western Europe. *Zeitschrift für Vergleichende Politikwissenschaft* 6, 2012, S. 23–45.

201 Kenneth Scheve und David Stasavage: Wealth Inequality and Democracy. *Annual Review of Political Science* 20, 2017, S. 451–468, hier: S. 463 f.

202 Lea Elsässer, Svenja Hense und Armin Schäfer: Not just money: unequal responsiveness in egalitarian democracies. *Journal of European Public Policy* 28 (12) 2021, S. 1890–1908.

203 Nils Karlson: *Reviving Classical Liberalism Against Populism*. Palgrave MacMillan: Cham 2024, S. 13.

204 Marcel Lewandowsky: *Populismus. Eine Einführung*. Springer VS: Wiesbaden 2022, S. 96.

205 Giorgos Katsambekis und Alexandros Kioupkiolis: Introduction: The Populist Radical Left in Europe. In: Dies. (Hrsg.): *The Populist Radical Left in Europe*. Routledge: London 2019, S. 1–20, hier: S. 8.

206 Zitiert nach: https://www.leanleftvt.org/leanleft-about. Übersetzung durch M. L.

207 Craig Calhoun: Occupy Wall Street in perspective. *British Journal of Sociology* 64 (1) 2013, S. 26–38. Übersetzung durch M. L.

208 Andrés Santana und José Rama: Electoral support for left wing populist parties in Europe: addressing the globalization cleavage. *European Politics and Society* 19 (5) 2018, S. 558–576, hier: S. 569.
209 Takis Pappas: The Pushback Against Populism: The Rise and Fall of Greece's New Illiberalism. *Journal of Democracy* 31 (2) 2020, S. 54–68, hier: S. 62.
210 Ebd.
211 Arne Boecker und Jonas Viering: »Ein begnadeter Populist«. *Sueddeutsche.de*, 19. Mai 2010, https://www.sueddeutsche.de/politik/oskar-lafontaine-ein-begnadeter-populist-1.886674.
212 Statista: Griechenland: Anteil der von Armut oder sozialer Ausgrenzung bedrohten Personen, aufgeschlüsselt nach Geschlecht von 2012 bis 2022. 2023, https://de.statista.com/statistik/daten/studie/763000/umfrage/anteil-von-armut-oder-sozialer-ausgrenzung-bedrohter-in-griechenland.
213 Statista: Spanien: Arbeitslosenquote von 1981 bis 2022 und Prognosen bis 2028, Oktober 2023, https://de.statista.com/statistik/daten/studie/17327/umfrage/arbeitslosenquote-in-spanien/
214 Statista: Ranking der größten Social Networks und Messenger nach der Anzahl der Nutzer im Januar 2023, Januar 2023, https://de.statista.com/statistik/daten/studie/181086/umfrage/die-weltweit-groessten-social-networks-nach-anzahl-der-user/.
215 Jessica Guynn: President Trump permanently banned from Twitter over risk he could incite violence. *USA Today*, 8. Januar 2021, https://eu.usatoday.com/story/tech/2021/01/08/twitter-permanently-bans-president-trump/6603578002/.
216 Helen Coster: Exclusive: Head of engineering for Trump's Truth Social app resigns. *Reuters*, 18. Juli 2023, https://www.reuters.com/technology/head-engineering-trumps-truth-social-app-resigns-2023-07-17/.
217 Paolo Gerbaudo: Social media and populism: an elective affinity? *Media, Culture & Society* 40 (5) 2018, S. 745–753.
218 Rune Karlsen, Kari Steen-Johnsen, Dag Wollebæk und Bernard Enjolras: Echo chamber and trench warfare dynamics in online debates. *European Journal of Communication* 32 (3) 2017, S. 257–273.
219 Ralf Hohlfeld, Franziska Bauerfeind, Ilenia Braglia und Aqib Butt: *Communicating COVID-19 against the backdrop of conspiracy ideologies: How Public Figures Discuss the Matter on Facebook and Telegram.* Disinformation Research Lab, Universität Passau, Working Paper 1/2021.
220 Telegram-Chatgruppe plante offenbar Anschläge und Entführung von Lauterbach. *SWR Aktuell, 15. April 2022*, https://www.swr.de/swraktuell/rheinland-pfalz/razzien-telegram-chatgruppen-100.html.
221 Matthias Wahlström und Anton Törnberg: Social Media Mechanisms

for Right-Wing Political Violence in the 21st Century: Discursive Opportunities, Group Dynamics, and Co-Ordination. *Terrorism and Political Violence* 33 (4) 2021, S. 766–787.

222 Logan Jaffe und Jack Gillum: »This Is War«: Inside the Secret Chat Where Far-Right Extremists Devised Their Post-Capitol Plans. *ProPublica*, 28. Januar 2021, https://www.propublica.org/article/this-is-war-inside-the-secret-chat-where-far-right-extremists-devised-their-post-capitol-plans. Übersetzung durch M. L.

223 Florian Justwan und Ryan D. Williamson: Trump and Trust: Examining the Relationship between Claims of Fraud and Citizen Attitudes. *Political Science and Politics* 55 (3) 2022, S. 462–469.

224 Jon Swaine: Man who posed at Pelosi desk said in Facebook post that he is prepared for violent death. *The Washington Post*, 7. Januar 2021, https://www.washingtonpost.com/investigations/man-who-posed-at-pelosi-desk-said-in-facebook-post-that-he-is-prepared-for-violent-death/2021/01/07/cf5b0714-509a-11eb-83e3-322644d82356_story.html. Übersetzung durch M. L.

225 John Gramlich: A look back at Americans' reactions to the Jan. 6 riot at the U. S. Capitol. *Pew Research Center*, 4. Januar 2022, https://www.pewresearch.org/short-reads/2022/01/04/a-look-back-at-americans-reactions-to-the-jan-6-riot-at-the-u-s-capitol/.

226 J. Eric Oliver und Wendy M. Rahn: Rise of the *Trumpenvolk*: Populism in the 2016 Election. *The ANNALS of the American Academy of Political and Social Science* 667 (1) 2016, S. 189–206.

227 Ralf Dargent: Wirrer AfD-Politiker hisst Deutschlandfahne bei Jauch. *Die Welt*, 19. Oktober 2015, https://www.welt.de/vermischtes/article147757587/Wirrer-AfD-Politiker-hisst-Deutschlandfahne-bei-Jauch.html.

228 Fremdschäm-Auftritt von AfD-Politiker Björn Höcke bei Jauch. *Berliner Zeitung*, 18. Oktober 2015, https://www.bz-berlin.de/archiv-artikel/fremdschaem-auftritt-von-afd-politiker-bjoern-hoecke-bei-jauch.

229 »Hilfe, ist das eine schlechte Moderation«. *SPIEGEL ONLINE*, 19. Oktober 2015, https://www.spiegel.de/kultur/tv/guenther-jauch-bjoern-hoecke-afd-seine-flagge-seine-sprueche-und-viel-kritik-a-1058417.html.

230 Statista: Vergleich der Parteizugehörigkeit der Politiker in den politischen Talkshows von ARD und ZDF und dem Sitzanteil im Deutschen Bundestag im Jahr 2021, 22. September 2023, https://de.statista.com/statistik/daten/studie/954672/umfrage/parteizugehoerigkeit-der-politiker-in-talkshows-vs-sitzanteil-im-bundestag/.

231 AfD: *Alternative für Deutschland – Strategie 2017. Bundesvorstand GP/RE 2016-12-22*, http://www.talk-republik.de/Rechtspopulismus/docs/03/AfD-Strategie-2017.pdf, S. 18.

232 Das schreibt Chrupalla an die AfD-Mitglieder. *Sächsische Zeitung*, 31. Januar 2019, https://www.saechsische.de/plus/das-schreibt-chrupalla-an-die-afd-mitglieder-5029479.html.

233 Zitiert nach: Islamization of Europe. Israel Science and Technology Directory, o. J., https://www.science.co.il/Arab-Israeli-conflict/articles/Wilders-2008-08-25.php.

234 Michael Hameleers and Rens Vliegenthart: The Rise of a Populist Zeitgeist? A Content Analysis of Populist Media Coverage in Newspapers Published between 1990 and 2017. *Journalism Studies* 21 (1) 2020, S. 19–36.

235 Martin Wettstein, Frank Esser, Anne Schulz, Dominique Wirz und Werner Wirth: *The News Media as Gatekeepers, Critics and Originators of Populist Communication.* Vortrag auf der jährlichen Konferenz der International Communication Association. Prag 2018.

236 Emily M. Farris und Heather Silber Mohamed: Picturing immigration: how the media criminalizes immigrants. *Politics, Groups, and Identities* 6 (4) 2018, S. 814–824.

237 Bundesamt für Migration und Flüchtlinge: *Aktuelle Zahlen.* Ausgabe: August 2023, S. 3; Bundesamt für Migration und Flüchtlinge: *Schlüsselzahlen Asyl*, 1. Halbjahr 2023.

238 Joachim Huber: Berichterstattung über die AfD: »Der Medienopfer-Mythos fruchtet bei ihren Anhängern«. *Tagesspiegel*, 21. August 2023, https://www.tagesspiegel.de/gesellschaft/medien/berichterstattung-uber-die-afd-der-medienopfer-mythos-fruchtet-bei-ihren-anhangern-10327807.html.

239 Johanna Schindler, Claudia Fortkord, Lone Posthumus, Magdalena Obermaier, Nayla Fawzi und Carsten Reinemann: Woher kommt und wozu führt Medienfeindlichkeit? Zum Zusammenhang von populistischen Einstellungen, Medienfeindlichkeit, negativen Emotionen und Partizipation. *M&K Medien & Kommunikationswissenschaft* 66 (3) 2018, S. 283–301.

240 Ebd., S. 296.

241 Hans Vorländer, Maik Herold und Steven Schäller: *PEGIDA. Entwicklung, Zusammensetzung und Deutung einer Empörungsbewegung.* Springer VS: Wiesbaden 2016, S. 111–114.

242 Marcus Maurer, Pablo Jost, Jörg Haßler und Simon Kruschinski: Auf den Spuren der Lügenpresse. Zur Richtigkeit und Ausgewogenheit der Medienberichterstattung in der »Flüchtlingskrise«. *Publizistik* 64 (1) 2019, S. 15–35.

243 Tanjev Schultz, Marc Ziegele, Nikolaus Jackob, Christina Viehmann, Ilka Jakobs, Nayla Fawzi, Oliver Quiring, Christian Schemer und Daniel Stegmann*: Medienvertrauen nach Pandemie und »Zeitenwende«. Mainzer Langzeitstudie Medienvertrauen 2022*. Media Perspektiven Mai 2023.

244 Jana Laura Egelhofer, Ming Boyer, Sophie Lecheler und Loes Aaldering: Populist attitudes and politicians' disinformation accusations: effects on perceptions of media and politicians. *Journal of Communication* 72 (6) 2022, S. 619–632.

245 53/JPR vom 06. 07. 2022 (XXVII. GP), abrufbar unter: https://www.parlament.gv.at/dokument/XXVII/JPR/53/imfname_1458373.pdf.

246 11265/J vom 14. 06. 2022 (XXVII. GP), abrufbar unter: https://www.parlament.gv.at/dokument/XXVII/J/11265/fnameorig_1452461.html.

247 11256/J vom 14. 06. 2022 (XXVII. GP), abrufbar unter: https://www.parlament.gv.at/dokument/XXVII/J/11256/imfname_1452269.pdf.

248 Thomas Röper: Inside Corona. Die Pandemie, das Netzwerk & die Hintermänner. J. K. Fischer: Gelnhausen 2022.

249 53/ABPR vom 04. 11. 2022 zu 53/JPR (XXVII. GP), abrufbar unter: https://www.parlament.gv.at/dokument/XXVII/ABPR/53/imfname_1479884.pdf.

250 Joseph Uscinski, Adam Enders, Casey Klofstad, Michelle Selig, Hugo Drochon, Kamal Premaratne und Manohar Murthi: Have beliefs in conspiracy theories increased over time? *PLoS ONE* 17 (7) 2022, S. 1–19, hier: S. 7.

251 Jan Skudlarek: Mentale Irrwege – Die Macht von Verschwörungstheorien. In: Tobias Meilicke und Cornelius Strobel (Hrsg.): *Aufgeheizt. Verschwörungserzählungen rund um die Klimakrise.* Bundeszentrale für politische Bildung: Bonn 2023, S. 19–42, hier: S. 28.

252 Katharina Nocun und Pia Lamberty: *Fake Facts: Wie Verschwörungstheorien unser Denken bestimmen.* Quadriga: Köln 2020, S. 18.

253 Uscinski et al.: Have beliefs in conspiracy theories increased over time? S. 12.

254 Viola Neu: *»Das ist alles bewiesen.« Ergebnisse aus repräsentativen und qualitativen Umfragen zu Verschwörungstheorien in Deutschland.* Konrad-Adenauer-Stiftung: Berlin 2023, S. 5.

255 Verschwörungsmythen: FPÖ macht gegen angeblichen Impfzwang mobil. *Euronews*, 30. Dezember 2020, https://de.euronews.com/2020/12/30/verschworungsmythen-fpo-macht-gegen-angeblichen-impfzwang-mobil.

256 Evren Balta, Cristóbal Rovira Kaltwasser und Alper H. Yagci: Populist attitudes and conspirational thinking. *Party Politics* 28 (4) 2022, S. 625–637.

257 US-Abgeordnete macht »jüdischen Weltraum-Laser« für Waldbrand verantwortlich. *Mena-Watch*, 29. Januar 2021, https://www.mena-watch.com/us-abgeordnete-macht-juedischen-weltraumlaser-fuer-walbraende-verantwortlich/.

258 Patrick Gensing und Wulf Rohwedder: Was ist QAnon? *Tagesschau.de*, 31. März 2022, https://www.tagesschau.de/faktenfinder/qanon-faq-101.html.

259 Lucas Maier: Attacke aus den eigenen Reihen: QAnon-Frau im Fadenkreuz der extremen Rechten. *Frankfurter Rundschau*, 24. Dezember 2022, https://www.fr.de/politik/usa-marjorie-taylor-greene-republikaner-qanon-georgia-rechte-donald-trump-91994804.html.
260 Michael Hameleers: They Are Selling Themselves Out to the Enemy! The Content and Effects of Populist Conspiracy Theories. *International Journal of Public Opinion Research* 33 (1) 2021, S. 38–56.
261 Christian Stör: »Der Sturm zieht auf«: Donald Trump versinkt im QAnon-Sumpf. *Frankfurter Rundschau*, 16. September 2022, https://www.fr.de/politik/donald-trump-qanon-verschwoerung-usa-rechtsextreme-91787825.html.
262 Zitiert nach: taz: AfD in der Coronakrise, 7. April 2020, https://taz.de/Radikale-Rechte-verliert-in-Pandemie/!5677438/.
263 Stephan Brandner: Verschärfung der Corona-Maßnahmen inakzeptabel. 16. November 2020, https://www.afd.de/stephan-brandner-drangsalierung-der-buerger-muss-beendet-werden/.
264 https://www.bundestag.de/mediathek?videoid=7515427#url=L21lZGlhdGhla292ZXJsYXk/dmlkZW9pZD03NTE1NDI3&mod=mediathek.
265 Statista: Sind die aktuell geltenden Corona-Maßnahmen Ihrer Meinung nach übertrieben, gerade richtig oder zu schwach? Oktober 2022, https://de.statista.com/statistik/daten/studie/1234544/umfrage/umfrage-zu-corona-massnahmen-deutschland-politbarometer/.
266 Statista: Wie beurteilen Sie die Maßnahmen der Bundesregierung in der Coronapandemie? Februar 2021, https://de.statista.com/statistik/daten/studie/1109399/umfrage/angemessenheit-der-massnahmen-gegen-das-coronavirus-in-oesterreich/.
267 Kickl stellt in Linz den Kanzleranspruch. *Tips.at*, 2. Mai 2023, https://www.tips.at/nachrichten/linz/wirtschaft-politik/603365-kickl-stellt-in-linz-den-kanzleranspruch.
268 Sverigedemokraterna: Vi väljer välfärd! Sverigedemokratisk valmanifest – val 2014, S. 3.
269 https://sd.se/english/, Übersetzung durch M. L.
270 Mattias Ekman: The great replacement: Strategic mainstreaming of far-right conspiracy claims. *Convergence* 28 (4) 2022, S. 1127–1143, hier: S. 1135 f.
271 Decker: *Der neue Rechtspopulismus*, S. 35,
272 Natalie Nougayrède: The conspiracy theories of extreme right and far left threaten democracy. *The Guardian*, 18. Dezember 2015, https://www.theguardian.com/commentisfree/2015/dec/18/conspiracy-theories-extreme-right-far-left-threaten-democracy.
273 Video zugänglich bspw. hier: https://twitter.com/atrupar/status/164887843932856321. Übersetzung durch M. L.

274 Mattia Zulianello und Petra Guasti: The Demand and Supply of Pandemic Populism: A Global Overview. *Government and Opposition* 2023 (online first), S. 13.

275 Fast ein Drittel der Deutschen glaubt, in einer »Scheindemokratie« zu leben. Faz.net, 11. April 2022, https://www.faz.net/aktuell/fast-ein-drittel-der-deutschen-glaubt-in-einer-scheindemokratie-zu-leben-17951345.html.

276 https://www.instagram.com/p/Cyv7fHxtcZH/?igshid=MTc4MmM1YmI2Ng==.

277 Birgit Enzmann: Politische Gewalt. Formen, Hintergründe, Überwindbarkeit. In: Dies (Hrsg.): *Handbuch politische Gewalt. Formen – Ursachen – Legitimation – Begrenzung.* Springer VS: Wiesbaden 2013, S. 43–66, hier: S. 46.

278 Molly Amman und J. Reid Meloy: Stochastic Terrorism. *Perspectives on Terrorism* 15 (5) 2021, S. 2–13, hier: S. 3, 9 f.

279 James A. Piazza: Populism and Support for Political Violence in the United States: Assessing the Role of Grievances, Distrust of Political Institutions, Social Change Threat, and Political Illiberalism. *Political Research Quarterly* 2023 (online first).

280 »Die KZs sind ja leider derzeit außer Betrieb«. *SPIEGEL ONLINE*, 20. Oktober 2015, https://www.spiegel.de/politik/deutschland/akif-pirincci-rede-bei-pegida-in-dresden-abgebrochen-a-1058589.html.

281 Trump soll Mordaufrufen gegen seinen Vize zugestimmt haben. t-online, 26. Mai 2022, https://www.t-online.de/nachrichten/ausland/usa/id_92259898/donald-trump-soll-mordaufrufen-zugestimmt-haben-haengt-pence-.html

282 Rede von Viktor Orbán auf dem Heldenplatz. In: Herder-Institut (Hrsg.): *Dokumente und Materialien zur ostmitteleuropäischen Geschichte. Themenmodul »Umbruch in Ungarn 1985-1990«*, bearb. von Andreas Schmidt-Schweizer (Budapest), https://www.herder-institut.de//digitale-angebote/dokumente-und-materialien/themenmodule/quelle/1548/details/2349.html.

283 Ich beziehe mich hier und in den weiteren Ausführungen dieses Abschnittes auf die englischsprachige Fassung: Csaba Tóth: Full text of Viktor Orbán's speech at Băile Tuşnad (Tusnádfürdő) of 26 July 2014. *The Budapest Beacon*, 29. Juli 2014, https://budapestbeacon.com/full-text-of-viktor-orbans-speech-at-baile-tusnad-tusnadfurdo-of-26-july-2014/. Übersetzung durch M. L.

284 Gary Marks, Liesbet Hooghe, Moira Nelson und Erica Edwards: Party Competition and European Integration in East and West – Different Structure, same Causality. *Comparative Political Studies* 39 (2) 2006, S. 155–175.

285 Tóth: Full text of Viktor Orbán's speech at Băile Tuşnad.

286 Kolja Möller: Populismus und Verfassung. Der autoritäre Populismus als Herausforderung für die liberale Demokratie. *Zeitschrift für Politik* 66 (4) 2019, S. 430–444, hier: S. 437 f.

287 Maximilian Steinbeis: Eine Verfassung zum Fürchten. *Verfassungsblog.de*, 20. März 2011, https://verfassungsblog.de/ungarn-eine-verfassung-zum-frchten/.

288 Benjamin Novak und Michael M. Grynbaum: Conservative Fellow Travelers: Tucker Carlson Drops In On Viktor Orban. *The New York Times*, 4. Oktober 2021, https://www.nytimes.com/2021/08/07/world/europe/tucker-carlson-hungary.html.

289 Robert A. Huber und Christian H. Schimpf: On the Distinct Effects of Left-Wing and Right-Wing Populism on Democratic Quality. *Politics and Governance* 5 (4) 2017, S. 146–165.

290 Liam Stack und Jeffery C. Mays: As Crisis Grows, All of New York's Migrant Plans Are Met With Outrage. *The New York Times*, 18. Mai 2023, https://www.nytimes.com/2023/05/18/nyregion/migrant-housing-shelters-nyc.html.

291 Hurubie Meko: What to Know About the Migrant Crisis in New York City. *The New York Times*, 28. September 2023, https://www.nytimes.com/article/nyc-migrant-crisis-explained.html.

292 Ebd.

293 Abby Budiman: Key findings about U. S. immigrants. *Pew Research Center*, 20. August 2020, https://www.pewresearch.org/short-reads/2020/08/20/key-findings-about-u-s-immigrants/.

294 J. Baxter Oliphant und Andy Cerda: Republicans and Democrats have different top priorities for U.S. immigration policy. *Pew Research Center*, 8. September 2022, https://www.pewresearch.org/short-reads/2022/09/08/republicans-and-democrats-have-different-top-priorities-for-u-s-immigration-policy/.

295 Governor Ron DeSantis Signs Strongest Anti-Illegal Immigration Legislation in the Country to Combat Biden's Border Crisis, 10. Mai 2023, https://www.flgov.com/2023/05/10/governor-ron-desantis-signs-strongest-anti-illegal-immigration-legislation-in-the-country-to-combat-bidens-border-crisis/.

296 Jakob-Moritz Eberl et al.: The European media discourse on immigration and its effects: a literature review. *Annals of the International Communication Association* 42 (3) 2018, S. 207–223.

297 Tjitske Akkerman und Sarah Leah de Lange: Radical Right Parties in Office: Incumbency Records and the Electoral Cost of Governing. *Government and Opposition* 47 (4) 2012, S. 574–596, hier: S. 585 f.

298 Philipp Lutz: Variation in policy success: radical right populism and migration policy. *West European Politics* 42 (3) 2019, S. 517–544.

299 »Es gibt keine Verschwörung«. *Tagesschau.de*, 28. Februar 2019, https://www.tagesschau.de/ausland/orban-eu-kommission-101.html.

300 Shari Miller: Hungary's leader accuses EU and billionaire George Soros of trying to »Muslimise Europe«. *Daily Mail Online*, 23. Juli 2017, https://www.dailymail.co.uk/news/article-4722180/Hungary-accuses-EU-Soros-Muslimising-Europe.html.

301 Zusammenstellung in diesem Abschnitt auf Grundlage von Petra Guasti und Lenka Bustikova: Varieties of Illiberal Backlash in Central Europe. *Problems of Post-Communism* 70 (2) 2023, S. 130–142, hier: S. 133.

302 Slowakei: Queerfeindlicher Sozialdemokrat gewinnt Wahl. *Queer.de*, 2. Oktober 2023, http://www.queer.de/detail.php?article_id=47148.

303 Micaela Taroni: Wie Italiens Regierung gerade Regenbogenfamilien bekämpft. *Berliner Morgenpost*, 5. August 2023, https://www.morgenpost.de/politik/article239105623/italien-meloni-regierung-lgbt-schwul-lesbisch-familien.html.

304 Ebd.

305 Laura Montecchio und Marianna Griffini: Giorgia Meloni's ambiguity on gender rights. *The Loop*, https://theloop.ecpr.eu/giorgia-melonis-ambiguity-on-gender-rights/.

306 Bartek Pytlas: Vom Mainstream an die Macht: Die Partei Recht und Gerechtigkeit in Polen. In: Frank Decker, Bernd Henningsen, Marcel Lewandowsky und Philipp Adorf (Hrsg.): *Aufstand der Außenseiter. Die Herausforderung der europäischen Politik durch den neuen Populismus* (Sonderausgabe für die Zentralen der politischen Bildung). Nomos: Baden-Baden, S. 245–258, hier: S. 252 f.

307 David Gregosz, Katharina Geschier, Piotr Womela: *Auf Kollisionskurs mit EU-Recht. Polens Verfassungsgericht bringt Brüssel in Bedrängnis.* Länderbericht Polen, Oktober 2021. Konrad-Adenauer-Stiftung: Warschau, hier: S. 1.

308 Florian Kellermann: Parlament verabschiedet sogenanntes Maulkorbgesetz. *Deutschlandfunk*, 24. Januar 2020, https://www.deutschlandfunk.de/justizreform-in-polen-parlament-verabschiedet-sogenanntes-100.html.

309 Sven Leunig und Gabriel Gómez: »Populistische Autokratie« per Verfassungsreform? Fidesz und die Änderungen des ungarischen Grundgesetzes von 2011/2012. In: Decker et al. (Hrsg.): *Aufstand der Außenseiter*, S. 229–243, hier: S. 236.

310 Attila Vincze: Die neue Verfassung Ungarns. *Zeitschrift für Staats- und Europawissenschaften* 10 (1) 2012, S. 110–129, hier: S. 126.

311 Leunig und Gómez: »Populistische Autokratie«, S. 237.

312 Melani Barlai, Florian Hartleb und Dániel Mikecz: *Das politische System Ungarns.* Nomos: Baden-Baden 2023, S. 109.

313 Leunig und Gómez: »Populistische Autokratie«, S. 239.

314 Mark Tushnet und Bojan Bugarič: *Power to the People. Constitutio-*

nalism in the Age of Populism. Oxford University Press: Oxford 2021, S. 143.

315 »Da kann es schon mal zu unschönen Szenen kommen.« inSüdthüringen.de, 18. August 2023, https://www.insuedthueringen.de/inhalt.interview-da-kann-es-schon-mal-zu-unschoenen-szenen-kommen.89bc6a5a-d828-4762-8666-cafbf3ec35df.html.

316 Verfassungsgericht bekräftigt Recht auf Kritik an LGBTQ-Ideologie. *Ungarn heute*, 29. September 2023, https://ungarnheute.hu/news/verfassungsgericht-bekraeftigt-recht-auf-kritik-an-lgbtq-ideologie-51564/.

317 Ebd.

318 Verfassungsgericht verbietet Schwangerschaftsabbruch bei kranken Föten. *ZEIT ONLINE*, 22. Oktober 2020, https://www.zeit.de/politik/ausland/2020-10/polen-schwangerschaftsabbruch-krankheit-foetus-verbot-gesetz.

319 Polen: Verfassungsgericht untersagt auch Abtreibung wegen Fehlbildung. *beck-aktuell*, 23. Oktober 2020, https://rsw.beck.de/aktuell/daily/meldung/detail/polen-verfassungsgericht-untersagt-auch-abtreibung-wegen-fehlbildung.

320 Tausende demonstrieren in Warschau gegen Schwangerschaftsabbruchgesetz. *ZEIT ONLINE*, 30. Oktober 2020, https://www.zeit.de/gesellschaft/zeitgeschehen/2020-10/polen-demonstration-schwangerschaftsabbruchgsetz-warschau-andrzej-duda.

321 Zehntausende demonstrieren gegen neues Mediengesetz. *ZEIT ONLINE*, 9, Januar 2016, https://www.zeit.de/politik/ausland/2016-01/polen-demonstration-pis-regierung.

322 Polens Parlament beschließt Einschränkung der Medienfreiheit. *ZEIT ONLINE*, 30. Dezember 2015, https://www.zeit.de/politik/ausland/2015-12/medienreform-polen-pis-oeffentlich-rechtliche-medien.

323 Barlai et al.: Das politische System Ungarns, S. 116.

324 Ebd., S. 116 f.

325 https://www.reporter-ohne-grenzen.de/weltkarte.

326 Márton Bene und Zsolt Boda: Hungary: Crisis as Usual – Populist Governance and the Pandemic. In: Giuliano Bobba und Nicolas Hubé (Hrsg.): *Populism and the Politicization of the COVID-19 Crisis in Europe.* Palgrave MacMillan: Cham, S. 87–100.

327 Osman Can: Die politisierte und personalisierte Justiz der Türkei. *Bundeszentrale für politische Bildung*, 26. April 2023, https://www.bpb.de/themen/europa/tuerkei/520344/die-politisierte-und-personalisierte-justiz-der-tuerkei/.

328 Türkische Opposition beklagt Medienvorteil für Erdogan. *Redaktionsnetzwerk Deutschland*, 9. Mai 2023, https://www.rnd.de/politik/tuerkei-wahlen-opposition-beklagt-medienvorteil-fuer-erdogan-K3WI7 XOSVZOGVBUFS4NNCVC4JU.html.

329 Paul Statham: Berlusconi, the Media, and the New Right in Italy. *Press/Politics* 1 (1) 1996, S. 87–105, hier: S. 91 f.
330 Massimo Ragnedda: Censorship and media ownership in Italy in the Era of Berlusconi. *Global Media Journal: Mediterranean Edition* 9 (1) 2014, S. 13–26.
331 Petra Guasti: Populism in Power and Democracy: Democratic Decay and Resilience in the Czech Republic (2013–2020). *Politics and Governance* 8 (4) 2020, S. 473–484, hier: S. 479.
332 Lenka Waschková Císařová und Johana Kotišová: Crumbled autonomy: Czech journalists leaving the Prime Minister's newspapers. *European Journal of Communication* 37 (5) 2022, S. 529–544, hier: S. 540.
333 Johana Kotišová und Lenka Waschková Císařová: »I Know Which Devil I Write for«: Two Types of Autonomy Among Czech Journalists Remaining in and Leaving the Prime Minister's Newspapers. *The International Journal of Press/Politics* 28 (1) 2023, S. 238–256, hier: S. 239.
334 Stina Noelken: Babis und Orban blockieren kritische internationale Journalisten. *Euractiv*, 1. Oktober 2021, https://www.euractiv.de/section/europakompakt/news/babis-und-orban-blockieren-kritische-internationale-journalisten/.
335 Oppositionsparteien in Polen erreichen absolute Mehrheit. *SPIEGEL ONLINE*, 17. Oktober 2023, https://www.spiegel.de/ausland/parlamentswahlen-in-polen-oppositionsparteien-erreichen-absolute-mehrheit-a-db179a5c-cc18-4c49-803c-56c898e5a921.
336 Maciej Kisilowski: The Election's Aftermath. How PiS Might Prevent a Peaceful Transfer of Power. Verfassungsblog.de, 12. Oktober 2023, https://verfassungsblog.de/the-elections-aftermath/.
337 Polens neue Regierung: Schwieriges Aufräumen nach acht Jahren PiS. MDR.de, 13. Dezember 2023, https://www.mdr.de/nachrichten/welt/osteuropa/politik/polen-neue-regierung-herausforderungen-pis-aufraeumen-100.html.
338 https://www.youtube.com/watch?v=JIjenjANqAk. Übersetzungen durch M. L.
339 https://www.youtube.com/watch?v=NvgqRKYapU8. Übersetzung durch M. L.
340 Thomas Greven: Die Krise der amerikanischen Demokratie und die Tea-Party-Bewegung. Friedrich-Ebert-Stiftung: Washington, DC 2011, S. 7.
341 Abrufbar auf der Facebook-Seite der ARD-Sendung »Bericht aus Berlin«, 14. Februar 2020, https://www.facebook.com/watch/?v=2761517577297709.
342 AfD-Fraktion im Deutschen Bundestag: *Gauland: Äußerungen von Friedrich Merz sind völlig unakzeptabel*, 14. Februar 2020, https://www.presseportal.de/pm/130241/4520735.

343 https://x.com/_FriedrichMerz/status/1228248743969017856?s=20.
344 https://x.com/skypromusic/status/1228597175887781888?s=20.
345 https://x.com/Inclutus/status/1228525742415368192?s=20.
346 https://x.com/JoachimPaul_AfD/status/1228474710675148800?s=20.
347 Stefan Berg: Gabriels Weg der Eskalation. *SPIEGEL ONLINE*, 16. Januar 2016, https://www.spiegel.de/politik/deutschland/koeln-kommentar-zu-aeusserungen-von-spd-chef-sigmar-gabriel-a-1072367.html.
348 AfD-Fraktion im Deutschen Bundestag: *Gauland: Äußerungen von Friedrich Merz sind völlig unakzeptabel.*
349 Didier Eribon: *Rückkehr nach Reims.* Suhrkamp: Berlin 2016.
350 Matthijs Rooduijn: What unites the voter bases of populist parties? Comparing the electorates of 15 populist parties. *European Political Science Review* 10 (3) 2018, S. 351–368.
351 Pippa Norris und Ronald Inglehart: *Cultural Backlash: Trump, Brexit, and Authoritarian Populism.* Cambridge University Press: Cambridge/New York 2019.
352 Decker: Der neue Rechtspopulismus, S. 27 f.
353 Jacob Poushter und Nicholas Kent: The Global Divide on Homosexuality Persists. *Pew Research Center*, 25. Juni 2020, https://www.pewresearch.org/global/2020/06/25/global-divide-on-homosexuality-persists/.
354 Decker: Der neue Rechtspopulismus, S. 27 f.
355 24,3 % der Bevölkerung hatten 2022 eine Einwanderungsgeschichte. Deutsches Statistisches Bundesamt, Pressemitteilung Nr. 158 vom 20. April 2023, https://www.destatis.de/DE/Presse/Pressemitteilungen/2023/04/PD23_158_125.html.
356 Geografie und Bevölkerung, Migrationsplattform der österreichischen Bundesregierung, https://www.migration.gv.at/de/leben-und-arbeiten-in-oesterreich/oesterreich-stellt-sich-vor/geografie-und-bevoelkerung/; How many residents have a foreign country of origin? *Centraal Bureau voor de Statistiek*, 18. Januar 2023, https://www.cbs.nl/en-gb/dossier/asylum-migration-and-integration/how-many-residents-have-a-foreign-country-of-origin-.
357 Joachim Vogt Isaksen: The impact of the financial crisis on European attitudes toward immigration. *Comparative Migration Studies* 7, 2019, S. 1–20.
358 Statista: Entwicklung der Fremdenfeindlichkeit in Deutschland von 2014 bis 2022/2023, September 2023, https://de.statista.com/statistik/daten/studie/562722/umfrage/entwicklung-der-auslaenderfeindlichkeit-in-deutschland/.
359 Frank Decker: Was ist Rechtspopulismus? In: Decker et al.: *Aufstand der Außenseiter*, S. 35–55, hier: S. 39.
360 Statista: Finden Sie, dass die Verhältnisse derzeit in Deutschland eher Anlass zur Zuversicht oder eher Anlass zur Beunruhigung geben? Juli

2023, https://de.statista.com/statistik/daten/studie/168020/umfrage/beurteilung-der-momentanen-verhaeltnisse-in-deutschland/.

361 Sebastian Scheffel und Moritz Speer: Knapp die Hälfte der Deutschen glaubt, in zehn Jahren schlechter zu leben als heute. *Redaktionsnetzwerk Deutschland*, 9. September 2023, https://www.rnd.de/politik/blick-in-die-zukunft-knapp-die-haelfte-der-deutschen-glaubt-in-zehn-jahren-schlechter-zu-leben-als-XK5HXRXZMRG5VFY3TS-75RQOHWE.html.

362 Andrew Daniller: Americans take a dim view of the nation's future, look more positively at the past. *Pew Research Center*, 24. April 2023, https://www.pewresearch.org/short-reads/2023/04/24/americans-take-a-dim-view-of-the-nations-future-look-more-positively-at-the-past/.

363 Bettina Kohlrausch: *Abstiegsängste in Deutschland. Ausmaß und Ursachen in Zeiten des erstarkenden Rechtspopulismus.* Working Paper Forschungsförderung Nr. 058, Hans-Böckler-Stiftung: Düsseldorf 2018, S. 6.

364 Nils D. Steiner, Christian H. Schimpf und Alexander Wuttke: Left Behind and United by Populism? Populism's Multiple Roots in Feelings of Lacking Societal Recognition. *Politische Vierteljahresschrift* 64 (1) 2023, S. 107–132.

365 Claudia Neu und Beate Küpper: Einsamkeit, Feindseligkeit und Populismus. In: Andreas Zick, Beate Küpper und Nico Mokros (Hrsg.): *Die distanzierte Mitte. Rechtsextreme und demokratiegefährdende Einstellungen in Deutschland 2022/23.* Dietz: Bonn 2023, S. 335–353, hier: S. 345 ff.

366 Jasper Neerdaels, Christian Tröster, Niels Van Quaquebeke und Laurent Licata: Absolved from the neoliberal burden of responsibility: The effect of populist victim rhetoric on leader support. *Political Psychology* 2023 (online first), S. 1–18.

367 Kristin Schwietzer: Wie die AfD vom Ampelstreit profitiert ohne einen Finger krumm zu machen. *MDR Aktuell*, 9. Juli 2023, https://www.mdr.de/nachrichten/deutschland/politik/ampel-streit-sommerpause-afd-profitiert-kommentar-100.html..

368 Tina Hildebrandt: Flucht vor dem Frust. *Die Zeit* Nr. 25, 6. Juni 2023, https://www.zeit.de/2023/25/karl-rudolf-korte-afd-erfolg-olaf-scholz.

369 Tobias Schwarzbözl und Matthias Fatke: Außer Protesten nichts gewesen? Das politische Potenzial der AfD. *Politische Vierteljahresschrift* 57 (2) 2016, S. 276–299, hier: S. 291.

370 Julia Partheymüller und Stefanie Walter: Voting for the Populist Radical-Right in Austria and Germany: A Comparative Analysis. In: Thorsten Faas, Sascha Huber, Mona Krewel und Sigrid Roßteutscher (Hrsg.): *Informationsflüsse, Wahlen und Demokratie. Festschrift für Rüdiger Schmitt-Beck.* Nomos: Baden-Baden 2023, S. 533–558.

371 Brian Schaffner, Matthew MacWilliams und Tatishe Nteta: Understanding White Polarization in the 2016 Vote for President: The Sobering Role of Racism and Sexism. *Political Science Quarterly* 133 (1) 2018, S. 9–33.

372 Kofi Arhin, Daniel Stockemer und Marie-Soleil Normandin: The Republican Trump Voter: A Populist Radical Right Voter Like Any Other? *World Affairs* 186 (3) 2023, S. 572–602.

373 Matthijs Rooduijn: What unites the voter bases of populist parties? Comparing the electorates of 15 populist parties. *European Political Science Review* 10 (3) 2018, S. 351–368, hier: S. 363. Allein für die Wähler der Schweizerischen Volkspartei (SVP) spielt Unzufriedenheit eine geringe Rolle. Das kann dadurch erklärt werden, dass die SVP im Schweizer System ständig an der Regierung beteiligt, also kein Außenseiter ist.

374 Daten: GESIS – Leibniz-Institut für Sozialwissenschaften: *German General Social Survey (ALLBUS) – Cumulation 1980–2018.* GESIS Datenarchiv, Köln 2021. ZA5276 Datenfile Version 1.1.0, https://doi.org/10.4232/1.13774; GESIS – Leibniz-Institut für Sozialwissenschaften: *Allgemeine Bevölkerungsumfrage der Sozialwissenschaften ALLBUS 2021.* GESIS, Köln 2022. ZA5280 Datenfile Version 2.0.0, https://doi.org/10.4232/1.14002.

375 Richard Wike und Shannon Schumacher: Democratic Rights Popular Globally but Commitment to Them Not Always Strong. *Pew Research Center*, 27. Februar 2020, https://www.pewresearch.org/global/2020/02/27/democratic-rights-popular-globally-but-commitment-to-them-not-always-strong/.

376 Jonas Linde und Joakim Ekman: Satisfaction with democracy: A note on a frequently used indicator in comparative politics. *European Journal of Political Research* 42 (3) 2003, S. 391–408, hier: S. 394.

377 Fast ein Drittel der Deutschen glaubt, in einer »Scheindemokratie« zu leben. *Faz.net.*

378 Paulina Fröhlich, Tom Mannewitz und Florian Ranft: *Die Übergangenen – Strukturschwach und erfahrungsstark. Zur Bedeutung regionaler Perspektiven für die Große Transformation.* Das Progressive Zentrum/Friedrich-Ebert-Stiftung: Berlin/Bonn 2022, S. 18.

379 Richard Wike, Laura Silver, Janell Fetterwolf, Christine Huang, Sarah Austin, Laura Clancy und Sneha Gubbala: Social Media Seen as Mostly Good for Democracy Across Many Nations, But U. S. is a Major Outlier. *Pew Research Center*, 6. Dezember 2022, https://www.pewresearch.org/global/2022/12/06/satisfaction-with-democracy-and-political-efficacy-in-advanced-economies-2022/.

380 Bram Spruyt, Gil Keppens und Filip Van Droogenbroeck: *Who* Supports Populism and *What* Attracts People to It? *Political Research Quarterly* 69 (2) 2016, S. 335–346, hier: S. 343.

381 Guillem Rico, Marc Guinjoan und Eva Anduiza: Empowered and enraged: Political efficacy, anger and support for populism in Europe. *European Journal of Political Research* 59 (4) 2020, S. 797–816.
382 Schulz et al.: We Are the People and You Are Fake News.
383 Akkerman et al.: How Populist Are the People?
384 Steven M. van Hauwaert und Stijn van Kessel: Beyond protest and discontent: A cross-national analysis of the effect of populist attitudes and issue positions on populist party support. *European Journal of Political Research* 57 (1) 2018, S. 68–92, hier: S. 78.
385 Agnes Akkerman, Andrej Zaslove und Bram Spruyt: ›We the People‹ or ›We the Peoples‹? A Comparison of Support for the Populist Radical Right and Populist Radical Left in the Netherlands. *Swiss Political Science Review* 23 (4) 2017, S. 377–403.
386 Todd Donovan: Authoritarian attitudes and support for radical right populists. *Journal of Elections, Public Opinion and Parties* 29 (4) 2019, S. 448–464.
387 Robert Vehrkamp und Wolfgang Merkel: *Populismusbarometer 2020. Populistische Einstellungen bei Wählern und Nichtwählern in Deutschland 2020.* Wissenschaftszentrum Berlin für Sozialforschung/Bertelsmann-Stiftung: Gütersloh 2020, S. 35 ff.
388 Martina Zandonella: *Demokratie Monitor 2022. Fokusbericht.* SORA: Wien 2022, S. 25 ff.
389 Armin Schäfer: Cultural backlash? How (not) to explain the rise of authoritarian populism. *British Journal of Political Science* 52 (4) 2022, S. 1977–1993.
390 Andrej Zaslove und Maurits Meijers: Populist Democrats? Unpacking the Relationship Between Populist and Democratic Attitudes at the Citizen Level. *Political Studies* 2023 (online first), S. 1–27.
391 Ebd., S. 20.
392 PVV: De agenda van hoop en optimisme – Een tijd om te kiezen: PVV 2010–2015, S. 5.
393 AfD: Programm für Deutschland, S. 6.
394 Alexander Wuttke, Konstantin Gavras und Harald Schoen: Have Europeans Grown Tired of Democracy? New Evidence from Eighteen Consolidated Democracies, 1981–2018. *British Journal of Political Science* 52 (1) 2022, S. 416–428.
395 Robert Stefan Foa und Yasha Mounk: The Democratic Disconnect. *Journal of Democracy* 27 (3) 2016, S. 5–17.
396 Richard Wike und Shannon Schumacher: Democratic Rights Popular Globally but Commitment to Them Not Always Strong. *Pew Research Center*, 27. Februar 2020, https://www.pewresearch.org/global/2020/02/27/democratic-rights-popular-globally-but-commitment-to-them-not-always-strong/.

397 Marcel Lewandowsky und Michael Jankowski: Sympathy for the devil? Voter support for illiberal politicians. *European Political Science Review* 15 (1) 2023, S. 39–56.
398 Matthew H. Graman und Milan W. Svolik: Democracy in America? Partisanship, Polarization, and the Robustness of Support for Democracy in the United States. *American Political Science Review* 114 (2) 2020, S. 392–409.
399 Christian H. Schimpf, Alexander Wuttke und Harald Schoen: Neither a Trait nor Wildly Fluctuating: On the Stability of Populist Attitudes and its Implications for Empirical Research. *British Journal of Politial Science* 2023 (online first), S. 1–14.
400 Karen Stenner: *The Authoritarian Dynamic.* Cambridge University Press: Cambridge 2005.
401 Kirk A. Hawkins, Cristóbal Rovira Kaltwasser und Ionannis Andreadis: The Activation of Populist Attitudes. *Government and Opposition* 55 (2) 2020, S. 283–307.
402 Kirk A. Hawkins und Cristóbal Rovira Kaltwasser: What the (Ideational) Study of Populism Can Teach Us, and What It Can't. *Swiss Political Science Review* 23 (4) 2017, S. 526–542, hier: S. 531.
403 Aiko Wagner: Die Wählerperspektive politischen Wettbewerbs. Konzepte, Entwicklungstendenzen und die Schließung des AfD-Elektorats. *WZB Democracy Blog*, 1. September 2017. https://democracy.blog.wzb.eu/2017/09/01/wettbewerb/, zuletzt abgerufen am 12. August 2023.
404 https://x.com/PhilippTuermer/status/1715337979286237274?s=20.
405 Thilo Sarrazin: *Deutschland schafft sich ab. Wie wir unser Land aufs Spiel setzen.* DVA: München 2010.
406 ZDF: Berlin direkt vom 22. Oktober 2023, https://www.zdf.de/politik/berlin-direkt/berlin-direkt-vom-22-oktober-2023-100.html.
407 Oliver Maksan und Marc Felix Serrao: Friedrich Merz: »Deutschland kann nicht noch mehr Flüchtlinge aufnehmen. Wir haben genug antisemitische junge Männer im Land«. *Neue Zürcher Zeitung*, 21. Oktober 2023, https://www.nzz.ch/international/friedrich-merz-wir-haben-genug-antisemitische-junge-maenner-im-land-ld.1761710.
408 https://twitter.com/NurderK/status/1716151290097463325.
409 https://x.com/JamesBondsBack/status/1716190710066483329?s=20.
410 Annika Joeres: Marine Le Pen gefällt das. *ZEIT ONLINE*, 20. Dezember 2023, https://www.zeit.de/politik/ausland/2023-12/einwanderungsgesetz-abstimmung-emmanuel-macron-migration.
411 Lewandowsky und Wagner: Fighting for a Lost Cause?
412 Tarik Abou-Chadi und Werner Krause: The Causal Effect of Radical Right Success on Mainstream Parties' Policy Positions: A Regression Discontinuity Approach. *British Journal of Political Science* 50 (3), S. 829–847, hier: S. 843.

413 Zitiert nach: Christian Gehrke: Friedrich Merz: Cancel Culture ist »größte Bedrohung«. *Berliner Zeitung*, 26. Juli 2022, https://www.berliner-zeitung.de/news/meinungsfreiheit-zensurkultur-friedrich-merz-cdu-cancel-culture-ist-groesste-bedrohung-li.250545.
414 Dominik Rzepka: Fratzscher wirft Merz blanken Populismus vor. *ZDF.de*, 11. Januar 2023, https://www.zdf.de/nachrichten/politik/merz-silvester-integration-paschas-lanz-kritik-100.html.
415 Corinna Emundts und Wulf Rohwedder: Warum sich Merz' Aussage nicht halten lässt. Tagesschau.de, 28. September 2023, https://www.tagesschau.de/faktenfinder/merz-asylbewerber-zahnarzt-100.html.
416 Zitiert nach: Ebd.
417 Werner Krause, Denis Cohen und Tarik Abou-Chadi: Does accommodation work? Mainstream party strategies and the success of radical right parties. *Political Science Research and Methods* 11 (1) 2023, S. 172–179.
418 Joost van Spanje und Nan Dirk de Graaf: How established parties reduce other parties' electoral support: the strategy of parroting the pariah. *West European Politics* 41 (1) 2018, S. 1–27.
419 Lars von Törne: Die Entschuldigung mit der Maus. *Tagesspiegel*, 9. Februar 2016, https://www.tagesspiegel.de/politik/die-entschuldigung-mit-der-maus-3694936.html.
420 »Irreguläre« Migrationsbewegungen notfalls »mit Gewalt« aufhalten. *Welt.de*, 24. Oktober 2023, https://www.welt.de/politik/article248164060/Janes-Spahn-Irregulaere-Migrationsbewegungen-notfalls-mit-Gewalt-aufhalten.html.
421 Colin Crouch: *Postdemokratie*. Suhrkamp: Berlin 2008.
422 Cornelia Karin Hendrich: Der jüngste CDU-Abgeordnete nimmt den AfD-Antrag auseinander. *Die Welt*, 23. Februar 2018, https://www.welt.de/politik/deutschland/article173881424/Bundestag-Der-juengste-CDU-Abgeordnete-nimmt-den-AfD-Antrag-auseinander.html.
423 WELT Netzreporter: Philipp Amthor: Der jüngste CDU-Abgeordnete nimmt den AfD-Antrag auseinander. 23. Februar 2018, https://www.youtube.com/watch?v=KR1qmWyGA2Y.
424 Dansk Folkeparti: Dansk Folkeblad, 11. September 2011.
425 Dirk-Oliver Heckmann: CDU verliert viele Wähler an die Linkspartei. *Deutschlandfunk*, 28. Oktober 2019, https://www.deutschlandfunk.de/analyse-zur-thueringenwahl-cdu-verliert-viele-waehler-an-100.html.
426 Anna-Sophie Heinze: Dealing with the populist radical right in parliament: mainstream party responses toward the Alternative for Germany. *European Political Science Review* 14 (3) 2022, S. 333–350.
427 Antonis A. Ellinas: *Playing the nationalist card: Mainstream parties, mass media and far right breakthroughs in Western Europe*. Dissertation, Princeton University: Ann Arbor, MI 2007, S. 121 f.

428 Georg Ruhrmann und Denise Sommer: Migranten in den Medien – von der Ignoranz zum Kontakt? *Zeitschrift für Ausländerrecht und Ausländerpolitik* 25 (3/4) 2005, S. 123–127.

429 »Seine Worte sind widerlich und skandalös«. *Abendzeitung*, 4. Oktober 2009, https://www.abendzeitung-muenchen.de/politik/seine-worte-sind-widerlich-und-skandaloes-art-104732.

430 Frank Decker: Die Alternative für Deutschland. Ein Porträt. In: Decker et al.: *Aufstand der Außenseiter*, S. 133–150, hier: S. 135.

431 Vicente Valentim: Parliamentary Representation and the Normalization of Radical Right Support. *Comparative Political Studies* 54 (14) 2021, S. 2475–2511.

432 Léonie de Jonge und Elizaveta Gaufman: The normalisation of the far right in the Dutch media in the run-up to the 2021 general elections. *Discourse & Society* 33 (6) 2022, S. 773–787, hier: S. 775 f.

433 Diane Bolet and Florian Foos: Media Platforming and the Normalisation of Extreme Right Views. *SocArXiv*, 10. August 2023, https://osf.io/preprints/socarxiv/urhxy/.

434 Jens Lucht: Öffentlich-rechtlicher Rundfunk in der Demokratie. *Aus Politik und Zeitgeschichte* 9-10/2009, S. 26–32.

435 https://www.youtube.com/watch?v=3xRbkDBPNsI.

436 Ralf Pauli: Inklusion heißt nicht Sonderschule. *taz*, 10. August 2023, https://taz.de/Debatte-um-Hoecke-Aussage/!5949598/.

437 Joachim Huber: Berichterstattung über die AfD: »Der Medienopfer-Mythos fruchtet bei ihren Anhängern«. *Tagesspiegel*, 21. August 2023, https://www.tagesspiegel.de/gesellschaft/medien/berichterstattung-uber-die-afd-der-medienopfer-mythos-fruchtet-bei-ihren-anhangern-10327807.html.

438 Marcel Fratzscher: Das AfD-Paradox: Die Hauptleidtragenden der AfD-Politik wären ihre eigenen Wähler*innen. *DIW Aktuell* Nr. 88 – 21. August 2023.

439 Rebecca Sawicki und Raphael Siems: AfD-Verbot: Bela B. unterstützt virale Petition – was sich dadurch ändern würde. *Watson*, 13. Oktober 2023, https://politik.watson.de/deutschland/analyse/253562494-afd-verbot-bela-b-unterstuetzt-virale-petition-was-sich-dadurch-aendern-wuerde.

440 Marisa Lattemann: Warum das Verfassungsgericht die Partei nicht stoppen kann. *Der Westen*, 23. Oktober 2023, https://www.derwesten.de/politik/afd-verbot-verfassungsgericht-partei-g-id300620611.html.

441 Gertrude Lübbe-Wolff: Wehrhafte Demokratie. Die Instrumente des Parteiverbots und der Grundrechtsverwirkung. *Verfassungsblog*, 13. Oktober 2023, https://verfassungsblog.de/wehrhafte-demokratie/.

442 Maria Fiedler: Radikaler und zugleich akzeptierter: Nur noch jeder zweite will niemals AfD wählen. *Der Tagesspiegel*, 22. Mai 2023, https://

www.tagesspiegel.de/politik/radikaler-und-zugleich-akzeptierter-nur-noch-jeder-zweite-will-niemals-afd-wahlen-9858575.html.

443 Ebd.

444 Was AfD-Wähler in Ostdeutschland bewegt – und umstimmen könnte. *Stern.de*, 17. Januar 2024, https://www.stern.de/politik/deutschland/afd-umfrage--was-ihre-waehler-in-ostdeutschland-bewegt-34371414.html

445 Alexander Wuttke und Florian Foos: Making the Case for Democracy. *SocArXiv*, 20. Dezember 2021.

446 Hawkins et al.: The Activation of Populist Attitudes.

447 Kirsti M. Jylhä, Jens Rydgren und Pontus Strimling: Radical right-wing voters from right and left: Comparing Sweden Democrat voters who previously voted for the Conservative Party or the Social Democratic Party. *Scandinavian Political Studies* 42 (3–4) 2019, S. 220–244.

448 Ebd., S. 240.

449 Hawkins und Rovira Kaltwasser: The Activation of Populist Attitudes, S. 303.

450 Jan Brülle und Dorothee Spannagel: *Einkommensungleichheit als Gefahr für die Demokratie.* WSI-Report Nr. 90, November 2023, S. 15 ff.

LITERATURVERZEICHNIS

11256/J vom 14.06.2022 (XXVII. GP), abrufbar unter: https://www.parlament.gv.at/dokument/XXVII/J/11256/imfname_1452269.pdf.

11265/J vom 14.06.2022 (XXVII. GP), abrufbar unter: https://www.parlament.gv.at/dokument/XXVII/J/11265/fnameorig_1452461.html.

53/ABPR vom 04.11.2022 zu 53/JPR (XXVII. GP), abrufbar unter: https://www.parlament.gv.at/dokument/XXVII/ABPR/53/imfname_1479884.pdf.

53/JPR vom 06.07.2022 (XXVII. GP), abrufbar unter: https://www.parlament.gv.at/dokument/XXVII/JPR/53/imfname_1458373.pdf.

o. V.: 10 Jahre Minarettverbot: Rückblick auf eine hart umkämpfte Debatte. swissinfo.ch, 29. November 2019, https://www.swissinfo.ch/ger/gesellschaft/islam-in-der-schweiz_10-jahre-minarett-verbot-rueckblick-auf-eine-hart-umkaempfte-debatte/45393798.

o. V.: AfD in der Coronakrise. *taz*, 7. April 2020, https://taz.de/Radikale-Rechte-verliert-in-Pandemie/!5677438/.

o. V.: AfD-Stadträtin Freia Lippold-Eggen kündigt Austritt an und zieht NSDAP-Vergleich. *Deutschlandfunk*, 16. August 2023, https://www.deutschlandfunk.de/afd-stadtraetin-freia-lippold-eggen-kuendigt-austritt-an-und-zieht-nsdap-vergleich-100.html.

o. V.: Arbeitslosigkeit in Griechenland steigt auf neuen Rekordwert. *Süddeutsche Zeitung*, 8. August 2013, https://www.sueddeutsche.de/wirtschaft/schuldenkrise-arbeitslosigkeit-in-griechenland-steigt-auf-neuen-rekordwert-1.1741918.

o. V.: Argentinien unter Milei: die Hürde des Staatsapparates. *Argentinisches Tageblatt*, 30. November 2023, https://*tageblatt*.com.ar/argentinien-unter-milei-die-hurde-des-staatsapparates/.

o. V.: Balance von Freiheit und Sicherheit: Was Ausgangssperre für Demokratie bedeuten würde. *Focus Online*, 26. März 2020, https://www.focus.de/perspektiven/ehemaliger-praesident-des-bundesverfassungsgerichts-balance-von-freiheit-und-sicherheit-was-ausgangssperre-fuer-demokratie-bedeuten-wuerde_id_11815272.html.

o. V.: »Da kann es schon mal zu unschönen Szenen kommen.« *inSüdthüringen.de*, 18. August 2023, https://www.insuedthueringen.de/inhalt.interview-da-kann-es-schon-mal-zu-unschoenen-szenen-kommen.89bc6a5a-d828-4762-8666-cafbf3ec35df.html.

o. V.: Das schreibt Chrupalla an die AfD-Mitglieder. *Sächsische Zeitung*, 31. Januar 2019, https://www.saechsische.de/plus/das-schreibt-chrupalla-an-die-afd-mitglieder-5029479.html.

o. V.: »Die KZs sind ja leider derzeit außer Betrieb«. *SPIEGEL ONLINE*, 20. Oktober 2015, https://www.spiegel.de/politik/deutschland/akif-pirincci-rede-bei-pegida-in-dresden-abgebrochen-a-1058589.html.

o. V.: Die Freiheit verteidigen – Nein zur absurden Gender-Politik der Luxuslinken, 30. August 2022, https://www.svp.ch/aktuell/parteizeitung/2022-2/svp-klartext-september-2022/die-freiheit-verteidigen-nein-zur-absurden-gender-politik-der-luxuslinken/.

o. V.: Direct Democracy. *The Constitution Society*, https://consoc.org.uk/the-constitution-explained/direct-democracy/#uk-referendums.

o. V.: »Es gibt keine Verschwörung«. *Tagesschau.de*, 28. Februar 2019, https://www.tagesschau.de/ausland/orban-eu-kommission-101.html.

o. V. Fast ein Drittel der Deutschen glaubt, in einer »Scheindemokratie« zu leben. *Faz.net*, 11. April 2022, https://www.faz.net/aktuell/fast-ein-drittel-der-deutschen-glaubt-in-einer-scheindemokratie-zu-leben-17951345.html.

o. V.: Florida Voters Give Governor DeSantis Mixed Grades, Quinnipiac University Poll Finds; Nearly 6 In 10 Don't Want DeSantis To Run For President In 2024. *Quinnipiac University Poll*, 25. August 2021, https://poll.qu.edu/poll-release?releaseid=3818.

o. V.: FPÖ – Kickl zum Europatag: »Die Zukunft der EU ist die Gemeinschaft souveräner Staaten und kein zentralistischer Superstaat«. *OTS*, 9. Mai 2023, https://www.ots.at/presseaussendung/OTS_20230509_OTS0132/fpoe-kickl-zum-europatag-die-zukunft-der-eu-ist-die-gemeinschaft-souveraener-staaten-und-kein-zentralistischer-superstaat.

o. V.: FPÖ-Chef Herbert Kickl in der »ZiB 2«: »Die Klimapolitik ist völlig überbordend«. *DER STANDARD*, 18. Januar 2023, https://www.derstandard.de/story/2000142714764/fpoe-chef-herbert-kickl-in-der-zib-2-die-klimapolitik.

o. V.: FPÖ-Chef Kickl will Volksbefragung zu Flüchtlingen. *Vienna.at*, 6. November 2022, abrufbar unter: https://www.vienna.at/fpoe-chef-kickl-will-volksbefragung-zu-fluechtlingen/7728940.

o. V.: FPÖ-Höbart: Jeder Vierte Jugendliche fühlt sich fremd im eigenen Land. *OTS*, 15. Dezember 2011, https://www.ots.at/presseaussendung/OTS_20111215_OTS0167/fpoe-hoebart-jeder-vierte-jugendliche-fuehlt-sich-fremd-im-eigenen-land.

o. V.: Fremdschäm-Auftritt von AfD-Politiker Björn Höcke bei Jauch. *Berliner Zeitung*, 18. Oktober 2015, https://www.bz-berlin.de/archiv-artikel/fremdschaem-auftritt-von-afd-politiker-bjoern-hoecke-bei-jauch.

o. V.: Geografie und Bevölkerung, Migrationsplattform der österreichischen Bundesregierung, https://www.migration.gv.at/de/leben-und-arbeiten-in-oesterreich/oesterreich-stellt-sich-vor/geografie-und-bevoelkerung/.

o. V.: »Hilfe, ist das eine schlechte Moderation«. *SPIEGEL ONLINE*, 19. Oktober 2015, https://www.spiegel.de/kultur/tv/guenther-jauch-bjoern-hoecke-afd-seine-flagge-seine-sprueche-und-viel-kritik-a-1058417.html.

o. V.: History of Abortion Measures. *Ballotpedia*, https://ballotpedia.org/History_of_abortion_ballot_measures.

o. V.: How many residents have a foreign country of origin? *Centraal Bureau voor de Statistiek*, 18. Januar 2023, https://www.cbs.nl/en-gb/dossier/asylum-migration-and-integration/how-many-residents-have-a-foreign-country-of-origin-.

o. V.: Innenministerin Faeser wirft Ex-SPD-Chef Gabriel Populismus vor. *SPIEGEL ONLINE*, 23. August 2023, https://www.spiegel.de/politik/deutschland/debatte-ueber-das-asylrecht-nancy-faeser-kritisiert-sigmar-gabriel-scharf-a-f5ff0eeb-4e69-4692-869e-b108ecd2402f.

o. V.: »Irreguläre« Migrationsbewegungen notfalls »mit Gewalt« aufhalten. *Welt.de*, 24. Oktober 2023, https://www.welt.de/politik/article248164060/Janes-Spahn-Irregulaere-Migrationsbewegungen-notfalls-mit-Gewalt-aufhalten.html.

o. V.: Islamization of Europe. *Israel Science and Technology Directory*, o. J., https://www.science.co.il/Arab-Israeli-conflict/articles/Wilders-2008-08-25.php.

o. V.: Kickl stellt in Linz den Kanzleranspruch. *Tips.at*, 2. Mai 2023, https://www.tips.at/nachrichten/linz/wirtschaft-politik/603365-kickl-stellt-in-linz-den-kanzleranspruch.

o. V.: Oppositionsparteien in Polen erreichen absolute Mehrheit. *SPIEGEL ONLINE*, 17. Oktober 2023, https://www.spiegel.de/ausland/parlamentswahlen-in-polen-oppositionsparteien-erreichen-absolute-mehrheit-a-db179a5c-cc18-4c49-803c-56c898e5a921.

o. V.: Polen: Verfassungsgericht untersagt auch Abtreibung wegen Fehlbildung. *beck-aktuell*, 23. Oktober 2020, https://rsw.beck.de/aktuell/daily/meldung/detail/polen-verfassungsgericht-untersagt-auch-abtreibung-wegen-fehlbildung.

o. V.: Polens neue Regierung: Schwieriges Aufräumen nach acht Jahren PiS.

MDR.de, 13. Dezember 2023, https://www.mdr.de/nachrichten/welt/osteuropa/politik/polen-neue-regierung-herausforderungen-pis-aufraeumen-100.html.

o. V.: Polens Parlament beschließt Einschränkung der Medienfreiheit. *ZEIT ONLINE*, 30. Dezember 2015, https://www.zeit.de/politik/ausland/2015-12/medienreform-polen-pis-oeffentlich-rechtliche-medien.

o. V.: Political Parties & Polarization. *Pew Research Center* (o. J.), https://www.pewresearch.org/topic/politics-policy/political-parties-polarization/.

o. V.: Political Polarization in the American Public. *Pew Research Center*, 12. Juni 2014, https://www.pewresearch.org/politics/2014/06/12/political-polarization-in-the-american-public/.

o. V.: Public Opinion on Abortion, *Pew Research Center*, 17. Mai 2022, https://www.pewresearch.org/religion/fact-sheet/public-opinion-on-abortion/.

o. V.: Public Trust in Government: 1958-2023. *Pew Research Center*, 19. September 2023, https://www.pewresearch.org/politics/2023/09/19/public-trust-in-government-1958-2023/.

o. V.: Read Kristen Welker's interview with Trump. *NBC News*, 17. September 2023, https://www.nbcnews.com/meet-the-press/transcripts/full-transcript-read-meet-the-press-kristen-welker-interview-trump-rcna104778.

o. V. Rede von Viktor Orbán auf dem Heldenplatz. In: Herder-Institut (Hrsg.): *Dokumente und Materialien zur ostmitteleuropäischen Geschichte. Themenmodul »Umbruch in Ungarn 1985-1990«*, bearb. von Andreas Schmidt-Schweizer (Budapest), https://www.herder-institut.de//digitale-angebote/dokumente-und-materialien/themenmodule/quelle/1548/details/2349.html.

o. V.: »Seine Worte sind widerlich und skandalös«. *Abendzeitung*, 4. Oktober 2009, https://www.abendzeitung-muenchen.de/politik/seine-worte-sind-widerlich-und-skandaloes-art-104732.

o. V.: Slowakei: Queerfeindlicher Sozialdemokrat gewinnt Wahl. *Queer.de*, 2. Oktober 2023, http://www.queer.de/detail.php?article_id=47148.

o. V.: Statement from President Joe Biden on International Day of Democracy. *The White House*, 15. September 2023, https://www.whitehouse.gov/briefing-room/statements-releases/2023/09/15/statement-from-president-joe-biden-on-international-day-of-democracy/.

o. V.: Tausende demonstrieren in Warschau gegen Schwangerschaftsabbruchgesetz. *ZEIT ONLINE*, 30. Oktober 2020, https://www.zeit.de/gesellschaft/zeitgeschehen/2020-10/polen-demonstration-schwangerschaftsabbruchgsetz-warschau-andrzej-duda.

o. V.: Telegram-Chatgruppe plante offenbar Anschläge und Entführung von Lauterbach. *SWR Aktuell, 15. April 2022*, https://www.swr.de/swraktuell/rheinland-pfalz/razzien-telegram-chatgruppen-100.html.

o. V.: Trump-Regierung legt Berufung ein. *Neue Zürcher Zeitung*, 5. Februar 2017, https://www.nzz.ch/international/aufhebung-der-visa-sperren-trump-beschimpft-richter-nach-schlappe-bei-einreise-bann-ld.143721.

o. V.: Trump soll Mordaufrufen gegen seinen Vize zugestimmt haben. *t-online*, 26. Mai 2022, https://www.t-online.de/nachrichten/ausland/usa/id_92259898/donald-trump-soll-mordaufrufen-zugestimmt-haben-haengt-pence-.html.

o. V.: Trust in government. *OECD Library*, https://www.oecd-ilibrary.org/sites/50c07fc2-en/index.html?itemId=/content/component/50c07fc2-en.

o. V.: Türkische Opposition beklagt Medienvorteil für Erdogan. *Redaktionsnetzwerk Deutschland*, 9. Mai 2023, https://www.rnd.de/politik/tuerkei-wahlen-opposition-beklagt-medienvorteil-fuer-erdogan-K3WI7XOS-VZOGVBUFS4NNCVC4JU.html.

o. V.: UKIP Nigel Farage on EU elections: »Things will never be quite the same again«, *Euractiv*, 22. Mai 2014, https://www.euractiv.com/section/uk-europe/video/ukip-nigel-farage-on-eu-elections-things-will-never-be-quite-the-same-again/.

o. V.: US-Abgeordnete macht »jüdischen Weltraum-Laser« für Waldbrand verantwortlich. *Mena-Watch*, 29. Januar 2021, https://www.mena-watch.com/us-abgeordnete-macht-juedischen-weltraumlaser-fuer-walbraende-verantwortlich/.

o. V.: Verfassungsgericht bekräftigt Recht auf Kritik an LGBTQ-Ideologie. *Ungarn heute*, 29. September 2023, https://ungarnheute.hu/news/verfassungsgericht-bekraeftigt-recht-auf-kritik-an-lgbtq-ideologie-51564/.

o. V.: Verfassungsgericht verbietet Schwangerschaftsabbruch bei kranken Föten. *ZEIT ONLINE*, 22. Oktober 2020, https://www.zeit.de/politik/ausland/2020-10/polen-schwangerschaftsabbruch-krankheit-foetus-verbot-gesetz.

o. V.: Verschwörungsmythen: FPÖ macht gegen angeblichen Impfzwang mobil. *Euronews*, 30. Dezember 2020, https://de.euronews.com/2020/12/30/verschworungsmythen-fpo-macht-gegen-angeblichen-impfzwang-mobil.

o. V.: Vertrauen der Deutschen in den Staat sinkt auf neuen Tiefstand. *SPIEGEL ONLINE*, 15. August 2023, https://www.spiegel.de/politik/deutschland/vertrauen-der-deutschen-in-den-staat-sinkt-auf-neuen-tiefstand-a-b34dd1be-fd75-4425-a58d-a2592a018127.

o. V.: Was AfD-Wähler in Ostdeutschland bewegt – und umstimmen könnte. *Stern.de*, 17. Januar 2024, https://www.stern.de/politik/deutschland/afd-umfrage--was-ihre-waehler-in-ostdeutschland-bewegt-34371414.html.

o. V.: SYRIZA Leader (Alexis Tsipras) addresses Thessaloniki. *Australia-Greece Solidarity Campaign*, 22. Mai 2014, https://australiagreecesolidarity.wordpress.com/2014/05/22/syriza-leader-alexis-tsipras-addresses-thessaloniki/.

o. V.: Zehntausende demonstrieren gegen neues Mediengesetz. *ZEIT ONLINE*, 9, Januar 2016, https://www.zeit.de/politik/ausland/2016-01/polen-demonstration-pis-regierung.

Abou-Chadi, Tarik; Krause, Werner: The Causal Effect of Radical Right Success on Mainstream Parties' Policy Positions: A Regression Discontinuity Approach. *British Journal of Political Science* 50 (3), S. 829–847.

AfD: *Alternative für Deutschland – Strategie 2017. Bundesvorstand GP/RE 2016-12-22*, http://www.talk-republik.de/Rechtspopulismus/docs/03/AfD-Strategie-2017.pdf, S. 18.

AfD: *Programm für Deutschland. Das Grundsatzprogramm der Alternative für Deutschland. Beschlossen auf dem Bundesparteitag in Stuttgart*, 30. April bis 1. Mai 2016.

AfD-Fraktion im Deutschen Bundestag: *Gauland: Äußerungen von Friedrich Merz sind völlig unakzeptabel*, 14. Februar 2020, https://www.presseportal.de/pm/130241/4520735.

AfD-Landesverband Schleswig-Holstein: Bündnis Sahra Wagenknecht: Eine woke Scheinopposition braucht keiner! 27. Oktober 2023, https://afd-sh.de/2023/10/27/buendnis-sarah-wagenknecht-eine-woke-scheinopposi tion-braucht-keiner/.

Akkerman, Agnes; Mudde, Cas; Zaslove, Andrej: How Populist Are the People? Measuring Populist Attitudes in Voters. *Comparative Political Studies* 47 (9) 2014, S. 1324–1353.

Akkerman, Agnes; Zaslove, Andrej; Spruyt, Bram: ›We the People‹ or ›We the Peoples‹? A Comparison of Support for the Populist Radical Right and Populist Radical Left in the Netherlands. *Swiss Political Science Review* 23 (4) 2017, S. 377–403.

Akkerman, Tjitske; de Lange, Sarah Leah: Radical Right Parties in Office: Incumbency Records and the Electoral Cost of Governing. *Government and Opposition* 47 (4) 2012, S. 574–596.

Albertazzi, Daniele; McDonnell, Duncan: Introduction: The Sceptre and the

Spectre. In: Dies. (Hrsg): *Twenty-First Century Populism. The Spectre of Western European Democracy.* Palgrave MacMillan: Basingstoke/New York 2008, S. 1–11.

Alfonseca, Kiara: What does ›woke‹ mean and why are some conservatives using it? *ABC News*, 20. Januar 2023, https://abcnews.go.com/Politics/woke-conservatives/story?id=93051138.

Amlinger, Carolin; Nachtwey, Oliver: *Gekränkte Freiheit. Aspekte des libertären Autoritarismus.* Suhrkamp: Berlin 2022, S. 16.

Amman, Molly; Meloy, J. Reid: Stochastic Terrorism. *Perspectives on Terrorism* 15 (5) 2021, S. 2–13.

Arhin, Kofi; Stockemer, Daniel; Normandin, Marie-Soleil: The Republican Trump Voter: A Populist Radical Right Voter Like Any Other? *World Affairs* 186 (3) 2023, S. 572–602.

Arndt, Miguel: Konservative Opposition in Argentinien zerfällt nach Wahlniederlage. *amerika21*, 31. Oktober 2023, https://amerika21.de/2023/10/266598/konservative-argentinien-zerfall.

Arzheimer, Kai: Explaining Electoral Support for the Radical Right. In: Jens Rydgren (Hrsg.): *The Oxford Handbook of the Radical Right.* Oxford University Press: Oxford 2018, S. 143–165.

Augustín, Óscar García: *Left-Wing Populism: The Politics of the People.* Emerald Publishing: Bingley 2020.

Baier, Dirk: *Kriminalität in der Migrationsgesellschaft: Wie wird sie wahrgenommen und was sagen die Zahlen?* Vortrag auf dem 16. Kongress zur urbanen Sicherheit. Migration: Gesellschaft und Polizei im Wandel, 2018.

Balta, Evren; Rovira Kaltwasser, Cristóbal; Yagci, Alper H.: Populist attitudes and conspirational thinking. Party Politics 28 (4) 2022, S. 625–637.

Barlai, Melani; Hartleb, Florian; Mikecz, Dániel: *Das politische System Ungarns.* Nomos: Baden-Baden 2023.

Barr, Robert R.: Populists, Outsiders, and Anti-Establishment-Politics. *Party Politics* 15 (1) 2011, S. 29–48.

Bene, Márton; Boda, Zsolt: Hungary: Crisis as Usual – Populist Governance and the Pandemic. In: Giuliano Bobba und Nicolas Hubé (Hrsg.): *Populism and the Politicization of the COVID-19 Crisis in Europe.* Palgrave MacMillan: Cham, S. 87–100.

Berbuir, Nicole; Lewandowsky, Marcel; Siri, Jasmin: The AfD and its Sympathisers: Finally a Right-Wing Populist Movement in Germany? *German Politics* 24 (2) 2015, S. 154–178.

Berg, Stefan: Gabriels Weg der Eskalation. *SPIEGEL ONLINE*, 16. Januar 2016, https://www.spiegel.de/politik/deutschland/koeln-kommentar-zu-aeusserungen-von-spd-chef-sigmar-gabriel-a-1072367.html.

Berger, A. M.: Totalitaristische Klima-Ideologie. *Publikum*, 13. April 2023, https://publikum.net/totalitaristische-klima-ideologie/.

Berlin, Isaiah: *Freiheit. Vier Versuche*. S. Fischer: Berlin 2006.

Best, Volker; Decker, Frank; Fischer, Sandra; Küppers, Anne: Demokratievertrauen in Krisenzeiten. Wie blicken die Menschen in Deutschland auf Politik, Institutionen und Gesellschaft? Friedrich-Ebert-Stiftung: Bonn 2023.

Boecker, Arne; Viering, Jonas: »Ein begnadeter Populist«. *Sueddeutsche.de*, 19. Mai 2010, https://www.sueddeutsche.de/politik/oskar-lafontaine-ein-begnadeter-populist-1.886674.

Bøggild, Troels: Politicians as Party Hacks: Party Loyalty and Public Distrust in Politicians. *Journal of Politics* 82 (4) 2020, S. 1516–1529.

Bolet, Diane; Foos, Florian: Media Platforming and the Normalisation of Extreme Right Views. *SocArXiv*, 10. August 2023, https://osf.io/preprints/socarxiv/urhxy/.

Bonanomi, Klaus: Erfolg des Populismus. *DER STANDARD*, 30 November 2009, https://www.derstandard.at/story/1259280795953/schweizer-mina rettverbot-erfolg-des-populismus.

Brandner, Stephan: Verschärfung der Corona-Maßnahmen inakzeptabel. 16. November 2020, https://www.afd.de/stephan-brandner-drangsalierung-der-buerger-muss-beendet-werden/.

Brubaker, Rogers: Paradoxes of populism during the pandemic. *Thesis Eleven* 164 (1) 2021, S. 73–87.

Brühwiller, Tjerk: Argentinien geht mitten im Wahlkampf der Sprit aus. *FAZ.net*, 31. Oktober 2023, https://www.faz.net/aktuell/politik/ausland/benzinmangel-argentinien-geht-mitten-im-wahlkampf-der-sprit-aus-19281598.html.

Brülle, Jan; Spannagel, Dorothee: *Einkommensungleichheit als Gefahr für die Demokratie*. WSI-Report Nr. 90, November 2023.

Budiman, Abby: Key findings about U.S. immigrants. *Pew Research Center*, 20. August 2020, https://www.pewresearch.org/short-reads/2020/08/20/key-findings-about-u-s-immigrants/.

Bundesamt für Migration und Flüchtlinge: *Aktuelle Zahlen*. Ausgabe: August 2023, S. 3; Bundesamt für Migration und Flüchtlinge: *Schlüsselzahlen Asyl*, 1. Halbjahr 2023.

Bürgerrat Demokratie: *Umfrage zur Demokratieentwicklung: Bürgerbeteiligung, direkte Demokratie und Lobbyismus.* Civey, 30./31. Oktober 2019.

Butter, Michael: Verschwörungstheorien: Eine Einführung. In: Klaus Müller und Christopher Kirchberg (Hrsg.): *Verschwörungstheorien.* Gegen Vergessen – Für Demokratie e. V: Berlin 2022, S. 12–27.

Calhoun, Craig: Occupy Wall Street in perspective. *British Journal of Sociology* 64 (1) 2013, S. 26–38.

Cillizza, Chris: Ron DeSantis just yelled at high school students for wearing masks. *CNN*, 2. März 2022, https://edition.cnn.com/2022/03/02/politics/ron-desantis-florida-student-masks/index.html.

Can, Osman: Die politisierte und personalisierte Justiz der Türkei. *Bundeszentrale für politische Bildung*, 26. April 2023, https://www.bpb.de/themen/europa/tuerkei/520344/die-politisierte-und-personalisierte-justiz-der-tuerkei/.

Canovan, Margaret: Taking Politics to the People: Populism as the Ideology of Democracy. In: Yves Mény und Yves Surel (Hrsg.), *Democracies and the Populist Challenge.* Palgrave: Basingstoke/New York 2002, S. 25–36.

Caramani, Daniele: Will vs. Reason: The Populist and Technocratic Forms of Political Representation and Their Critique to Party Government. *American Political Science Review* 111 (1) 2017, S. 54–67.

Chancel, Lucas; Piketty, Thomas, Saez, Emmanuel; Zucman, Gabriel: *Bericht zur weltweiten Ungleichheit 2022.* World Inequality Lab, 2021.

Coster, Helen: Exclusive: Head of engineering for Trump's Truth Social app resigns. *Reuters*, 18. Juli 2023, https://www.reuters.com/technology/head-engineering-trumps-truth-social-app-resigns-2023-07-17/.

Crouch, Colin: *Postdemokratie.* Suhrkamp: Berlin 2008.

Dahl, Robert: *A Preface to Democratic Theory.* The University of Chicago Press: Chicago/London 2006, S. 4–33.

Daniller, Andrew: Americans take a dim view of the nation's future, look more positively at the past. *Pew Research Center*, 24. April 2023, https://www.pewresearch.org/short-reads/2023/04/24/americans-take-a-dim-view-of-the-nations-future-look-more-positively-at-the-past/.

Dansk Folkeparti: *Dansk Folkeblad,* 11. September 2011.

Dargent, Ralf: Wirrer AfD-Politiker hisst Deutschlandfahne bei Jauch. *Die Welt,* 19. Oktober 2015, https://www.welt.de/vermischtes/article147757587/Wirrer-AfD-Politiker-hisst-Deutschlandfahne-bei-Jauch.html.

Davies, Huw C.; MacRae, Sheena A.: An anatomy of the British war israeon woke. *Race & Class* 65 (2) 2023, S. 3–54.

de Jonge, Léonie; Gaufman, Elizaveta: The normalisation of the far right in the Dutch media in the run-up to the 2021 general elections. *Discourse & Society* 33 (6) 2022, S. 773–787.

de Lange, Sarah Leah: The Netherlands: Divergent Paths for the Populist Radical Right. In: Nils Ringe und Lucio Rennó (Hrsg.): *Populists and the Pandemic. How Populists around the World responded to COVID-19*. Routledge: London und New York, 2023, S. 262–272.

Decker, Frank: *Der neue Rechtspopulismus*. Leske + Budrich: Opladen 2004.

Decker, Frank: Die Alternative für Deutschland. Ein Porträt. In: Ders., Bernd Henningsen, Marcel Lewandowsky und Philipp Adorf (Hrsg): *Aufstand der Außenseiter. Die Herausforderung der europäischen Politik durch den neuen Populismus*. Nomos: Baden-Baden, S. 133–150.

Decker, Frank: Die populistische Herausforderung. Theoretische und ländervergleichende Perspektiven. In: Ders. (Hrsg.): *Populismus. Gefahr für die Demokratie oder nützliches Korrektiv?* Springer VS: Wiesbaden, S. 9–32.

Decker, Frank: Was ist Rechtspopulismus? In: Ders., Bernd Henningsen, Marcel Lewandowsky und Philipp Adorf (Hrsg): *Aufstand der Außenseiter. Die Herausforderung der europäischen Politik durch den neuen Populismus*. Nomos: Baden-Baden, S. 35–55.

Decker, Frank; Lewandowsky, Marcel und Solar, Marcel: *Demokratie ohne Wähler? Neue Herausforderungen der politischen Partizipation*. Dietz: Bonn 2013.

De Ghantuz Cubbe, Giovanni: Lega und Fünf-Sterne-Bewegung: Rechts- und Linkspopulismus? *Totalitarismus und Demokratie* 17, 2020, S. 45–66.

Deutscher Bundestag, Drucksache 20/8417.

Deutsches Statistisches Bundesamt: 24,3 % der Bevölkerung hatten 2022 eine Einwanderungsgeschichte, Pressemitteilung Nr. 158 vom 20. April 2023, https://www.destatis.de/DE/Presse/Pressemitteilungen/2023/04/PD23_158_125.html.

Donovan, Todd; Karp, Jeffrey A.: Popular Support for Direct Democracy. *Party Politics* 12 (5) 2006, S. 671–688.

Donovan, Todd: Authoritarian attitudes and support for radical right populists. *Journal of Elections, Public Opinion and Parties* 29 (4) 2019, S. 448–464.

Eberl, Jakob-Moritz et al.: The European media discourse on immigration and its effects: a literature review. *Annals of the International Communication Association* 42 (3) 2018, S. 207–223.

Egelhofer, Jana Laura; Boyer, Ming; Lecheler, Sophie; Aaldering, Loes: Populist attitudes and politicians' disinformation accusations: effects on perceptions of media and politicians. *Journal of Communication* 72 (6) 2022, S. 619–632.

Ehringfeld, Klaus: Javier Milei: Früherer Tantra-Sex-Lehrer erobert Argentinien. *Berliner Morgenpost*, 17. August 2023, https://www.morgenpost.de/politik/article239212583/argentinien-praesident-wahl-tantra-sex-lehrer-javier-milei.html.

Ekman, Mattias: The great replacement: Strategic mainstreaming of far-right conspiracy claims. *Convergence* 28 (4) 2022, S. 1127–1143.

Elias, Norbert: *Über den Prozess der Zivilisation.* Suhrkamp: Frankfurt am Main 1997.

Ellinas, Antonis A.: *Playing the nationalist card: Mainstream parties, mass media and far right breakthroughs in Western Europe.* Dissertation, Princeton University: Ann Arbor, MI 2007.

Elsässer, Lea; Hense, Svenja; Schäfer, Armin: Not just money: unequal responsiveness in egalitarian democracies. *Journal of European Public Policy* 28 (12) 2021, S. 1890–1908.

Emundts, Corinna; Rohwedder, Wulf: Warum sich Merz' Aussage nicht halten lässt. Tagesschau.de, 28. September 2023, https://www.tagesschau.de/faktenfinder/merz-asylbewerber-zahnarzt-100.html.

Enzmann, Birgit: Politische Gewalt. Formen, Hintergründe, Überwindbarkeit. In: Dies (Hrsg.): Handbuch politische Gewalt. Formen – Ursachen – Legitimation – Begrenzung. Springer VS: Wiesbaden 2013, S. 43–66.

Eribon, Didier: *Rückkehr nach Reims.* Suhrkamp: Berlin 2016.

Farris, Emily M.; Silber Mohamed, Heather: Picturing immigration: how the media criminalizes immigrants. *Politics, Groups, and Identities* 6 (4) 2018, S. 814–824.

Feuerbach, Leonie; Haupt, Friederike: Sie beschwören den »Großen Austausch«. *FAZ.net*, 7. August 2023, https://www.faz.net/aktuell/politik/inland/wie-die-afd-kandidaten-fuer-europa-den-grossen-austausch-beschwoeren-19086881/kein-platz-mehr-fuer-19086879.html.

Fiedler, Maria: Götz Kubitschek – der Stratege der Neuen Rechten. *Der Tagesspiegel*, 8. September 2018, https://www.tagesspiegel.de/politik/gotz-kubitschek--der-stratege-der-neuen-rechten-5530186.html.

Fiedler, Maria: Radikaler und zugleich akzeptierter: Nur noch jeder zweite will niemals AfD wählen. *Der Tagesspiegel*, 22. Mai 2023, https://www.tagesspiegel.de/politik/radikaler-und-zugleich-akzeptierter-nur-noch-jeder-zweite-will-niemals-afd-wahlen-9858575.html.

Finchelstein, Frederico: *From Fascism to Populism in History*. University of California Press: Oakland, CA 2019.

Findenig, René: Denkzettel von FPÖ-Kickl – »Das Volk ist der Chef!« *Heute.at*, 9. Juli 2023, https://www.heute.at/s/denkzettel-von-fpoe-kickl-das-volk-ist-der-chef-100280781.

Fischermann, Thomas: Der Urwald soll brennen! *ZEIT ONLINE*, 23. August 2019, https://www.zeit.de/politik/ausland/2019-08/brasilien-urwald-wald brand-jair-bolsonaro.

Foa, Robert Stefan; Mounk, Yasha: The Democratic Disconnect. *Journal of Democracy* 27 (3) 2016, S. 5–17.

Franzmann, Simon; Lewandowsky, Marcel: *Populismus? Populismen! Programmatische Heterogenität rechtspopulistischer Parteien in Westeuropa*. BAPP: Bonn 2020.

Fratzscher, Marcel: Das AfD-Paradox: Die Hauptleidtragenden der AfD-Politik wären ihre eigenen Wähler*innen. *DIW Aktuell* Nr. 88 – 21. August 2023.

Fratzscher, Michael: Milliardäre sind die Pandemiegewinner. *ZEIT ONLINE*, 20. Mai 2021, https://www.zeit.de/wirtschaft/2021-05/vermoe genskonzentration-corona-pandemie-ungleichheit-milliardaere-zunahme-reichtum-aktienmarkt.

Fröhlich, Paulina; Mannewitz, Tom; Ranft, Florian: Die Übergangenen – Strukturschwach und erfahrungsstark. Zur Bedeutung regionaler Perspektiven für die Große Transformation. Das Progressive Zentrum/Friedrich-Ebert-Stiftung: Berlin/Bonn 2022.

Funke, Hajo: Höcke will den Bürgerkrieg. *ZEIT ONLINE*, 24. Oktober 2019, https://www.zeit.de/politik/deutschland/2019-10/rechtsextremismus-bjoern-hoecke-afd-fluegel-rechte-gewalt-faschismus.

Gehrke, Christian: Friedrich Merz: Cancel Culture ist »größte Bedrohung«. *Berliner Zeitung*, 26. Juli 2022, https://www.berliner-zeitung.de/news/meinungsfreiheit-zensurkultur-friedrich-merz-cdu-cancel-culture-ist-groesste-bedrohung-li.250545.

Gensing, Patrick; Rohwedder, Wulf: Was ist QAnon? *Tagesschau.de*, 31. März 2022, https://www.tagesschau.de/faktenfinder/qanon-faq-101.html.

Gerbaudo, Paolo: Social media and populism: an elective affinity? *Media, Culture & Society* 40 (5) 2018, S. 745–753.

GESIS – Leibniz-Institut für Sozialwissenschaften: *German General Social*

Survey (ALLBUS) – Cumulation 1980–2018. GESIS Datenarchiv, Köln 2021. ZA5276 Datenfile Version 1.1.0, https://doi.org/10.4232/1.13774.

GESIS – Leibniz-Institut für Sozialwissenschaften: *Allgemeine Bevölkerungsumfrage der Sozialwissenschaften ALLBUS 2021.* GESIS, Köln 2022. ZA5280 Datenfile Version 2.0.0, https://doi.org/10.4232/1.14002.

Goodwin, Michael: Donald Trump's ›they're after you‹ tweet says it all. *New York Post*, 21. Dezember 2019, https://nypost.com/2019/12/21/donald-trumps-theyre-after-you-tweet-says-it-all-goodwin/.

Governor Ron DeSantis Signs Strongest Anti-Illegal Immigration Legislation in the Country to Combat Biden's Border Crisis, 10. Mai 2023, https://www.flgov.com/2023/05/10/governor-ron-desantis-signs-strongest-anti-illegal-immigration-legislation-in-the-country-to-combat-bidens-border-crisis/.

Graman, Matthew H.; Svolik, Milan W.: Democracy in America? Partisanship, Polarization, and the Robustness of Support for Democracy in the United States. *American Political Science Review* 114 (2) 2020, S. 392–409.

Gramlich, John: A look back at Americans' reactions to the Jan. 6 riot at the U.S. Capitol. *Pew Research Center*, 4. Januar 2022, https://www.pewresearch.org/short-reads/2022/01/04/a-look-back-at-americans-reactions-to-the-jan-6-riot-at-the-u-s-capitol/.

Greenwood, Lee: Cancel culture mob attacked Jason Aldean. They came for ›God Bless the USA.‹ But they can't cancel all of us. *Fox News*, 30. Juli 2023, https://www.foxnews.com/opinion/cancel-culture-mob-attacked-jason-aldean-they-came-god-bless-usa-they-cant-cancel-all-us.

Gregosz, David; Geschier, Katharina; Womela, Piotr: *Auf Kollisionskurs mit EU-Recht. Polens Verfassungsgericht bringt Brüssel in Bedrängnis.* Länderbericht Polen, Oktober 2021. Konrad-Adenauer-Stiftung: Warschau.

Greven, Thomas: *Die Krise der amerikanischen Demokratie und die Tea-Party-Bewegung.* Friedrich-Ebert-Stiftung: Washington, DC 2011, S. 7.

Grotz, Florian; Lewandowsky, Marcel: Promoting or Controlling Political Decisions? Citizen Preferences for Direct-Democratic Institutions in Germany. *German Politics* 29 (2) 2020, S. 180–200.

Guasti, Petra: Populism in Power and Democracy: Democratic Decay and Resilience in the Czech Republic (2013–2020). *Politics and Governance* 8 (4) 2020, S. 473–484.

Guasti, Petra; Bustikova, Lenka: Varieties of Illiberal Backlash in Central Europe. *Problems of Post-Communism* 70 (2) 2023, S. 130–142.

Guynn, Jessica: President Trump permanently banned from Twitter over risk he could incite violence. *USA Today*, 8. Januar 2021, https://eu.usatoday.com/story/tech/2021/01/08/twitter-permanently-bans-president-trump/6603578002/.

Haller, Max; Freistritzer, Gert: Direkte Demokratie in Österreich. Ergebnisse einer repräsentativen Bevölkerungsumfrage. In: Peter Bußjäger, Alexander Balthasar und Niklas Sonntag (Hrsg.): *Direkte Demokratie im Diskurs Beiträge zur Reform der Demokratie in Österreich*. nap: Wien 2014, S. 95–115.

Hameleers, Michael: They Are Selling Themselves Out to the Enemy! The Content and Effects of Populist Conspiracy Theories. *International Journal of Public Opinion Research* 33 (1) 2021, S. 38–56.

Hameleers, Michael; Vliegenthart, Rens: The Rise of a Populist Zeitgeist? A Content Analysis of Populist Media Coverage in Newspapers Published between 1990 and 2017. *Journalism Studies* 21 (1) 2020, S. 19–36.

Hanson, Johanna: Looking beyond climate contrarianism: nationalism and the reterritorialization of climate discourse in Spain's Vox party. *Nordia Geographical Publications* 2023, S. 1–26 (online first).

Harvey, Oliver: Do your schoolwoke: How ›political correctness on steroids‹ and woke-weaning betrays and brainwashes children. *The Sun*, 24. Juni 2021, https://www.thesun.co.uk/news/15377593/how-political-correctness-woke-weaning-betrays-brainwashes-children/.

Hawkins, Kirk A.; Rovira Kaltwasser, Cristóbal: What the (Ideational) Study of Populism Can Teach Us, and What It Can't. *Swiss Political Science Review* 23 (4) 2017, S. 526–54

Hawkins, Kirk A; Rovira Kaltwasser, Cristóbal; Andreadis, Ionannis: The Activation of Populist Attitudes. *Government and Opposition* 55 (2) 2020, S. 283–307.

Heckmann, Dirk-Oliver: CDU verliert viele Wähler an die Linkspartei. *Deutschlandfunk*, 28. Oktober 2019, https://www.deutschlandfunk.de/analyse-zur-thueringenwahl-cdu-verliert-viele-waehler-an-100.html.

Heinze, Anna-Sophie: Dealing with the populist radical right in parliament: mainstream party responses toward the Alternative for Germany. *European Political Science Review* 14 (3) 2022, S. 333–350.

Hendrich, Cornelia Karin: Der jüngste CDU-Abgeordnete nimmt den AfD-Antrag auseinander. *Die Welt*, 23. Februar 2018, https://www.welt.de/politik/deutschland/article173881424/Bundestag-Der-juengste-CDU-Abgeordnete-nimmt-den-AfD-Antrag-auseinander.html.

Hildebrandt, Tina: Flucht vor dem Frust. *Die Zeit* Nr. 25, 6. Juni 2023, https://www.zeit.de/2023/25/karl-rudolf-korte-afd-erfolg-olaf-scholz.

Hohlfeld, Ralf; Bauerfeind, Franziska; Braglia, Ilenia; Butt, Aqib: *Communicating COVID-19 against the backdrop of conspiracy ideologies: How Public Figures Discuss the Matter on Facebook and Telegram.* Disinformation Research Lab, Universität Passau, Working Paper 1/2021.

Höreth, Marcus: *Verfassungsgerichtsbarkeit in der Bundesrepublik Deutschland.* Kohlhammer: Stuttgart 2014.

Huber, Joachim: Berichterstattung über die AfD: »Der Medienopfer-Mythos fruchtet bei ihren Anhängern«. *Tagesspiegel*, 21. August 2023, https://www.tagesspiegel.de/gesellschaft/medien/berichterstattung-uber-die-afd-der-medienopfer-mythos-fruchtet-bei-ihren-anhangern-10327807.html.

Huber, Robert A.; Schimpf, Christian H.: On the Distinct Effects of Left-Wing and Right-Wing Populism on Democratic Quality. *Politics and Governance* 5 (4) 2017, S. 146–165.

Hurd, Dale: Exclusive Interview: Wilders Could Take Netherlands out of the EU. *CBN*, 9. Februar 2017, https://www2.cbn.com/news/world/exclusive-interview-wilders-could-take-netherlands-out-eu.

Jaffe, Logan; Gillum, Jack: »This Is War«: Inside the Secret Chat Where Far-Right Extremists Devised Their Post-Capitol Plans. *ProPublica*, 28. Januar 2021, https://www.propublica.org/article/this-is-war-inside-the-secret-chat-where-far-right-extremists-devised-their-post-capitol-plans.

Joeres, Annika: Marine Le Pen gefällt das. *ZEIT ONLINE*, 20. Dezember 2023, https://www.zeit.de/politik/ausland/2023-12/einwanderungsgesetz-abstimmung-emmanuel-macron-migration.

Justwan, Florian; Williamson, Ryan D.: Trump and Trust: Examining the Relationship between Claims of Fraud and Citizen Attitudes. *Political Science and Politics* 55 (3) 2022, S. 462–469.

Jylhä, Kirsti M.; Rydgren, Jens; Strimling, Pontus: Radical right-wing voters from right and left: Comparing Sweden Democrat voters who previously voted for the Conservative Party or the Social Democratic Party. *Scandinavian Political Studies* 42 (3-4) 2019, S. 220–244.

Karlsen, Rune; Steen-Johnsen, Kari; Wollebæk, Dag; Enjolras, Bernard: Echo chamber and trench warfare dynamics in online debates. *European Journal of Communication* 32 (3) 2017, S. 257–273.

Karlson, Nils: *Reviving Classical Liberalism Against Populism.* Palgrave MacMillan: Cham 2024.

Katsambekis, Giorgos; Kioupkiolis, Alexandros: Introduction: The Populist Radical Left in Europe. In: Dies. (Hrsg.): *The Populist Radical Left in Europe.* Routledge: London 2019, S. 1–20.

Kellermann, Florian: Parlament verabschiedet sogenanntes Maulkorbgesetz. *Deutschlandfunk*, 24. Januar 2020, https://www.deutschlandfunk.de/justizreform-in-polen-parlament-verabschiedet-sogenanntes-100.html.

Ketelhut, Jörn; Kretschmer, Angelika; Lewandowsky, Marcel; Roger, Léa: Facetten des deutschen Euroskeptizismus: Eine qualitative Analyse der deutschen Wahlprogramme zur Europawahl 2014. *Zeitschrift für Parlamentsfragen* 47 (2) 2016, S. 285–304.

Killewald, Alexandra; Pfeffer, Fabian T.; Schachner, Jared N.: Wealth Inequality and Accumulation. *Annual Review of Sociology* 43, 2017, S. 379–404.

Kisilowski; Maciej: The Election's Aftermath. How PiS Might Prevent a Peaceful Transfer of Power. *Verfassungsblog.de*, 12. Oktober 2023, https://verfassungsblog.de/the-elections-aftermath/.

Knippel, Isabel: Förderte die Bundesregierung Pro-Putin-Propaganda ohne jegliche Quellen? Der Volksverpetzer, 16. Juni 2022, https://www.volksverpetzer.de/analyse/propaganda-ohne-quellen/.

Kohlrausch, Bettina: *Abstiegsängste in Deutschland. Ausmaß und Ursachen in Zeiten des erstarkenden Rechtspopulismus.* Working Paper Forschungsförderung Nr. 058, Hans-Böckler-Stiftung: Düsseldorf 2018, S. 6.

Kornick, Lindsay: Leaked Veterans Affairs training video promotes abortion, suggests men can get pregnant. *FoxNews*, 20. September 2023, https://www.foxnews.com/media/leaked-veterans-affairs-training-video-promotes-abortion-suggests-men-pregnant.

Korteweg, Anna C.; Yurdakul, Gökçe: *Kopftuchdebatten in Europa. Konflikte um Zugehörigkeit in nationalen Narrativen.* Transcript: Bielefeld 2016.

Kotišová, Johana; Císařová, Lenka Waschková: »I Know Which Devil I Write for«: Two Types of Autonomy Among Czech Journalists Remaining in and Leaving the Prime Minister's Newspapers. *The International Journal of Press/Politics* 28 (1) 2023, S. 238–256.

Kováts, Eszter: Questioning Consensuses: Right-Wing Populism, Anti-Populism, and the Threat of ›Gender Ideology‹. *Sociological Research Online* 23 (2) 2018, S. 528–538.

Krause, Werner; Cohen, Denis; Abou-Chadi, Tarik: Does accommodation work? Mainstream party strategies and the success of radical right parties. *Political Science Research and Methods* 11 (1) 2023, S. 172–179.

Lattemann, Marisa: Warum das Verfassungsgericht die Partei nicht stoppen kann. *Der Westen*, 23. Oktober 2023, https://www.derwesten.de/politik/afd-verbot-verfassungsgericht-partei-g-id300620611.html.

Le Pen, Marine: Congrès de Perpignan: Discours de Marine Le Pen. *Rassemblement National*, 5. Juli 2021, https://rassemblementnational.fr/discours/congres-de-perpignan-discours-de-marine-le-pen.

Leschzyk, Dinah: Corona-Kommunikation. Wie Jair Bolsonaro die Wissenschaft diskreditiert und Verschwörungstheorien befeuert. *promptus* 6, 2020, S. 107–129.

Leunig, Sven; Gómez, Gabriel: »Populistische Autokratie« per Verfassungsreform? Fidesz und die Änderungen des ungarischen Grundgesetzes von 2011/2012. In: Decker et al. (Hrsg.): *Aufstand der Außenseiter*, S. 229–243.

Lewandowsky, Marcel: *Populismus. Eine Einführung*. Springer VS: Wiesbaden 2022.

Lewandowsky, Marcel: Populism in Western Europe: Profiteers or Victims of Crises? In: Europa Publications (Hrsg.): *Western Europe 2022*. Routledge: London 2023, S. 33–37.

Lewandowsky, Marcel; Giebler, Heiko; Wagner, Aiko: Rechtspopulismus in Deutschland: Eine empirische Einordnung der Parteien zur Bundestagswahl 2013 unter besonderer Berücksichtigung der AfD. *Politische Vierteljahresschrift* 57 (2) 2016, S. 247–275.

Lewandowsky, Marcel; Jankowski, Michael: Sympathy for the devil? Voter support for illiberal politicians. *European Political Science Review* 15 (1) 2023, S. 39–56.

Lewandowsky, Marcel; Leonhardt, Christoph; Blätte, Andreas: Germany: The Alternative for Germany in the COVID-19 Pandemic. In: Ringe und Rennó (Hrsg.): *Populists and the Pandemic*, S. 237–249.

Lewandowsky, Marcel; Wagner, Aiko: Fighting for a Lost Cause? Availability of Populist Radical Right Voters for Established Parties. The Case of Germany. *Representation* 59 (3) 2023, S. 485–512.

Lewis, Paul: Rage, rapture and pure populism: on the road with Nigel Farage. *The Guardian*, 19. Mai 2019, https://www.theguardian.com/politics/2019/may/19/nigel-farage-brexit-party-on-the-road-populism.

Linde, Jonas; Ekman, Joakim: Satisfaction with democracy: A note on a frequently used indicator in comparative politics. *European Journal of Political Research* 42 (3) 2003, S. 391–408.

Lindner, Fabian: Bedrohliche Vermögenskonzentration. *BöcklerImpuls* 13/2014.

Löhr, Julia: Das Debakel mit den Wärmepumpen. *FAZ.net*, 8. August 2023, https://www.faz.net/aktuell/politik/robert-habeck-und-die-waermewende-das-debakel-mit-den-waermepumpen-19089428.html.

Lübbe-Wolff, Gertrude: Wehrhafte Demokratie. Die Instrumente des Parteiverbots und der Grundrechtsverwirkung. *Verfassungsblog*, 13. Oktober 2023, https://verfassungsblog.de/wehrhafte-demokratie/.

Lucht, Jens: Öffentlich-rechtlicher Rundfunk in der Demokratie. *Aus Politik und Zeitgeschichte* 9-10/2009, S. 26–32.

Lutz, Philipp: Variation in policy success: radical right populism and migration policy. *West European Politics* 42 (3) 2019, S. 517–544.

Maier, Lucas: Attacke aus den eigenen Reihen: QAnon-Frau im Fadenkreuz der extremen Rechten. *Frankfurter Rundschau*, 24. Dezember 2022, https://www.fr.de/politik/usa-marjorie-taylor-greene-republikaner-qanon-georgia-rechte-donald-trump-91994804.html.

Maksan, Oliver; Serrao, Marc Felix: Friedrich Merz: »Deutschland kann nicht noch mehr Flüchtlinge aufnehmen. Wir haben genug antisemitische junge Männer im Land«. *Neue Zürcher Zeitung*, 21. Oktober 2023, https://www.nzz.ch/international/friedrich-merz-wir-haben-genug-antisemitische-junge-maenner-im-land-ld.1761710.

Manow, Philip: Welche Rolle spielen Wohlfahrtsstaatlichkeit und Globalisierung für die Ausprägungen des Populismus? *Totalitarismus und Demokratie* 17, 2020, S. 35–44.

Marks, Gary; Hooghe, Liesbet; Nelson, Moira; Edwards, Erica: Party Competition and European Integration in East and West – Different Structure, same Causality. *Comparative Political Studies* 39 (2) 2006, S. 155–175.

Mason, Rowena: Nigel Farage says Ukip will ›win‹ in European elections. *The Guardian*, 21. Mai 2014, https://www.theguardian.com/politics/2014/may/21/nigel-farage-ukip-victory-european-elections.

Maurer, Marcus; Jost, Pablo; Haßler, Jörg; Kruschinski, Simon: Auf den Spuren der Lügenpresse. Zur Richtigkeit und Ausgewogenheit der Medienberichterstattung in der »Flüchtlingskrise«. *Publizistik* 64 (1) 2019, S. 15–35.

Mayer, Jean-François: A country without minarets: analysis of the background and meaning of the Swiss vote of 29 November 2009. *Religion* 41 (1) 2011, S. 11–28.

Meko, Hurubie: What to Know About the Migrant Crisis in New York City. *The New York Times*, 28. September 2023, https://www.nytimes.com/article/nyc-migrant-crisis-explained.html.

Meloni, Giorgia: »Italy standing tall:« Giorgia Meloni's program speech, 26. Oktober 2022, https://www.centromachiavelli.com/en/2022/10/26/giorgia-meloni-discorso-programmatico-integrale/.

Meret, Susi: *The Danish People's Party, the Italian Northern League and the Austrian Freedom Party in a Comparative Perspective: Party Ideology and Electoral Support.* Institut for Historie, Internationale Studier og Samfundsforhold, Aalborg Universitet: Aalborg 2010.

Merkel, Wolfgang: Embedded and Defective Democracies. *Democratization* 11 (5) 2004, S. 33–58.

Miller, Shari: Hungary's leader accuses EU and billionaire George Soros of trying to »Muslimise Europe«. *Daily Mail Online*, 23. Juli 2017, https://www.dailymail.co.uk/news/article-4722180/Hungary-accuses-EU-Soros-Muslimising-Europe.html.

Mohrenberg, Steffen; Huber, Robert A.; Freyburg, Tina: Love at first sight? Populist attitudes and support for direct democracy. *Party Politics* 27 (3) 2021, S. 528–539.

Möller, Kolja: Populismus und Verfassung. Der autoritäre Populismus als Herausforderung für die liberale Demokratie. *Zeitschrift für Politik* 66 (4) 2019, S. 430–444.

Montecchio, Laura; Griffini, Marianna: Giorgia Meloni's ambiguity on gender rights. *The Loop*, https://theloop.ecpr.eu/giorgia-melonis-ambiguity-on-gender-rights/.

Mudde, Cas: *Populist radical right parties in Europe.* Cambridge University Press: Cambridge 2007.

Mudde, Cas: The Populist Zeitgeist. *Government and Opposition* 39 (4) 2004, S. 541–563.

Mudde, Cas; Rovira Kaltwasser, Cristóbal: Exclusionary vs. Inclusionary Populism: Comparing Contemporary Europe and Latin America. *Government and Opposition* 48 (2) 2013, S. 147–174.

Mudde, Cas; Rovira Kaltwasser, Cristóbal: Populism and (Liberal) Democracy. A Framework for Analysis. In: Dies (Hrsg.): *Populism in Europe and the Americas. Threat or Corrective for Democracy?* Cambridge: Cambridge University Press 2012, S. 1–28.

Müller, Jan-Werner: Donald Trump's use of the term »the people« is a warning sign. *The Guardian*, 24. Januar 2017, https://www.theguardian.com/commentisfree/2017/jan/24/donald-trumps-warning-sign-populism-authoritarianism-inauguration.

Müller, Jan-Werner: *Was ist Populismus? Ein Essay.* Suhrkamp: Berlin 2016.

Müller, Jan-Werner: Was ist Populismus? *Zeitschrift für Politische Theorie* 7 (2) 2016, S. 187–201.

Nai, Alessandro; Martínez i Coma, Ferran; Maier, Jürgen: Donald Trump, Populism, and the Age of Extremes: Comparing the Personality Traits and Campaigning Styles of Trump and Other Leaders Worldwide. *Presidential Studies Quarterly* 49 (3) 2019, S. 491–476.

Najmabadi, Shannon: Lubbock votes to become the state's largest »sanctuary city for the unborn«. *The Texas Tribune*, 1. Mai 2021, https://www.texastribune.org/2021/05/01/lubbock-abortion-vote-sanctuary-unborn.

Neerdaels, Jasper; Tröster, Christian; Van Quaquebeke, Niels; Licata, Laurent: Absolved from the neoliberal burden of responsibility: The effect of populist victim rhetoric on leader support. *Political Psychology*, 2023 (online first), S. 1–18.

Neu, Claudia; Küpper, Beate: Einsamkeit, Feindseligkeit und Populismus. In: Andreas Zick, Beate Küpper und Nico Mokros (Hrsg.): *Die distanzierte Mitte. Rechtsextreme und demokratiegefährdende Einstellungen in Deutschland 2022/23*. Dietz: Bonn 2023, S. 335–353.

Neu, Claudia; Küpper, Beate; Luhmann, Maike: *»Extrem einsam?« Die demokratische Relevanz von Einsamkeitserfahrungen unter Jugendlichen in Deutschland.* Das Progressive Zentrum: Berlin 2023.

Neu, Viola: *»Das ist alles bewiesen.« Ergebnisse aus repräsentativen und qualitativen Umfragen zu Verschwörungstheorien in Deutschland.* Konrad-Adenauer-Stiftung: Berlin 2023, S. 5.

Nocun, Katharina; Lamberty, Pia: *Fake Facts: Wie Verschwörungstheorien unser Denken bestimmen.* Quadriga: Köln 2020.

Noelken, Stina: Babis und Orban blockieren kritische internationale Journalisten. *Euractiv*, 1. Oktober 2021, https://www.euractiv.de/section/europakompakt/news/babis-und-orban-blockieren-kritische-internationale-journalisten/.

Norris, Pippa; Inglehart, Ronald: *Cultural Backlash: Trump, Brexit, and Authoritarian Populism.* Cambridge University Press: Cambridge/New York 2019.

Nougayrède, Natalie: The conspiracy theories of extreme right and far left threaten democracy. *The Guardian*, 18. Dezember 2015, https://www.theguardian.com/commentisfree/2015/dec/18/conspiracy-theories-extreme-right-far-left-threaten-democracy.

Novak, Benjamin; Grynbaum, Michael M.: Conservative Fellow Travelers:

Tucker Carlson Drops In On Viktor Orban. *The New York Times*, 4. Oktober 2021, https://www.nytimes.com/2021/08/07/world/europe/tucker-carlson-hungary.html.

Oliphant, J. Baxter; Cerda, Andy: Republicans and Democrats have different top priorities for U.S. immigration policy. *Pew Research Center*, 8. September 2022, https://www.pewresearch.org/short-reads/2022/09/08/republicans-and-democrats-have-different-top-priorities-for-u-s-immigration-policy/.

Oliver, J. Eric; Rahn, Wendy M.: Rise of the *Trumpenvolk*: Populism in the 2016 Election. *The ANNALS of the American Academy of Political and Social Science* 667 (1) 2016, S. 189–206.

Otteni, Cyril; Weisskircher, Manès: Global warming and polarization. Wind turbines and the electoral success of the greens and the populist radical right. *European Journal of Political Research* 61 (4) 2020, S. 1102-1122.

Otto, Ferdinand: Die populistische Versuchung. *ZEIT ONLINE*, 26. Juni 2018, https://www.zeit.de/politik/deutschland/2018-06/csu-populismus-mehrheit-fluechtlinge-islam-volkspartei.

Pappas, Takis: The Pushback Against Populism: The Rise and Fall of Greece's New Illiberalism. *Journal of Democracy* 31 (2) 2020, S. 54–68.

Partheymüller, Julia; Walter, Stefanie: Voting for the Populist Radical-Right in Austria and Germany: A Comparative Analysis. In: Thorsten Faas, Sascha Huber, Mona Krewel und Sigrid Roßteutscher (Hrsg.): *Informationsflüsse, Wahlen und Demokratie. Festschrift für Rüdiger Schmitt-Beck.* Nomos: Baden-Baden 2023, S. 533–558.

Pauli, Ralf: Inklusion heißt nicht Sonderschule. *taz*, 10. August 2023, https://taz.de/Debatte-um-Hoecke-Aussage/!5949598/.

Peffer, William Alfred: The Mission of the Populist Party. *The North American Review* 157 (445) 1893, S. 665–678.

Pfündel, Karin; Stichs, Anja; Tanis, Kerstin: *Muslimisches Leben in Deutschland. Studie im Auftrag der Deutschen Islam Konferenz.* Bundesamt für Migration und Flüchtlinge: Nürnberg 2021.

Piazza, James A.: Populism and Support for Political Violence in the United States: Assessing the Role of Grievances, Distrust of Political Institutions, Social Change Threat, and Political Illiberalism. *Political Research Quarterly* 2023 (online first).

Pitzke, Marc: Pitbull mit Lippenstift. *Spiegel Online*, 4. September 2008, https://www.spiegel.de/politik/ausland/mccains-vize-kandidatin-pitbull-mit-lippenstift-a-576168.html.

Polenz, Ruprecht: AfD: Protest gegen die Demokratie. *Mission Lifeline*, 2. Juli 2023, https://mission-lifeline.de/afd-protest-gegen-die-demokratie/.

Poushter, Jacob; Kent, Nicholas: The Global Divide on Homosexuality Persists. *Pew Research Center*, 25. Juni 2020, https://www.pewresearch.org/global/2020/06/25/global-divide-on-homosexuality-persists/.

Press, Bill: It's even worse than COVID-19: The ›woke‹ pandemic. *The Hill*, 21. März 2023, https://thehill.com/opinion/3909513-press-its-even-worse-than-covid-19-the-woke-pandemic/.

Public Religion Research Institute (PRRI): *Threats to American Democracy Ahead of an Unprecedented Presidential Election.* Washington, DC 2023.

PVV: *De agenda van hoop en optimisme – Een tijd om te kiezen: PVV 2010–2015.*

PVV: *Verkiezingsprogramm 2012–2017 Partij voor de Vrijheid, Lijst 3. Hún Brussel, óns Nederland.*

Pytlas, Bartek: From mainstream to power: The Law and Justice party in Poland. In: Frank Decker, Bernd Henningsen, Marcel Lewandowsky und Philipp Adorf (Hrsg.): *Aufstand der Außenseiter. Die Herausforderung der europäischen Politik durch den neuen Populismus.* Nomos: Baden-Baden 2020, S. 408.

Pytlas, Bartek: Radical right politics in East and West: Distinctive yet equivalent. *Sociology Compass* 12, 2018, S. 1–15.

Pytlas, Bartek: Vom Mainstream an die Macht: Die Partei Recht und Gerechtigkeit in Polen. In: Frank Decker, Bernd Henningsen, Marcel Lewandowsky und Philipp Adorf (Hrsg.): *Aufstand der Außenseiter. Die Herausforderung der europäischen Politik durch den neuen Populismus* (Sonderausgabe für die Zentralen der politischen Bildung). Nomos: Baden-Baden, S. 245–258.

Ragnedda, Massimo: Censorship and media ownership in Italy in the Era of Berlusconi. *Global Media Journal: Mediterranean Edition* 9 (1) 2014, S. 13–26.

Reitz, Ulrich: Der Höhenflug der AfD endet, wann immer es Sahra Wagenknecht will. *FOCUS ONLINE*, 18. Oktober 2023, https://www.focus.de/politik/deutschland/analyse-von-ulrich-reitz-nur-sahra-wagenknecht-kann-die-afd-jetzt-noch-stoppen_id_197555951.html.

Rico, Guillem; Guinjoan, Marc; Anduiza, Eva: Empowered and enraged: Political efficacy, anger and support for populism in Europe. *European Journal of Political Research* 59 (4) 2020, S. 797–816.

Ridge, Hannah M.: Just like the others: Party differences, perception, and satisfaction with democracy. *Party Politics* 28 (3) 2022, S. 419–430.

Rooduijn, Matthijs: What unites the voter bases of populist parties? Comparing the electorates of 15 populist parties. *European Political Science Review* 10 (3) 2018, S. 351–368.

Rooduijn, Matthijs: What unites the voter bases of populist parties? Comparing the electorates of 15 populist parties. *European Political Science Review* 10 (3) 2018, S. 351–368.

Rooduijn, Matthijs: What unites the voter bases of populist parties? Comparing the electorates of 15 populist parties. *European Political Science Review* 10 (3) 2018, S. 351–368.

Röper, Thomas: Inside Corona. Die Pandemie, das Netzwerk & die Hintermänner. J.K. Fischer: Gelnhausen 2022.

Ross, Andreas: Der gar nicht einsame Kämpfer. *FAZ.net*, 6. März 2010, https://www.faz.net/aktuell/politik/europaeische-union/islam-gegner-wilders-der-gar-nicht-einsame-kaempfer-1955456.html.

Rubinson, Richard; Quinlan, Dan: Democracy and Social Inequality: A Reanalysis. *American Sociological Review* 42 (4) 1977, S. 611–623.

Ruhrmann, Georg; Sommer, Denise: Migranten in den Medien – von der Ignoranz zum Kontakt? *Zeitschrift für Ausländerrecht und Ausländerpolitik* 25 (3/4) 2005, S. 123–127.

Rydgren, Jens: Radical right-wing parties in Europe. What's populism got to do with it? Journal of Language and Politics 16 (4) 2017, S. 485–496.

Rzepka, Dominik: Fratzscher wirft Merz blanken Populismus vor. *ZDF.de*, 11. Januar 2023, https://www.zdf.de/nachrichten/politik/merz-silvester-integration-paschas-lanz-kritik-100.html.

Sachverständigenrat für Integration und Migration: *Wie viele Muslime leben in Deutschland? Einschätzungsmuster von Personen mit und ohne Migrationshintergrund.* Forschungsbereich beim Sachverständigenrat deutscher Stiftungen für Integration und Migration (SVR): Berlin 2014.

Santana, Andrés; Rama, José: Electoral support for left wing populist parties in Europe: addressing the globalization cleavage. *European Politics and Society* 19 (5) 2018, S. 558–576.

Sawicki, Rebecca; Siems, Raphael: AfD-Verbot: Bela B. unterstützt virale Petition – was sich dadurch ändern würde. *Watson*, 13. Oktober 2023, https://politik.watson.de/deutschland/analyse/253562494-afd-verbot-bela-b-unterstuetzt-virale-petition-was-sich-dadurch-aendern-wuerde.

Sarrazin, Thilo: *Deutschland schafft sich ab. Wie wir unser Land aufs Spiel setzen.* DVA: München 2010.

Schäfer, Armin: Consequences of social inequality for democracy in Western Europe. *Zeitschrift für Vergleichende Politikwissenschaft* 6, 2012, S. 23–45.

Schäfer, Armin: Cultural backlash? How (not) to explain the rise of authoritarian populism. *British Journal of Political Science* 52 (4) 2022, S. 1977–1993.

Schäfer, Armin; Zürn, Michael: *Die demokratische Regression.* Suhrkamp: Berlin 2021.

Schaffner, Brian; MacWilliams, Matthew; Nteta, Tatishe: Understanding White Polarization in the 2016 Vote for President: The Sobering Role of Racism and Sexism. *Political Science Quarterly* 133 (1) 2018, S. 9–33.

Scheffel, Sebastian; Speer, Moritz: Knapp die Hälfte der Deutschen glaubt, in zehn Jahren schlechter zu leben als heute. *Redaktionsnetzwerk Deutschland,* 9. September 2023, https://www.rnd.de/politik/blick-in-die-zukunft-knapp-die-haelfte-der-deutschen-glaubt-in-zehn-jahren-schlechter-zu-leben-als-XK5HXRXZMRG5VFY3TS75RQOHWE.html.

Scheve, Kenneth; Stasavage, David: Wealth Inequality and Democracy. *Annual Review of Political Science* 20, 2017, S. 451–468.

Schimpf, Christian H.; Wuttke, Alexander; Schoen, Harald: Neither a Trait nor Wildly Fluctuating: On the Stability of Populist Attitudes and its Implications for Empirical Research. *British Journal of Politial Science* 2023 (online first), S. 1–14.

Schindler, Johanna; Fortkord, Claudia; Posthumus, Lone; Obermaier, Magdalena; Fawzi, Nayla; Reinemann, Carsten: Woher kommt und wozu führt Medienfeindlichkeit? Zum Zusammenhang von populistischen Einstellungen, Medienfeindlichkeit, negativen Emotionen und Partizipation. *M&K Medien & Kommunikationswissenschaft* 66 (3) 2018, S. 283–301.

Schlieben, Michael: Der große Corona-Konsens. *ZEIT ONLINE,* 25. März 2020, https://www.zeit.de/politik/deutschland/2020-03/bundestag-coronavirus-scholz-gauland-lindner-kipping.

Schubert, Marlen: AfD: Interner Chat aufgetaucht – AfD-Vize teilt gegen Bundeswehr aus »verdorbenes und vollpolitisiertes woke System«. *Der Westen,* 16. März 2023, https://www.derwesten.de/politik/afd-bundeswehr-peter-boehringer-sondervermoegen-chatgruppe-id300456548.html.

Schultz, Tanjev; Ziegele, Marc; Jackob, Nikolaus; Viehmann, Christina; Jakobs, Ilka; Fawzi, Nayla; Quiring, Oliver; Schemer, Christian; Stegmann,

Daniel: *Medienvertrauen nach Pandemie und »Zeitenwende«. Mainzer Langzeitstudie Medienvertrauen 2022*. Media Perspektiven Mai 2023.

Schulz, Anne; Wirth, Werner; Müller, Philipp: We Are the People and You Are Fake News: A Social Identity Approach to Populist Citizens' False Consensus and Hostile Media Perceptions. *Communication Research* 47 (2) 2020, S. 201–226.

Schwarzbözl, Tobias; Fatke, Matthias: Außer Protesten nichts gewesen? Das politische Potenzial der AfD. *Politische Vierteljahresschrift* 57 (2) 2016, S. 276–299.

Schweizerische Volkspartei: *Das gescheiterte Asylsystem gefährdet die Sicherheit der Frauen!* 31. Januar 2023, https://www.svp.ch/aktuell/publikationen/referate/das-gescheiterte-asylsystem-gefaehrdet-die-sicherheit-der-frauen/.

Schweizerische Volkspartei: *Die Schweizer Migrationspolitik ist ein Fiasko – es kommen zu viele und die falschen Ausländer. Positionspapier der Schweizerischen Volkspartei für eine Neuausrichtung der Asylpolitik*, Januar 2023.

Schweizerisches Bundesamt für Statistik: *Sexualisierte Gewalt: Straftaten und beschuldigte Personen*, 14. November 2023, https://www.bfs.admin.ch/bfs/de/home/statistiken/kriminalitaet-strafrecht/polizei/sexualisierte-gewalt.assetdetail.29065841.html.

Schwietzer, Kristin: Wie die AfD vom Ampelstreit profitiert ohne einen Finger krumm zu machen. *MDR Aktuell*, 9. Juli 2023, https://www.mdr.de/nachrichten/deutschland/politik/ampel-streit-sommerpause-afd-profitiert-kommentar-100.html.

Schwörer, Jakob; Koß, Michael: ›Void‹ democrats? The populist notion of ›democracy‹ in action. *Party Politics*, 2023 (online first), S. 1–14.

Shinkoskey, Kimball: Silent Majority Still Has A Responsibility. *The Newtown Bee*, 26. Januar 2023, https://www.newtownbee.com/01262023/silent-majority-still-has-a-responsibility/.

Simon, Doris: Wie Donald Trump die USA radikal umbauen will. *Deutschlandfunk*, 10. Januar 2024, https://www.deutschlandfunk.de/us-project-2025-wie-eine-2-amtszeit-von-donaldtrump-vorbereitet-wird-dlf-130db253-100.html.

Skudlarek, Jan: Mentale Irrwege – Die Macht von Verschwörungstheorien. In: Tobias Meilicke und Cornelius Strobel (Hrsg.): Aufgeheizt. Verschwörungserzählungen rund um die Klimakrise. Bundeszentrale für politische Bildung: Bonn 2023, S. 19–42.

Skudlarek, Jan: *Wenn jeder an sich denkt, ist nicht an alle gedacht. Streitschrift für ein neues Wir.* Tropen: Stuttgart 2023, S. 183.

Smith, David Norman; Hanley, Eric: The Anger Games: Who Voted for Donald Trump in the 2016 Election, and Why? *Critical Sociology* 44 (2) 2018, S. 195–212.

Spruyt, Bram; Keppens, Gil; Van Droogenbroeck, Filip: *Who* Supports Populism and *What* Attracts People to It? *Political Research Quarterly* 69 (2) 2016, S. 335–346.

Stack, Liam; Mays, Jeffery C.: As Crisis Grows, All of New York's Migrant Plans Are Met With Outrage. *The New York Times*, 18. Mai 2023, https://www.nytimes.com/2023/05/18/nyregion/migrant-housing-shelters-nyc.html.

Stanley, Ben: The thin ideology of populism. *Journal of Political Ideologies* 13 (1) 2008, S. 95–110.

Statement from President Joe Biden on International Day of Democracy. *The White House*, 15. September 2023, https://www.whitehouse.gov/briefing-room/statements-releases/2023/09/15/statement-from-president-joe-biden-on-international-day-of-democracy/.

Statham, Paul: Berlusconi, the Media, and the New Right in Italy. *Press/Politics* 1 (1) 1996, S. 87–105.

Statista: Sind die aktuell geltenden Corona-Maßnahmen Ihrer Meinung nach übertrieben, gerade richtig oder zu schwach? Oktober 2022, https://de.statista.com/statistik/daten/studie/1234544/umfrage/umfrage-zu-corona-massnahmen-deutschland-politbarometer/.

Statista: Anzahl der anerkannten Flüchtlinge in der Schweiz von 2012 bis 2023, November 2023, https://de.statista.com/statistik/daten/studie/462131/umfrage/anerkannte-fluechtlinge-in-der-schweiz/.

Statista: Anzahl der angenommenen und verworfenen Abstimmungsvorlagen bei eidgenössischen Volksabstimmungen in der Schweiz nach Typ im Zeitraum 1848 bis 18. Juni 2023, Juni 2023, https://de.statista.com/statistik/daten/studie/9,76132/umfrage/erfolg-von-volksabstimmungen-in-der-schweiz-nach-typ/.

Statista: Entwicklung der Fremdenfeindlichkeit in Deutschland von 2014 bis 2022/2023, September 2023, https://de.statista.com/statistik/daten/studie/562722/umfrage/entwicklung-der-auslaenderfeindlichkeit-in-deutschland/.

Statista: Finden Sie, dass die Verhältnisse derzeit in Deutschland eher Anlass zur Zuversicht oder eher Anlass zur Beunruhigung geben?, Juli 2023, https://de.statista.com/statistik/daten/studie/168020/umfrage/beurteilung-der-momentanen-verhaeltnisse-in-deutschland/.

Statista: Griechenland: Anteil der von Armut oder sozialer Ausgrenzung bedrohten Personen, aufgeschlüsselt nach Geschlecht von 2012 bis 2022, 2023, https://de.statista.com/statistik/daten/studie/763000/umfrage/anteil-von-armut-oder-sozialer-ausgrenzung-bedrohter-in-griechenland.

Statista: Griechenland: Arbeitslosenquote von 1981 bis 2022 und Prognosen bis 2028, Oktober 2023, https://de.statista.com/statistik/daten/studie/17312/umfrage/arbeitslosenquote-in-griechenland/.

Statista: Ranking der größten Social Networks und Messenger nach der Anzahl der Nutzer im Januar 2023, Januar 2023, https://de.statista.com/statistik/daten/studie/181086/umfrage/die-weltweit-groessten-social-networks-nach-anzahl-der-user/.

Statista: Spanien: Arbeitslosenquote von 1981 bis 2022 und Prognosen bis 2028, Oktober 2023, https://de.statista.com/statistik/daten/studie/17327/umfrage/arbeitslosenquote-in-spanien/

Statista: Vergleich der Parteizugehörigkeit der Politiker in den politischen Talkshows von ARD und ZDF und dem Sitzanteil im Deutschen Bundestag im Jahr 2021, 22. September 2023, https://de.statista.com/statistik/daten/studie/954672/umfrage/parteizugehoerigkeit-der-politiker-in-talkshows-vs-sitzanteil-im-bundestag/.

Statista: Welches sind Ihrer Meinung nach die wichtigsten Probleme, denen Österreich derzeit gegenübersteht? Juli 2023, https://de.statista.com/statistik/daten/studie/284477/umfrage/umfrage-zu-den-wichtigsten-problemen-fuer-oesterreich/.

Statista: Wie beurteilen Sie die Maßnahmen der Bundesregierung in der Coronapandemie? Februar 2021, https://de.statista.com/statistik/daten/studie/1109399/umfrage/angemessenheit-der-massnahmen-gegen-das-coronavirus-in-oesterreich/.

Statista: Wie sehr vertrauen Sie den politischen Parteien? Juli 2023, https://de.statista.com/statistik/daten/studie/153820/umfrage/allgemeines-vertrauen-in-die-parteien/.

Steinbeis, Maximilian: Eine Verfassung zum Fürchten. *Verfassungsblog.de*, 20. März 2011, https://verfassungsblog.de/ungarn-eine-verfassung-zum-frchten/.

Steiner, Nils D.; Schimpf, Christian H.; Wuttke, Alexander: Left Behind and United by Populism? Populism's Multiple Roots in Feelings of Lacking Societal Recognition. *Politische Vierteljahresschrift* 64 (1) 2023, S. 107–132.

Stenner, Karen: *The Authoritarian Dynamic.* Cambridge University Press: Cambridge 2005.

Stoel, Helmer: Geert Wilders konnte nur gewinnen, weil das Establishment ihn ließ. *Jacobin*, 28. November 2023, https://jacobin.de/artikel/niederlande-wahlen-geert-wilders-rechtspopulismuus-establishment.

Stör, Christian: »Der Sturm zieht auf«: Donald Trump versinkt im QAnon-Sumpf. *Frankfurter Rundschau*, 16. September 2022, https://www.fr.de/politik/donald-trump-qanon-verschwoerung-usa-rechtsextreme-91787825.html.

Straub, Dominik: Giorgia Meloni und ihr Problem mit den Frauen. *DER STANDARD*, 12. September 2022, https://www.derstandard.de/story/2000139009968/giorgia-meloni-und-ihr-problem-mit-den-frauen.

Sverigedemokraterna: *Vi väljer välfärd! Sverigedemokratisk valmanifest – val 2014.*

Swaine, Jon: Man who posed at Pelosi desk said in Facebook post that he is prepared for violent death. *The Washington Post*, 7. Januar 2021, https://www.washingtonpost.com/investigations/man-who-posed-at-pelosi-desk-said-in-facebook-post-that-he-is-prepared-for-violent-death/2021/01/07/cf5b0714-509a-11eb-83e3-322644d82356_story.html.

Taggart, Paul: Populism and representative politics in contemporary Europe. *Journal of Political Ideologies* 9 (3) 2004, S. 278–280.

Taroni, Micaela: Wie Italiens Regierung gerade Regenbogenfamilien bekämpft. *Berliner Morgenpost*, 5. August 2023, https://www.morgenpost.de/politik/article239105623/italien-meloni-regierung-lgbt-schwul-lesbisch-familien.html.

Tóth, Csaba: Full text of Viktor Orbán's speech at Băile Tuşnad (Tusnádfürdő) of 26 July 2014. *The Budapest Beacon*, 29. Juli 2014, https://budapestbeacon.com/full-text-of-viktor-orbans-speech-at-baile-tusnad-tusnadfurdo-of-26-july-2014/.

Traynor, Ian: ›I don't hate Muslims. I hate Islam‹, says Holland's rising political star. *The Guardian*, 17. Februar 2008, https://www.theguardian.com/world/2008/feb/17/netherlands.islam.

Tushnet, Mark; Bugarič, Bojan: *Power to the People. Constitutionalism in the Age of Populism.* Oxford University Press: Oxford 2021.

Urbinati, Nadia: *Me the People. How Populism Transforms Democracy.* Harvard University Press: Cambridge; MA/London 2019.

Uscinski, Joseph; Enders, Adam; Klofstad, Casey; Selig, Michelle; Drochon, Hugo; Premaratne, Kamal; Murthi, Manohar: Have beliefs in conspiracy theories increased over time? *PLoS ONE* 17 (7) 2022, S. 9.

Valentim, Vicente: Parliamentary Representation and the Normalization of Radical Right Support. *Comparative Political Studies* 54 (14) 2021, S. 2475–2511.

van Hauwaert, Steven M.; van Kessel, Stijn: Beyond protest and discontent: A cross-national analysis of the effect of populist attitudes and issue positions on populist party support. *European Journal of Political Research* 57 (1) 2018, S. 68–92.

van Spanje, Joost; de Graaf, Nan Dirk: How established parties reduce other parties' electoral support: the strategy of parroting the pariah. *West European Politics* 41 (1) 2018, S. 1–27.

Vehrkamp, Robert: *Rechtsextreme Einstellungen der Wähler:innen vor der Bundestagswahl 2021. Bertelsmann-Stiftung: Gütersloh.*

Vehrkamp, Robert; Merkel, Wolfgang: *Populismusbarometer 2020. Populistische Einstellungen bei Wählern und Nichtwählern in Deutschland 2020.* Wissenschaftszentrum Berlin für Sozialforschung/Bertelsmann-Stiftung: Gütersloh 2020.

Vincze, Attila: Die neue Verfassung Ungarns. *Zeitschrift für Staats- und Europawissenschaften* 10 (1) 2012, S. 110–129.

Vogt Isaksen, Joachim: The impact of the financial crisis on European attitudes toward immigration. *Comparative Migration Studies* 7, 2019, S. 1–20.

Volmer, Hubertus: Björn Höcke in sieben Szenen. *ntv.de*, 13. Februar 2017, https://www.n-tv.de/politik/Bjoern-Hoecke-in-sieben-Szenen-article19700681.html.

von Törne, Lars: Die Entschuldigung mit der Maus. *Tagesspiegel*, 9. Februar 2016, https://www.tagesspiegel.de/politik/die-entschuldigung-mit-der-maus-3694936.html.

Vorländer, Hans; Herold, Maik; Schäller, Steven: *PEGIDA. Entwicklung, Zusammensetzung und Deutung einer Empörungsbewegung.* Springer VS: Wiesbaden 2016, S. 111–114.

Wagner, Aiko: Die Wählerperspektive politischen Wettbewerbs. Konzepte, Entwicklungstendenzen und die Schließung des AfD-Elektorats. *WZB Democracy Blog*, 1. September 2017. https://democracy.blog.wzb.eu/2017/09/01/wettbewerb/, zuletzt abgerufen am 12. August 2023.

Wagner, John: Trump: I'll take »common sense« travel ban to the Supreme Court, if necessary. *The Washington Post*, 7. Februar 2017, https://www.washingtonpost.com/news/post-politics/wp/2017/02/07/trump-ill-take-common-sense-travel-ban-to-the-supreme-court-if-necessary/.

Wagner, Sarah; Wurthmann, L. Constantin; Thomeczek, Jan Philipp: Bridging Left and Right? How Sahra Wagenknecht Could Change the German Party Landscape. *Politische Vierteljahresschrift* 2023 (online first).

Wahlström, Matthias; Törnberg, Anton: Social Media Mechanisms for Right-Wing Political Violence in the 21st Century: Discursive Opportunities, Group Dynamics, and Co-Ordination. *Terrorism and Political Violence* 33 (4) 2021, S. 766–787.

Waschková Císařová, Lenka; Kotišová, Johana: Crumbled autonomy: Czech journalists leaving the Prime Minister's newspapers. *European Journal of Communication* 37 (5) 2022, S. 529–544.

WELT Netzreporter: Philipp Amthor: Der jüngste CDU-Abgeordnete nimmt den AfD-Antrag auseinander. 23. Februar 2018, https://www.youtube.com/watch?v=KR1qmWyGA2Y.

Wettstein, Martin; Esser, Frank; Schulz, Anne; Wirz, Dominique; Wirth, Werner: *The News Media as Gatekeepers, Critics and Originators of Populist Communication.* Vortrag auf der jährlichen Konferenz der International Communication Association. Prag 2018.

Wike, Richard; Schumacher, Shannon: Democratic Rights Popular Globally but Commitment to Them Not Always Strong. *Pew Research Center*, 27. Februar 2020, https://www.pewresearch.org/global/2020/02/27/democratic-rights-popular-globally-but-commitment-to-them-not-always-strong/.

Wike, Richard; Schumacher, Shannon: Democratic Rights Popular Globally but Commitment to Them Not Always Strong. *Pew Research Center*, 27. Februar 2020, https://www.pewresearch.org/global/2020/02/27/democratic-rights-popular-globally-but-commitment-to-them-not-always-strong/.

Wike, Richard; Silver, Laura; Fetterwolf, Janell; Huang, Christine; Austin, Sarah; Clancy, Laura; Gubbala, Sneha: Social Media Seen as Mostly Good for Democracy Across Many Nations, But U.S. is a Major Outlier. *Pew Research Center*, 6. Dezember 2022, https://www.pewresearch.org/global/2022/12/06/satisfaction-with-democracy-and-political-efficacy-in-advanced-economies-2022/.

Wolkenstein, Fabio: Populismus und Volkssouveränität. In: Ralf Mayer und Alfred Schäfer (Hrsg.): *Populismus – Aufklärung – Demokratie.* Nomos: Baden-Baden 2019, S. 45–65.

Wuttke, Alexander; Foos, Florian: Making the Case for Democracy. *SocArXiv*, 20. Dezember 2021.

Wuttke, Alexander; Gavras, Konstantin; Schoen, Harald: Have Europeans Grown Tired of Democracy? New Evidence from Eighteen Consolidated

Democracies, 1981–2018. *British Journal of Political Science* 52 (1) 2022, S. 416–428.

Zandonella, Martina: *Demokratie Monitor 2022. Fokusbericht.* SORA: Wien 2022.

Zaslove, Andrej; Meijers, Maurits: Populist Democrats? Unpacking the Relationship Between Populist and Democratic Attitudes at the Citizen Level. *Political Studies* 2023 (online first).

ZDF: Berlin direkt vom 22. Oktober 2023, https://www.zdf.de/politik/berlin-direkt/berlin-direkt-vom-22-oktober-2023-100.html.

Zürn, Michael: How Non-Majoritarian Institutions Make Silent Majorities Vocal: A Political Explanation of Authoritarian Populism. *Perspective on Politics* 20 (3) 2022, S. 788–807.

Zulianello, Mattia; Guasti, Petra: The Demand and Supply of Pandemic Populism: A Global Overview. *Government and Opposition* 2023 (online first).